投資銀行風險管理理論與中國的實踐

陳野華、王玉峰 著

崧燁文化

前　言

一

　　廣義的金融風險管理，從主體的角度可以分為三個層面：金融機構自身的內部風險管理、行業的自律管理和外部（政府與市場）監管。十余年前，應中國證券業協會發展的需要，我承擔了一個關於「證券業自律管理理論與中國的實踐」的研究課題①。立項的原因是證券市場管理大都側重於外部監管研究，而對自律管理的研究甚少。考察證券市場外部監管是否有效，不可迴避的問題是市場自身是否存在有效的管理約束機制。時過境遷，十年後的今天，次貸危機的爆發導致了「獨立投行終結論」，投行危機所引起的連鎖反應顛覆了傳統危機救助理論中關於投資銀行沒有或者具有較小外部性的傳統觀點。危機爆發後，曾被中國投資銀行業奉為風險管理《聖經》的美國五大投行的風險防範能力受到廣泛質疑。我們亟須重新審視現代投資銀行激進的風險文化，如何重構現代投資銀行的內部風險管理成為非常重要的研究課題。本項目從投資銀行自身的角度，研究如何構建投資銀行的內部風險管理理論體系，並探討其在中國的應用。為了描述上的方便，後文提及投資銀行風險管理均指狹義的投資銀行內部風險管理。

　　中國投資銀行起步較晚，目前的內部風險管理更偏重於合規管理。從2008年開始，證監會先後發布了《證券公司風險控制指標管理辦法（修訂）》(2008)、《證券公司分類監管規定》(2009)、《完善證券公司風控指標體系總體思路（徵求意見稿）》(2012)等文件，將證券公司劃分為A～E五類，並結合風險控制指標的標準分類實施淨資本監管。那麼，分類監管以來，中國投資銀行的經營行為和風險表現如何？分類監管的效果如何？作為投資銀行的內外兩道風險防線，內部風險管理和淨資本監管的風險防範能力和彼此之間的協調程度又怎樣？如何建立與淨資本監管相協調的投資銀行內部風險管理體系？要回答上述問題，便形成了「投資銀行風險管理理論與中國的實踐」這一研究主題。

---

　　①　教育部人文社會科學重點研究基地重大項目「證券業自律管理理論與中國的實踐」，項目批准號：01JAZJD790019。

二

　　對於投資銀行內部風險管理體系的構建，我們在大量文獻檢索的基礎上，沿著「投資銀行的經營特徵決定其風險特徵，而風險特徵需要適應風險管理技術」這一思路展開工作。研究認為，投資銀行的經營特徵主要表現為：特殊的資產負債結構，逐日盯市的會計制度安排，混業制度安排下的表內高槓桿特徵，衍生品交易業務的表外高槓桿特徵。因此，相比較於商業銀行，投資銀行具有更強的順週期性和更高的道德風險或更激進的風險文化。在表內外高槓桿與逐日盯市制度下，投資銀行更易產生流動性風險，也同樣存在較大的負外部性。因此，投資銀行的資本也非常重要，是其抵禦風險的最后防線。

　　為了更清楚地認識中國投資銀行資本管理現狀，我們對淨資本監管與投資銀行風險行為進行了理論和實證研究。研究發現：一方面，樣本投資銀行按照「風險—資本」相匹配的原則開展經營活動，淨資本監管成為投資銀行經營活動的緊約束；另一方面，淨資本監管總量性指標對投資銀行風險管理起到了正面的引導作用，但結構性指標卻與政策預期相反，資本不足的投行也可能通過承擔較大的風險以獲取較高收益的形式來增加資本，淨資本監管要求存在過高的可能。因此，優化淨資本監管指標體系，使得淨資本計算、指標種類、指標標準更為科學，尤其要避免各個業務監管指標的不一致性引起的制度性套利風險，需要一個資本標準的評價尺度。

　　資本管理技術發展方面，經濟資本作為金融機構風險管理的新理念、新手段，被用於度量金融機構為吸納非預期損失所必須要擁有的最低資本金。其最初產生於1978年美國信孚銀行的風險管理實踐，並被國外以商業銀行、保險公司為主的金融機構廣泛應用。中國建設銀行（2002年）、中國銀行（2004年）、中國農業銀行（2005年）、中國工商銀行（2005年）[1]等大銀行也陸續引入經濟資本作為內部風險管理的重要手段。我們注意到，巴塞爾委員會（2004年）在《巴塞爾協議Ⅱ》中明確要求內部評級法下金融機構[2]的資本要求需要覆蓋非預期損失。國際證監會組織的市場風險資本計算就體現了經濟資本的思想。歐盟在2010年的《資本金要求指示》修正案中將投資銀行的監管

---

　　[1] 中國農業銀行於2005年3月發布了《中國農業銀行經濟資本管理辦法》，有關中國建設銀行、中國銀行、中國工商銀行的經濟資本管理實施時間可見夏小東發表於《金融論壇》2007年第7期的《中國銀行業經濟資本管理的實施路徑——從巴塞爾新資本協議獲得的啟示》一文。但是，郭樹清認為中國建設銀行的經濟資本管理實施時間是2004年（王智，劉暢．規範現代銀行制度，提升綜合競爭實力——訪中國建設銀行董事長郭樹清［N］．經濟日報，2010-10-15.）。

　　[2] 與巴塞爾協議針對的主要對象——商業銀行相比，投資銀行在經營模式方面有著顯著區別，商業銀行屬於負債經營，而投資銀行的經營活動更多地集中在資產方。正是由於這種差別，目前已經被廣泛應用於商業銀行管理的經濟資本監管是否適用於中國投資銀行就成了一個值得研究的問題。

资本直接等同於經濟资本,但现有文献對該問题的研究還只是處於概念引入和簡單的移植性介绍階段。針對具有特殊的资產負債結構、逐日盯市的會計制度安排和複雜表外衍生品業務的現代投资銀行,經濟资本管理對其是否適應?如果是,又如何構建投资銀行經濟资本配置體系,並處理好、體現出淨资本的監管約束?經濟资本管理成為本課題研究的重中之重。

三

沿著上述思路,本課題研究内容劃分為五個部分,共十章:第一部分是文獻綜述和投资銀行風險管理體系的構建,這是整個課題研究的邏輯起點(第一章、第二章);第二部分是投资銀行經濟资本管理研究,這是投资銀行風險管理的戰略重點,也是本課題研究的最大特色(第三章、第四章、第五章);第三部分是投资銀行對沖研究,這是投资銀行風險管理的戰術環節(第六章、第七章、第八章);第四部分是投资銀行内部控制研究,這是投资銀行風險管理的基礎保證(第九章);第五部分是中國投资銀行風險管理體系重構研究,這是項目研究的落腳點(第十章)。其邏輯結構見圖1。

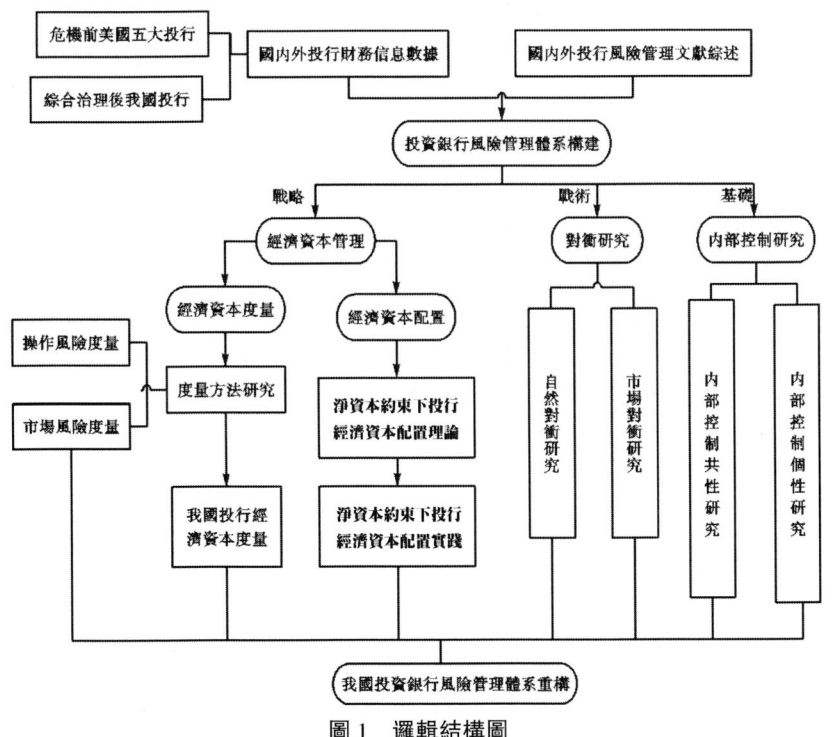

圖1 邏輯結構圖

第一章對國内外有關投资銀行風險管理理論的研究文獻和實務進展進行了

梳理。

第二章從投資銀行的經營特徵與風險出發，運用三階段最小二乘法（3SLS）實證研究中國淨資本監管效率，從內部和外部兩個視角論證投資銀行經濟資本管理的適用性，構建包括經濟資本管理、對沖和內部控制為一體的投資銀行內部風險管理體系。

第三章論證投資銀行經濟資本管理體系，分析經濟資本配置在投資銀行資產配置和資本結構優化中應用的理論基礎，提出基於淨資本與經濟資本雙重約束下的投資銀行資本配置原則。然后，考慮到經濟資本配置的前提是經濟資本的計算，本章從風險形態視角，重點研究了投資銀行操作風險與市場風險的經濟資本度量方法。

第四章首先考察中國94家投資銀行的資產配置及其風險現狀，建立淨資本與經濟資本雙重約束下的投資銀行資產配置模型，並利用中國上市投資銀行的自營資產配置數據進行實證研究，得到自營部分的淨資本要求大於經濟資本要求、會計利潤大於經濟利潤、基於GARCH-CVaR模型的配置方法比GARCH-VaR模型更為有效等結論。這驗證了理論分析得出的經濟資本配置可以在一定程度上抑制投資銀行激進的風險文化的結論。

第五章運用面板數據對中國投資銀行資本結構的影響因素進行實證分析，並論證投資銀行資本結構優化的必要性；然后從理論上探討投資銀行如何運用期權方法建立基於經濟資本的資本結構優化模型；最后運用中國券商數據進行實證。研究發現，投資銀行資產規模與投資銀行的槓桿倍數成正比。但投資銀行的盈利能力、淨資本情況與投資銀行槓桿倍數成反比。這間接表明中國投資銀行的槓桿受到嚴格監管，同時實證分析也證明了案例投資銀行的槓桿率偏低。

第六章首先建立投資銀行風險對沖的理論框架，認為，廣義的投資銀行風險對沖除了包括利用衍生品的市場對沖，還包括表內的自然對沖，即針對投資銀行特有的一些風險可在資產負債表上尋找可互相抵消的項目，以此控制相應的風險。因此，投資銀行風險對沖理論框架包括自然對沖和市場對沖兩種基本形式。為此，我們構建了基於Copula的投資銀行業務風險整合模型，並對市場對沖理論做了簡單分析。

第七章考慮到投資銀行各個業務之間的複雜聯繫，嘗試利用第六章的連接函數（Copula）方法整合投資銀行業務風險。本章提出從業務角度研究投資銀行風險整合的基本框架、研究模型和分析步驟。本章還以中國投資銀行財務數據為數據基礎，採用二元Copula連接投資銀行服務業務與投資業務兩大風險，整合得到投資銀行的風險。本章還進行業務自然對沖效果的實證分析，試圖從業務風險整合的角度回答為什麼投資銀行業務結構會影響投資銀行風險這一問題。

第八章就美國投資銀行市場對沖涉及的產品結構、風險情況、對盈利模式的影響以及對中國的啟示等問題進行探討。由於無法獲得中國投資銀行的衍生品對沖時序數據，對沖研究子課題僅對上市投行年報所披露的相關信息做描述

性分析，而且無法精確判斷中國投行股指期貨的套期保值效果和非套期保值投資收益情況。基於目前中國市場可以用於對沖的產品極其有限的現狀，本章對中國投資銀行市場對沖的研究也只能是初步的。

第九章在回顧投資銀行內部控制制度發展歷程的基礎上，對投資銀行內部控制的內涵及其與風險管理的關係進行系統分析，探討投資銀行內部控制的目標、原則和總體框架。由於內部控制制度涉及內容較多，我們僅從風險管理的角度就與經濟資本管理密切相關的投資銀行內部會計控制和績效考核進行分析。

第十章延續前面理論研究的結論，認為重構中國投資銀行風險管理體系，重點在如何引入經濟資本管理、提高對沖和內部控制的有效性，探討重構的環境、基本原則和主要內容。

四

關於投資銀行的風險管理，原廣發證券董事長陳雲賢博士曾提出「風險—收益對應論」，以區別於商業銀行的資本充足率管理。風險收益對應體現了投資銀行特殊的資產負債結構、逐日盯市的會計制度安排以及複雜的表外衍生品業務等特點，應該說是對投資銀行風險管理理論的一大突破。但落實到具體的管理過程，高槓桿率的投資銀行如何把握其收益與風險對應，關鍵就在於對各業務單元所面對的風險如何度量。解決了風險的度量問題，解決了經濟資本在投資銀行各業務單元的分配問題，在此基礎上取得的收益不就是與風險對應的收益了嗎？從這個意義上講，本課題的研究應該是對「風險—收益對應論」的一種深化。遺憾的是，由於數據可得性的原因，本項目原本以業務單元計量風險的設想沒能實現，不得不改為按風險形態來度量，這就在一定程度上削弱了本項目研究的學術價值。但本項目研究的結論與方法無疑是對投資銀行風險管理理論的有益補充。其創新主要體現在以下幾個方面：

（1）從國內外投資銀行風險特徵和外部淨資本監管有效性評價兩個視角出發，構建基於淨資本監管和經濟資本雙重約束下的投資銀行經濟資本管理體系，這是本研究的重中之重與最大特色。研究為中國投資銀行風險管理從被動合規向主動管理提供了理論依據，為淨資本監管的合意水平提供了政策參考，闡釋並深化了 IOSCO、歐盟在投資銀行淨資本監管指引方面所暗含的經濟資本思想。

（2）從理論上構建了基於淨資本監管和經濟資本雙重約束下的投資銀行經濟資本配置體系，分析了在不同約束條件下投資銀行的資本配置原則和應用領域（資產配置、資本結構優化和績效評估）。本項目一方面建立了雙重約束下投資銀行資產配置模型，並實證發現自營資產的淨資本要求大於經濟資本要求、會計利潤大於經濟利潤等，驗證了經濟資本管理可以防範投資銀行道德風險的結論；另一方面，利用期權模型，建立了投資銀行資本結構優化模型並進行實證，結論表明案例投行的總體淨資本要求過高、槓桿倍數偏低，這側面證明了經濟資本可以用於投資銀行建立合意的財務槓桿水平並作為總體淨資本監

管寬松評價標準。

（3）研究投行主要的兩種風險形態——操作風險和市場風險所需的經濟資本度量方法。項目研究了損失分佈法框架下用 POT 模型來度量操作風險、用變點理論對閾值位置進行精確定位、用貝葉斯法來度量操作風險經濟資本，並分別探討基於 CVaR 模型的自下而上度量和基於期權模型的自上而下度量市場風險經濟資本的方法。

（4）通過構建證券公司收入結構與風險的關係模型並進行實證，為投行業務對沖策略提供決策依據。

五

書稿即將脫稿之際，恰逢 2015 年以來中國股票市場大幅波動，為進一步觀察此輪波動中中國投資銀行風險特徵及防範能力，我們推遲了交付出版的時間。時至定稿之時，此輪股票市場大幅波動仍在持續，業界、政界和學界就此展開了系列討論，大多將此輪波動歸因於槓桿資金、程序化交易、監管制度、投資者結構等。這涉及交易制度設計、宏觀監管等內容，顯然超過了本課題的研究範圍。但這也恰恰印證了開篇我們所強調的，一個完善的風險管理體系應該包括金融機構自身的內部風險管理、行業的自律管理和外部（政府與市場）監管，缺一不可。值得注意的是，此輪波動中個別券商的風險表現，一定程度上提示中國投資銀行除了加強包括技術風險在內的操作風險管理、內控制度建設外，還應管理好資本市場轉型發展過程中的法律風險。

本書是我主持的教育部人文社會科學重點研究基地重大項目「投資銀行風險管理理論與中國的實踐」的研究成果。項目批准號：2009JJD790037。項目組成員：王玉峰、李松、宋坤、趙偉、黎潔、夏磊、劉天倫。課題立項後，我經歷了人生中一段異常艱難的歲月。課題組的同志們給了我最大的支持，沒有他們的努力，本研究是無法完成的。尤其是四川農業大學的王玉峰副教授，協助我完成課題研究方案的總體設計，並負責初稿的總纂與最后的定稿。課題初稿分工如下：李松執筆第一章；王玉峰執筆第二章、第三章第一節與第三節、第四章、第五章、第十章；宋坤執筆第三章第二節；第六章、第七章、第八章中，自然對沖部分由趙偉執筆，其餘部分由李松執筆；第九章由黎潔執筆；夏磊、劉天倫參與了資料收集與課題討論。值此課題結稿之時，我向他們表示深深的謝意！研究中，錯誤和疏漏在所難免，我對此承擔全部的責任，也歡迎廣大讀者提出寶貴的意見。

西南財經大學中國金融研究中心　陳野華
2015 年 9 月於光華村

目　錄

第一章　文獻綜述 / 1

第一節　國外投資銀行風險管理相關研究 / 1
一、投資銀行的風險識別 / 2
二、投資銀行的風險測量 / 3
三、投資銀行的風險處理 / 5
四、投資銀行的內部控制 / 7

第二節　國內證券公司風險管理研究與實務進展 / 8
一、現行證券公司風險管理方法與局限 / 8
二、中國證券公司風險來源識別 / 10
三、中國證券公司風險識別、測量與控制相關研究 / 11
四、中國證券公司內部控制研究 / 12

第三節　文獻評述與研究啟示 / 14
一、文獻評述 / 14
二、研究啟示 / 15

第二章　投資銀行風險管理體系的構建 / 17

第一節　現代投資銀行的經營特徵與風險 / 17
一、投資銀行的界定及其風險 / 17
二、投資銀行經營特徵與風險的一般分析 / 19
三、中國投資銀行的經營特徵與風險分析 / 27
四、中美兩國投資銀行業經營特徵與風險的比較 / 33

第二節　淨資本監管與投資銀行的風險行為／34

　　一、投資銀行淨資本監管的起源與發展／34

　　二、中國淨資本監管與投資銀行風險行為研究／38

第三節　投資銀行經濟資本管理的適用性／44

　　一、國內外研究現狀／44

　　二、投資銀行的風險特徵與經濟資本管理／50

　　三、投資銀行淨資本監管與經濟資本管理／51

第四節　投資銀行風險管理體系：經濟資本管理、對沖和內部控制／55

第三章　投資銀行經濟資本管理的基本理論／58

第一節　投資銀行經濟資本管理體系／58

　　一、投資銀行三個資本概念的比較／58

　　二、投資銀行經濟資本配置理論基礎／62

　　三、投資銀行經濟資本管理／63

第二節　投資銀行操作風險經濟資本度量／68

　　一、操作風險的不同界定／68

　　二、中國投資銀行操作風險暴露及特徵分析／69

　　三、投資銀行操作風險經濟資本度量／70

第三節　投資銀行市場風險經濟資本度量／94

　　一、自下而上的市場風險經濟資本計量方法／94

　　二、自上而下的經濟資本計算方法／97

　　三、兩種方法在投資銀行經濟資本配置中的選擇／98

第四章　基於經濟資本的投資銀行資產配置理論與實證／100

第一節　中國投資銀行資產配置現狀／100

　　一、資產規模容易受到市場行情影響／100

　　二、資產規模總體偏小，抗風險能力有限／101

　　三、貨幣資金占比高／101

第二節　投資銀行資產配置的一般分析／102

一、資產配置的基本思想／ 103

　二、投資銀行資產配置的約束條件／ 103

　三、資產配置方法的比較與選擇／ 104

第三節　雙重資本約束下的投資銀行資產配置理論／ 106

　一、投資銀行資產配置模型／ 106

　二、配置步驟／ 107

第四節　雙重約束下中國投資銀行資產配置實證／ 108

　一、中國投資銀行自營資產配置的一般分析／ 109

　二、數據選取與描述性分析／ 112

　三、基於 GARCH-VaR 模型的投資銀行資產配置實證／ 113

　四、基於 GARCH-CVaR 模型的投資銀行資產配置實證／ 115

　五、兩種模型的實證結論與比較／ 118

第五節　小結／ 119

第五章　基於經濟資本的投資銀行資本結構優化理論與實證／ 120

第一節　投資銀行的資本結構、影響因素與優化問題／ 120

　一、資本結構的定義／ 120

　二、投資銀行資本結構的影響因素／ 120

　三、投資銀行資本結構調整的理論比較：動態與靜態／ 122

第二節　基於經濟資本的投資銀行資本結構優化模型／ 123

　一、投資銀行資本結構優化的步驟／ 123

　二、投資銀行總體必要經濟資本的測度模型與影響因素／ 124

　三、基於經濟資本的投資銀行資本結構優化戰略／ 132

第三節　基於經濟資本的中國投資銀行資本結構優化實證研究／ 133

　一、相關參數的選擇與計算／ 133

　二、計算結果／ 136

第四節　小結與討論／ 137

第六章　投資銀行風險對沖理論框架／138

第一節　投資銀行風險對沖的基本形式／138
第二節　投資銀行的自然對沖理論／139
一、自然對沖的定義及相關研究／139
二、基於 Copula 技術的投資銀行自然對沖模型／140
三、投資銀行自然對沖的風險整合步驟／142
第三節　投資銀行的市場對沖／142
一、理論／142
二、市場對沖的內在風險／146

第七章　基於 Copula 的投資銀行業務自然對沖／149

第一節　固定業務資產比例下的投資銀行風險對沖效應測度／149
一、邊際分佈的估計／149
二、Copula 函數的選取／150
三、業務組合收益模擬／150
四、實證結果解釋說明／151
第二節　變動業務資產比例下的投資銀行風險對沖效應測度／152
一、業務資產權重與金融企業風險關係模型／152
二、業務權重決定的投資銀行 VaR 模擬／153
三、不同 Copula 假設下的業務權重與 VaR／153
四、不同假設下的業務權重與風險 VaR 關係對比／154
第三節　考慮風險收益的業務資產最優配置模擬／156
一、考慮風險收益的業務資產最優配置模型／156
二、基於 Copula 的業務資產配置有效邊界／156
三、考慮收益和風險的業務資產最優權重模擬／158

第八章　投資銀行市場對沖／160

第一節　美國投資銀行的市場對沖／160
一、對盈利模式的影響／160

二、衍生品結構 / 161

　　三、衍生品風險管理 / 163

　　四、投資銀行衍生品道德風險 / 164

　　五、對中國投資銀行的啟示 / 165

第二節　中國投資銀行市場對沖分析 / 167

　　一、中國投資銀行市場對沖的必要性 / 167

　　二、中國現有市場的對沖工具和對應策略 / 168

　　三、中國投資銀行參與市場對沖的現狀 / 175

第三節　市場對沖的淨資本監管 / 178

第九章　投資銀行內部控制研究 / 179

第一節　投資銀行內部控制的理論框架 / 179

　　一、投資銀行內部控制制度的發展歷程 / 179

　　二、中國投資銀行內部控制的目標、原則及基本框架 / 185

第二節　投資銀行內部控制制度的共性建設 / 187

　　一、投資銀行內部會計控制 / 187

　　二、投資銀行其他共性內部控制制度建設概述 / 192

第三節　投資銀行內部控制制度的個性建設 / 194

　　一、基於經濟資本的投資銀行績效考核體系 / 194

　　二、投資銀行其他個性內部控制制度建設概述 / 198

第十章　中國投資銀行風險管理體系重構 / 202

第一節　中國投資銀行風險管理體系重構的環境分析 / 202

　　一、宏觀經濟環境 / 202

　　二、監管環境 / 203

　　三、行業競爭環境 / 203

第二節　中國投資銀行風險管理體系重構的基本原則 / 203

　　一、漸進性原則 / 203

　　二、與淨資本監管的逐步融合 / 204

三、與其他風險管理方法的結合 / 204

第三節　中國投資銀行風險管理體系重構內容 / 205

　　一、建立全面風險管理理念 / 205

　　二、重點實施經濟資本管理 / 205

　　三、提高對沖模型的有效性 / 207

　　四、逐步建立基於大數據的內部控制機制 / 208

參考文獻 / 209

附錄一　上市投資銀行淨資本監管指標 / 224

附錄二　基於經濟資本的資產配置數據 / 227

第一章　文獻綜述

對於企業而言，風險是指其遭受財務損失的可能性，良好的風險管理能夠顯著降低企業所面臨的各類風險，保證企業持續經營。作為現代金融市場的重要參與者，投資銀行早就擺脫了最初單一的發行者角色，廣泛涉足於金融市場的各個環節。他們不但擔任了發行者，還扮演了做市商、交易中間人、套利者、投機客等角色。廣泛開展的業務拓展了投資銀行的盈利渠道，同時也將它們置於多種風險之中。現代投資銀行不僅需要面對傳統發行業務所對應的風險，還需要面對更為複雜的市場風險、信用風險和操作風險等。直接參與金融市場使得投資銀行需要面對越來越複雜的市場風險，信用相關產品以及場外市場的發展使得投資銀行不得不考慮信用風險（包括參考風險和對手風險），衍生品的巨大槓桿作用使得操作風險顯得前所未有的重要。

隨著金融市場的發展，投資銀行所面臨的金融風險環境也發生了極大的變化，金融市場的大幅度波動越來越頻繁，各類高槓桿衍生工具放大了損失規模，投資銀行稍有不慎就有可能遭受巨大損失乃至滅頂之災。在這樣複雜多變的風險環境中，如果沒有一個良好的風險管理體系，投資銀行可謂寸步難行。近年來常有耳聞的投行巨虧事件（例如雷曼兄弟公司破產、J. P. 摩根大通信用衍生品巨虧、騎士資本程序故障巨虧、光大證券烏龍指數等）無不昭示了風險管理的重要性。可以毫不誇張地說，風險管理是現代投資銀行的心臟，支撐起了整個投資銀行的業務運行。

目前已經有包括監管層、實業界和學術界相當多的研究從不同角度考察了投資銀行風險管理。本章中我們試圖對這些研究結合投資銀行現行的風險管理狀況進行梳理。本章的組織結構如下：第一部分回顧了國外投資銀行的風險管理理論與實務進展；第二部分總結了中國投資銀行風險管理相關研究；第三部分是文獻評述及對本研究的啟示。

第一節　國外投資銀行風險管理相關研究

良好的風險管理包括風險識別、風險測量、風險處理以及內部控制四個部分。在風險識別階段，投資銀行需要判斷自己所面對的風險的具體來源；在風險測量階段則針對風險的不同來源與分佈特徵測量所面對的風險程度；然後根

據設定的風險目標選擇不同的方式（例如對沖、分散化、準備金等）對風險進行處理。「風險識別—風險測量—風險處理」一同構成了投資銀行風險管理的完整結構，而支撐這樣一個風險管理機構的就是內部控制系統。

一、投資銀行的風險識別

和商業銀行一樣，投資銀行所面臨的風險根據其來源可以劃分為市場風險、信用風險、流動性風險和操作風險。但投資銀行每種風險的具體結構、風險分佈以及管理方法都與傳統商業銀行有所區別。

市場風險是指由市場價格或者收益率相關的非預期變化造成的損失，包括股權風險、利率風險、匯率風險等。隨著交易活動越來越頻繁，衍生品數量迅速增長，市場波動性越來越大，市場風險日益成為投資銀行風險管理的頭號問題。

廣義的信用風險包括所有與信用事件（包括信用評價變化、信用溢價波動以及違約等）相關的風險。① 狹義的信用風險僅指違約風險，即合約對手沒有履行合約義務而帶來損失的可能性。狹義的信用風險同樣可以分為兩類，即參考風險（Reference Risk）和對手風險（Counterpart Risk）。參考風險是指合約雙方沒有違約風險，但是由於合約涉及第三方，由第三方違約帶來的風險，其典型例子是信用違約互換（CDS）。對手風險是指合約雙方中的某一方沒有履行合約義務的風險。廣義的信用風險的相當部分以及狹義的信用風險中的參考風險與市場風險重疊，在實際風險管理中，各投資銀行所報告的信用風險均指對手的信用風險②。投行的信用風險主要來自於場外衍生品交易，以及與客戶和其他金融機構的借款和借款承諾等合約。

投資銀行和傳統商業銀行在流動性風險特徵上有著重要區別。巴塞爾銀行監管委員會（BCBS）直到 2010 年通過《巴塞爾協議Ⅲ》才將流動性風險與市場風險、信用風險和操作風險並列。但投資銀行們早就深受流動性風險之苦。③ 著名投行高盛公司在其報告中指出④：「大部分金融機構的失敗在很大程度上是由於流動性不足。」儘管投資銀行和商業銀行都有非常高的資產負債率，但是投資銀行的負債期限遠比商業銀行更低和更不穩定，因此也遭受了更為嚴重的流動性風險。傳統商業銀行主要融資來源是企業和居民存款，而投資銀行不能吸收公眾存款，融資嚴重依賴於拆借、回購或者證券化資產。拆借和

---

① 在這個意義上，信用風險應當看作市場風險的一部分（Duffie, Singleton, 2002）。但由於許多信用敏感工具流動性較小、期限較長而且缺乏深度足夠的二級市場，很難可靠計算其市場價值，因而信用風險很難簡單按照管理市場風險的方法來處理。

② 例如，高盛在 2013 年度報告中把信用風險描述為「交易對手或者（例如 OTC 衍生品交易對手或者借款人）所持有證券的發行者違約引起的可能損失」；摩根士丹利的 2013 年度報告則將信用風險定義為「當借款人、交易對手或發行人不履行其財政義務而產生損失的風險」。

③ 例如掀開次貸危機大幕的著名投行貝爾斯登就是因為深陷流動性不足的泥潭，最終被迫以低價賣給 J. P. 摩根。

④ 資料來源於高盛公司 2013 年年度報告。

回購這樣的超短期融資方式通常成本更低，但容易受到市場波動的影響，穩定性相對於居民存款更差，更容易陷入流動性麻煩。

巴塞爾委員會於 2001 年將操作風險定義為：因內部控制不足或者失效、人員、系統以及外部事件引發損失的風險。中國監管機構①對操作風險的定義與 BCBS 一致，即操作風險是指由不完善或有問題的內部程序、員工和信息科技系統，以及外部事件造成損失的風險。儘管巴塞爾委員會的定義主要針對銀行，但大多數投資銀行（例如高盛、摩根士丹利、J. P. 摩根等）的操作風險管理也遵循了這樣的定義或者以此為基礎。

根據定義，BCBS 於 2002 年將操作風險分為了以下七類②：①內部詐欺風險；②外部詐欺風險；③雇傭活動以及工作場所中的安全性風險；④客戶、產品和商業活動風險；⑤物理資產破壞風險；⑥業務中斷以及系統故障風險；⑦交易的執行、交割和過程管理風險。根據不同操作風險的發生機制，操作風險可以劃分為內部風險和外部風險。前者指金融機構可以控制的那部分操作風險，例如內部詐欺、雇傭活動或者系統選擇等；后者指外部事件引發的風險，例如外部詐欺等。

二、投資銀行的風險測量

風險測量已經有很長的歷史，金融機構採取了各種方法試圖準確描述風險，即損失的分佈。早期的金融機構往往採用風險因素缺口監測、敏感性分析或者情景分析、壓力測試這樣的方式來對風險做出判斷，這些方法在現在依然在投資銀行等金融機構的風險管理中發揮著重要作用③。然而，缺口檢測、敏感性分析和情境分析等方法只能夠提供一個比較粗略的風險估計，而且很難考慮到不同風險因素之間的相關性。隨著市場風險越來越複雜，這些傳統方法逐漸不能滿足市場風險管理要求，金融機構需要更加精確的市場風險測量框架。

均值—方差分析方法是最早發展出來的統一風險測量框架。該方法源於資產組合理論（Markowitz，1952）。它假定損失服從正態分佈，只要獲知了分佈的均值和方差就能夠精確地得到分佈函數。由於風險管理關注的是資產價值的左端不確定性（即損失可能性以及損失規模），得到損失的分佈函數就能夠計算出不同分位點的資產狀況，精確描述資產的風險狀況。均值—方差框架下的風險測量只需要資產回報率的均值和方差兩個參數，而這兩個參數又有明確的經濟意義，前者代表了資產預期回報率，後者代表了回報率的波動情況——即不確定程度。在損失服從正態分佈的假定下，均值—方差分析框架很好地測量了企業的市場風險狀況。然而這一前提假定在很多時候並不適用於投資銀行。因為金融資產的收益率往往具有尖峰厚尾的分佈特性，並不滿足正態分佈，而

---

① 見中國銀行業監督管理委員會 2007 年發布的《商業銀行操作風險管理指引》。
② 一些投資銀行（例如高盛）採用了 BCBS 的分類方式，另外一些投資銀行（比如 J. P. 摩根）則在此基礎上做了擴展，將監管風險也包括了進來。
③ 例如摩根士丹利和高盛等投資銀行的 2013 年度報告中依然強調了這些方法。

且投資銀行持有的資產種類相比銀行或者保險公司等總是有限的，不滿足大數定律的要求，資產組合的收益率可能會嚴重偏離正態分佈。這種條件下，如果運用均值—方差方法測量風險就不再可靠，甚至可能帶來非常嚴重的誤判。

由於均值—方差分析方法的局限性，更加現實的風險管理需要對一般分佈也可行的分析框架，在險價值（VaR）方法正是這樣的一個框架[1]。具體而言，VaR 是指在給定時間期限內，由於市場價格變化引起的風險資產頭寸在給定概率水平下的最大損失。VaR 方法迅速流行是由幾點原因造成的。首先，VaR 方法提供了一個全面的風險估計方法，能夠把不同風險因素整合為一個全局風險度量，而且可以考慮到不同風險因素之間的相關性。這使得金融機構高管可以根據 VaR 來制定全局風險目標，同時各業務部門也能夠根據全局目標分解出可控的部門風險目標。其次，VaR 方法具有一般性，所需要的只是損失的分佈，因而能夠用於信用風險甚至操作風險層面。最后，VaR 方法表述（以多大的概率損失多少錢）簡單而且容易理解，很容易成為通行的風險表述方式，方便與利益相關群體進行信息交流。總之，VaR 方法為不同類型的風險管理提供了一個「一致、全面的方法，從而有利於從總體上更好地管理風險」（Dowd，2005）。

儘管 VaR 方法依然是目前最為廣泛採用的標準市場風險管理方法，但並非沒有缺陷。這種方法在技術層面的缺陷主要集中在了兩個方面。第一方面是 VaR 方法對尾部風險的忽略。VaR 只是損失函數的分位數，並沒有完全描述損失函數左端（分位數以外）的分佈，可能造成一定的誤導。VaR 方法的第二方面缺陷是其不具有次可加性。次可加性是指兩種風險資產（組合）疊加構成的組合風險不應當大於兩者的風險之和，這一性質意味著分散化至少不會增加風險。VaR 不具有次可加性意味著分散化是一種壞的策略，因為可能產生多余的額外風險，這一缺陷不但在理論上存在問題而且在應用中也會引起混亂。通常，投資銀行可以採用多種風險資產共用風險準備金（包括保證金）的方式來節約成本，但 VaR 不具有次可加性則要求投行對各個風險資產分散計提風險準備金或保證金，提高了資金成本。此外，如果風險不具有次可加性，那麼總體資產組合得到的 VaR 將會低估各個分散資產加總構成的風險，給投行風險管理帶來誤導。

Artzner 等人（1999）提出了一組規範性條件，滿足這些條件的風險度量方法被稱為一致風險度量（Coherent Risk Measure）。一致風險度量克服了 VaR 的缺陷，能夠更好地度量投行所面對的金融風險。一致風險度量的規範性條件包括：①單調性，如果風險資產（組合）A 在任何情況下的收益都低於風險資產（組合）B，那麼 A 的風險度量一定比 B 大；②平移不變性（Invariance with Respect to Drift），某個組合 A 中加入數量 c 的現金構成的新組合的風險度量應該為 A 的風險度量減去現金數量 c；③正齊次性（Homogeneity），即風險

---

[1] 關於 VaR 框架以及具體方法更加詳細的介紹可以參考 Duffie 和 Pan（1997），Gourieroux 和 Jasiak（2010）等的研究綜述或者 Dowd（2005），Jorion（2006）的相關論述。

度量具有規模不變性，例如 $\lambda \geqslant 0$ 倍風險資產（組合）A 的風險度量應該是 A 風險度量的 λ 倍；④次可加性，由風險資產（組合）疊加構成的組合風險度量不應當大於各個子組合的風險度量之和。

后續的研究提出了許多符合規範條件的一致風險度量方法，例如預期尾部虧損（ES）一族（Acerbi, Tasche, 2002 a, b）的眾多估計量（含尾部條件預期 TCE、CVaR 等）、譜風險測度（Acerbi, 2002）等。然而，儘管這些一致風險度量方法性質更加良好，但由於 VaR 的簡單易用性和直觀性，VaR 方法依然是現在投資銀行等金融機構最為普遍採用的標準市場風險度量方式。

三、投資銀行的風險處理

通常，投資銀行等金融機構往往由風險委員會設定邊際要求（取決於公司的風險目標），以保證金融機構在遭受災難性事件以後依然能夠維持正常運轉，具體業務部門再根據風險邊際要求和資產價格分佈特性進行配置。

分散化、對沖和風險準備金構成了投資銀行市場風險和信用風險的主要控制方式。

分散化的基礎是資產組合理論，通過多元化資產之間的相關性抵消掉單個資產的個體風險。然而，不管如何分散，金融機構仍然不能完全消除系統性風險。銀行和保險公司這樣資產期限比較長的金融機構可以用未來的繁榮抵消當前的風險，通過穿越經濟週期熨平系統性風險。投資銀行的資產期限和融資期限往往都較短，難以通過不同時期的風險相關性抵消系統性風險，因而它們的風險管理相對更加依賴於對沖方式。比起分散化策略來，衍生品對沖能夠完全消除特定風險（甚至包括系統性風險），因此衍生品對沖已經成為國外大型投資銀行管理市場風險的常規策略。

投資銀行會還採取各種方式來緩解自己所面臨的信用風險。對每一筆信用相關的交易，投資銀行會根據交易對手一切可得的因素來估計交易對手的履約能力與意願，利用信用評價模型形成對交易對手信用質量的評價，以此為基礎決定信用相關交易政策（包括是否交易、抵押要求[①]等）。在場外衍生品市場中，投資銀行往往同時充當了交易者和做市商的角色，其交易對手主要是銀行和保險公司等金融機構。正是由於投資銀行在場外衍生品市場上的這種雙重角色，隨著場外衍生品市場的迅猛發展，信用風險已經成了投資銀行風險的重要來源。信用風險管理在投行風險管理中的重要性不亞於市場風險管理，像高盛和摩根士丹利這樣的投資銀行都設置了專門的信用風險控制部門來衡量、監督和控制信用風險。投資銀行會採取一系列信用加固的方式來緩解場外衍生品的對手風險，這些方式包括淨值結算、保證金與抵押、信用觸發器和提前終止協

---

① 與銀行等其他金融機構一樣，抵押要求也是投資銀行在借款相關活動中經常使用的信用風險管理方法。

議①等。

　　投資銀行有效的流動性管理的目標是確保企業的核心業務不會因為流動性不足而不能持續。這些核心業務包括②：支持客戶需求，穿越週期或者考慮市場受壓情況下依然能夠滿足企業的償付義務（包括或有償付），維持使公司能夠優化其融資結構和流動性來源、同時最大限度地降低成本的信用評級等。

　　投行的流動性管理通常由三部分組成。第一部分是維持充分的流動性資產。投行需要維持大量過剩的流動性，以滿足廣泛存在的潛在現金流出及市場受壓環境中抵押品的需求變化。《巴塞爾協議 III》引入了兩個流動性風險要求，即流動性覆蓋比率（Liquidity Coverage Ratio，LCR）要求和淨穩定資金比率（Net Stable Funding Ratio，NSFR）要求。其中，流動性覆蓋比率 = $\frac{\text{高質量流動資產儲備}}{\text{后 30 天內總淨現金流出}} \geq 100\%$，淨穩定資金比率 = $\frac{\text{可得的總穩定資金}}{\text{必需的總穩定資金}} \geq 100\%$，並且都要求分子與分母必須考慮到市場受壓的情況。第二部分是資產負債的流動性匹配。投行通過對融資和資產的流動性期限和風險安排，使得兩者能夠匹配。流動性匹配中非常重要的一點是需要保持融資和資產的分散性，避免對某種單一資產、市場、融資工具的依賴。第三部分是應急融資計劃（Contingency Funding Plan，CFP）。即投行要對企業因為突發性的危機或市場惡化情況下的融資方式做出安排。

　　投資銀行的操作風險主要通過內部控制系統、風險準備金以及保險進行管理。

　　相比市場風險、信用風險和流動性風險，信用風險的發生機制有著鮮明的特點，人的因素在操作風險管理中占據更加重要的地位，其風險管理也更加依賴於內控體系。國際證監會組織（IOSCO）在其《證券公司及其監管當局風險管理與控制指引》中指出，操作風險通過正確的管理程序得到控制，它們包括完整的帳簿和交易記錄、基本的內部會計控制、強有力的內部審計部門（獨立於交易和收益產生部門），清晰地認識限制和風險管理以及控制政策。

　　《巴塞爾協議 II》建議了三種操作風險測量方法，以及相應的風險資本要求。BCBS 建議的第一種是基本指標法（Basic Indicator Approach），要求金融機構按照過去三年中毛收入為正的年份的毛收入的平均值的一定因子（15%）作為操作風險準備。基本指標法事實上就是金融機構操作風險的比較粗略的一種經驗性度量方式。第二種方法是標準法（The Standardised Approach）。該方法將金融機構業務劃分為八個不同的類別，每個類別分別採用基本法（與基本指標法只有一個15%的權重因子不同，標準法對不同類別的業務設置了從最低12%到最高18%不等的權重因子）計量其操作風險準備金，然後加總求和得到整體操作風險資本金。標準法實際上是按業務對基本指標法的細化，但依

---

① Hull（2012）的著作第17章對這些信用加固方式有更加詳細的說明。
② 資料來源於 J. P. Morgan 和 Chase 的 2013 年年度報告。

然還是屬於經驗性的粗略估計。第三種方法是高級計量法（Advanced Measurement Approaches，AMA），允許符合要求的金融機構採取自己的模型來測量操作風險（以及相應的風險資本）。BCBS（2011）對高級計量法的分佈假設、內部數據、外部數據等作了進一步說明，宋坤（2013）以及本書後續章節（第三章）對常用的操作風險計量模型進行了更加詳細的描述。

最后，保險也是投資銀行操作風險的控制工具之一，一些投資銀行（例如 J. P. 摩根和高盛）也利用保險緩解因為政策變化引起的操作風險。

四、投資銀行的內部控制

會計和審計將內部控制定義為確保組織目標得以實現的過程，包括正確記錄與報告保證交易記錄、有效實施企業的經營策略、保證相關法律和政策得以遵守等。內部控制涉及風險管理的每一個環節，是投資銀行風險管理得以有效實施的基礎和保障。

投資銀行的內部控制變革往往是由對各種風控失敗事件的反思以及監管規則變化推動的。1992 年 9 月，美國反虛假財務報告委員會下屬的發起人委員會（The Committee of Sponsoring Organizations of the Treadway Commission，COSO）發布了《內部控制整合框架》（以下簡稱《框架》），被全世界許多公司所採用。2013 年 5 月，COSO 再一次發布了更新的《內部控制整合框架》（簡稱《新框架》），延續了原有《框架》關於內控的核心概念、五大要素以及有效性的評價標準。《框架》強調內部控制目標是合理確保經營的效果和效率、財務報告的可靠性和經營的合規性；內部控制包括控制環境、風險評估、控制活動、信息和交流、自我評估和內部監督五個要素。《框架》還提出如果組織內部控制體系的五大核心要素存在並有效運行，並且其組成的內部控制系統能夠為三大目標的實現提供合理保證，那麼可以認為內部控制是有效的。

IOSCO 的技術委員會於 1998 年發布了《證券公司及其監管者的風險管理和控制指南》（以下簡稱《指南》），從控制環境、控制的性質和範圍、實施、核查和報告五個方面討論了構成有效內部控制的要素，已成為各國投資銀行制定內部控制的參考標準。

投資銀行的內部控制不但包括其組織結構、流程設計，還包括對其營運中代理問題的解決。傳統觀點認為強董事會（更能代表股東利益）有助於緩解金融機構的代理問題，降低風險，《薩班斯法案》就秉承了這樣的觀點。但實證研究卻顯示情況並非如此。實證研究（Pathan，2009；Laeven, Levine，2009）發現董事會更能代表股東利益，股東控制力越強的金融機構有更強的風險偏好，而首席執行官（CEO）的權力越大（操縱董事會的能力越強）的金融機構在風險態度上反而更加保守。

投資銀行的內部控制旨在激勵業務單元採取正確的收益—風險行為。薪酬結構也在其中起了重要的作用。高管薪酬一直以來都是極具爭議的話題，尤其是 2007—2008 年的信貸危機更讓這種爭論充斥著公眾媒體和學術研究，很多

經濟學家和觀察者①認為金融高管薪酬設計不當是引發這場危機的深層根源之一。實證研究（Cheng, Hong, Scheinkman, 2009；Erkens, et al., 2009）也表明薪酬與金融機構風險行為之間的聯繫，即短期激勵成分（例如現金和股票期權）佔薪酬比重越大的銀行在2007—2008年的金融危機前採取了更多冒險行為，這些銀行在危機中遭受了更大的損失。

這兩類研究（股東權利和薪酬激勵）表明股東意志是驅動投資銀行等金融機構冒險行為的重要推動力量，股東通過董事會或者薪酬結構鼓勵金融機構冒險，良好的內部控制設計還應當考慮到股東的這種冒險衝動。

第二節　國內證券公司風險管理研究與實務進展

一、現行證券公司風險管理方法與局限

1998年12月，中國全國人民代表大會通過了《中華人民共和國證券法》（以下簡稱《證券法》），之后又於2004年8月、2005年10月和2013年6月對法規做出了三次修訂。但是，《證券法》只是對證券公司業務範圍、內控等做了非常初步的限制，缺少具體可執行的方法。2001年12月，中國證券監督管理委員發布了《證券公司管理辦法》，對證券公司淨資本/負責的比率提出了要求。2006年7月，證監會發布了《證券公司風險控制指標管理辦法》（以下簡稱《辦法》），並於2008年6月進行了修改。《辦法》要求證券公司必須持續符合下列風險控制指標標準：①淨資本與各項風險資本準備之和的比例不得低於100%；②淨資本與淨資產的比例不得低於40%；③淨資本與負債的比例不得低於8%；④淨資產與負債的比例不得低於20%。此外，《辦法》還對自營和融資融券各業務單獨規定了對應的淨資本比率。《辦法》建立起了以淨資本為核心的風險管理框架，並延續至今，各大證券公司也按照淨資本要求進行風險管理。

總體來說，現行以淨資本為核心的證券公司監管體系和風險管理方法在很大程度上借鑑了商業銀行的監管框架，並沒有反應出券商和商業銀行的區別。一兩年前，中國券商普遍負債週期較長而且槓桿率不高、流動性風險較低，業務結構偏重於發行和佣金收入，所面對的主要風險是操作風險②③和政策風險（監管當局對股票發行規模的外生控制），這種監管結構符合中國券商當時的

---

① Alen Blinder 在《華爾街日報》上的文章 *Crazy Compensation and The Crisis* 是這種觀點的代表。

② 唐憲（2007）統計了2002—2006年被中國證監會實施撤銷、關閉、託管等風險處置措施的共25家左右的證券公司，發現除兩例客戶透支行為以外其餘所有被處置的行為均屬於操作風險。

③ 劉增學等人（2004）統計的2001年12月至2004年6月期間證券公司的風險問題均屬操作風險。

風險管理需求。

　　近年來，發行市場競爭愈發激烈而總發行額度反而有所降低，同時佣金收入也由於激烈的市場競爭而下降，業務重心開始逐漸向融資融券、資產管理和自營業務轉移（見本書後續章節的統計）。同時，中國貨幣市場尤其是同業拆借市場和回購市場（見圖1.1、圖1.2、圖1.3）迅速發展，其融資額度甚至遠遠超過了同時期的A股交易額。貨幣市場的迅猛發展為證券公司提供了低成本而且高流動性的融資途徑，誘使證券公司（尤其是其自營和資管業務）融資短期化，證券公司事實上已經成了中國回購市場上的主要買入者。儘管明面上依然由於監管要求而保持了較低的槓桿率，但是證券公司的資管和自營部門也可能通過代持、養券①等隱形回購方式推高自己的槓桿，同時還極大地增加了自己的信用風險、流動性風險和操作風險。此外，伴隨著近年來固定收益市場的迅猛發展，各大證券公司自營和資管資產中債權類資產占據了不小的比重，這些債權類產品也讓投資銀行暴露在了違約風險中。② 最後，投資銀行還積極參與了同業拆借市場的投資活動，而拆借市場的利率近兩年來的波動逐漸加劇，表明這一市場的信用風險也在逐漸積聚。例如，中國2013年6月銀行間市場拆借利率大幅飆升的「錢荒」事件最初就源自對同業拆借違約的擔心③，這一事件表明中國場外交易市場（OTC）的參與者已經對對手風險有了警惕。

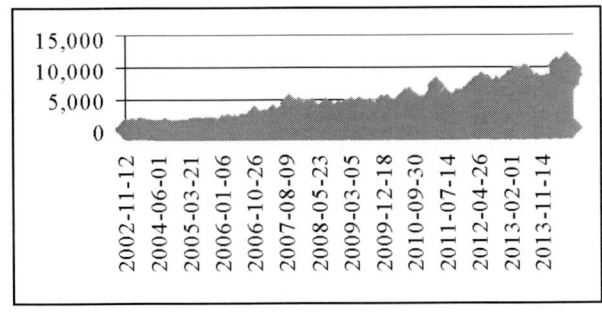

圖1.1　中國回購市場日成交規模變化（單位：億元）
來源：國泰安中國銀行間交易數據庫（圖1.2、圖1.3同）

---

① 「代持養券」灰幕揭開 固定收益圈風聲鶴唳［N］.上海證券報，2013-04-19.代持養券驚爆債市灰色利益鏈［N］.中國經營報，2013-04-22.
② 超日債風波引發的債市蛻變［N］.上海證券報，2014-03-25.
③ 中國式影子銀行的灰色生存［N］.上海證券報，2014-08-22.

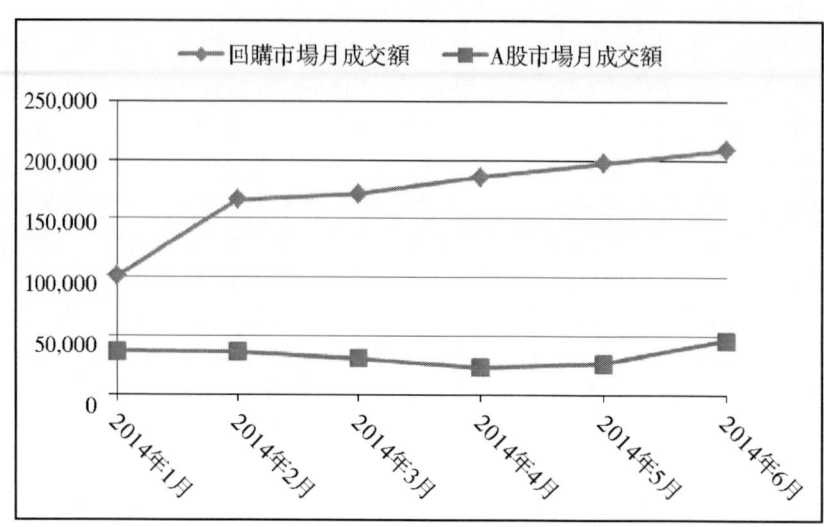

圖1.2 回購市場與A股市場規模對比（單位：億元）

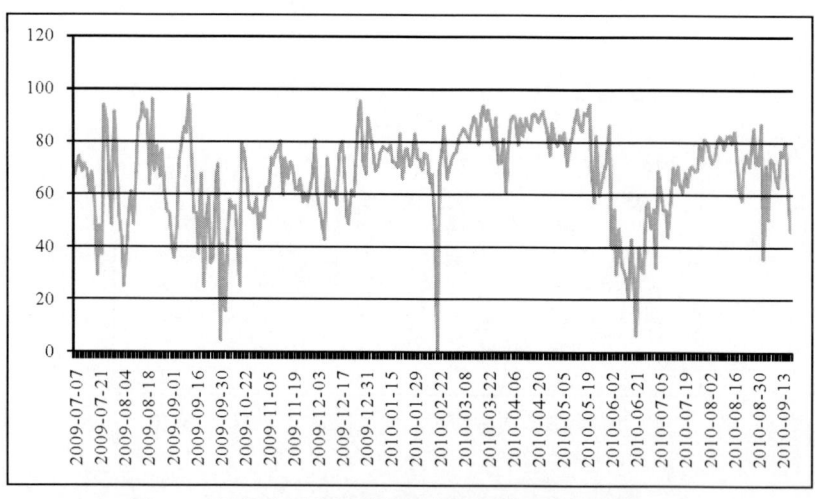

圖1.3 證券公司占回購交易中買入的比例（單位：%）

種種因素表明，中國證券公司的業務結構和資產負債結構正在向西方券商靠攏，相應的風險管理框架也亟須做出調整，以適應證券公司越來越複雜的風險結構。

二、中國證券公司風險來源識別

在風險來源方面，由於所面對的市場環境和監管標準不同，中國證券公司的風險成因與國外投資銀行有所區別（儘管近年來兩者有所趨同）。彭中明（2000）提

出政策不確定性是中國證券公司系統性風險的根本原因，法治建設相對滯后以及行業同質化競爭造成了證券公司普遍違法經營，帶來了相應的操作風險。楊曉平（2004）認為融資渠道不暢，是形成證券公司風險的重要體制性原因之一。

當然，中國證券公司在風險產生的具體來源上也在相當程度上與國外投行一致。宮龍雲（2000）借鑑國外的研究，將投資銀行的風險按風險的來源性質分為市場風險、信用風險、操作風險和法律風險等，按業務類型分為證券承銷風險、重組併購風險、自營業務風險、經紀業務風險、業務創新風險、管理風險和人才流失風險。

這些研究顯示，中國證券公司的風險來源可以區分為制度環境和業務因素。制度環境包括業務劃分、融資途徑、監管要求等因素，這些因素結合證券公司糟糕的內控環境又使證券公司採取了諸多高風險行為。制度環境對證券公司風險的影響具體表現為中國證券公司諸多風險中操作風險尤其突出。業務因素是指各項業務中蘊含的市場風險、信用風險、流動性風險和操作風險。由於金融行業的特殊性，投資銀行只要開展業務就會伴隨著風險。但是中國資本市場尚不發達，缺少足夠的風險管理工具，對業務因素引致的風險很難對冲。

三、中國證券公司風險識別、測量與控制相關研究

陳雲賢（1997，1998，1999）系統性提出了投資銀行的「風險收益對應論」以及投資銀行風險管理的四大原則，包括：①資本結構與流動性最大化對應；②組合投資與風險分散化對應；③經濟週期波動與投資決策科學化對應；④風險收益對應管理與投資銀行組織體系合理化對應。但是，「風險收益對應論」相關的研究缺乏后續跟進，沒有能夠形成具有操作性的內容，只能算是一個指導性的意見。

更多的國內研究則借鑑了國外的風險管理方法體系，試圖將國外（包括證監會國際組織推薦的管理框架、國外投資銀行的實際運用）的風險管理體系移植到國內。國外證券公司風險管理和控制的基本研究思路包括了三個部分，分別是：①風險控制組織（首席風險管理執行官或者各個層級的風險委員會）針對公司整體、業務單元和具體風險類別三個層面設定風險目標（比如 VaR 值）；②建立完整的風險測量系統，運用模型工具（通常是 VaR 方法）進行定量分析和即時監控；③業務單元通過風險資本準備、分散化或者對冲等方式，在滿足企業風險目標的前提下通過經營活動提升收益率。這三個部分共同構成了「識別—度量—控制」三位一體的風險管理和控制框架，其核心是風險的量化識別。

國內早期的研究（南方證券課題組①，2002；海通證券課題組，2002；畢秋香，何榮天，2002；）採用了 IOSCO 或者 BCBS 的風險分類體系，嘗試借鑑西方投資銀行的量化風險管理技術，試圖建立量化的風險指標體系，以風險指標和風險準備金結合實現證券公司的全面風險管理。但是這些研究往往基於國

---

① 諷刺的是，南方證券僅僅一年多以后就因為挪用客戶保證金和自營交易巨虧而被迫清算。

外現成的方法和具體分佈，而且指標選擇比較主觀，也沒有能夠考慮到國內證券公司的經營範圍和市場環境以及面對風險的動態變化，所以，這些預警指標體系還缺乏相應的實證支持，很難判定其具體效率。

后續的研究雖然依然採用了國外的風險管理框架，但具體方法上開始考慮到中國證券公司所面對的具體風險分佈特徵。黃曉坤（2009）將外部宏觀風險納入到證券公司的風險預警系統中來，並與內部微觀風險相結合，從整體角度構建風險預警系統應用模型，試圖解決傳統預警系統的預警信號不全面、準確性不足及滯后性的問題。姚德全和魯志軍（2013）在考量中國證券公司風險特徵基礎上，構建中國證券公司市場風險預警指標體系。他們運用主成分方法改進 Logistic 概率判別模型建立市場風險預警模型，以 61 家證券公司的年報數據為樣本，對該模型的預警效果進行實證檢驗。結果表明：該模型風險預警準確率達 80%，安全預警準確率達 90%，總體準確率達 88.57%。預警誤差在預測判別方法可接受範圍之內。兩位作者據此認為他們的模型具有一定的應用價值，能比較有效地預測證券公司所面臨的市場風險。

肖新華（2010）應用 FAHP 方法，在考慮證券自營業務風險形成原因的基礎上，對證券公司自營業務風險進行了識別。實證表明：各個風險因素對證券公司自營業務風險的權重大小依次是投資者信心風險、制度政策風險、操作風險、宏觀經濟環境風險等。他還選取東方證券公司自營股票投資為研究對象進行了自營業務風險測量方法篩選。研究發現：證券自營業務使用 Copula 理論中的 Gaussian Copula 函數及多元函數 t-Copula 來擬合投資組合中各股票的相依結構，結合 Gaussian Copula 函數及多元函數 t-Copula 與時間序列模型，借用蒙特卡羅模擬法，就可以很方便地計算證券自營投資組合的 VaR，通過對比，選擇 VaR 最小的自營投資組合，就能有效地規避投資風險。魯志軍（2014）同樣嘗試了將 Copula 函數引入 VaR 模型，構建 Coplua-VaR 模型來嘗試度量證券公司自營業務的市場風險。文章以財富證券公司的自營業務投資組合為研究對象，基於 Copula-VaR 方法進行實證研究。研究結果表明，Copula-VaR 結果比傳統的 VaR 值更能精確地度量自營業務市場風險。

四、中國證券公司內部控制研究

證監會國際組織技術委員會在 1998 年 5 月頒布的《證券商及其監管者風險管理和控制指南》（以下稱為《指南》）中區分了內部控制和風險管理及控制系統。《指南》認為：內部控制是指能夠保證交易正確記錄和確認、職責適當分離的系統；風險管理及控制系統是指市場風險、信用風險、法律風險、操作風險和流動風險的管理系統。中國證監會於 2001 年頒布了《證券公司內部控制指引》（以下簡稱《指引》），並於 2003 年 12 月做出了修訂，首次較系統地以法規的形式指導證券公司進行內部控制建設。《指引》將證券公司內部控制定義為：「證券公司為實現經營目標，根據經營環境變化，對證券公司經營與管理過程中的風險進行識別、評價和管理的制度安排、組織體系和控制措

施。」這個意義上的內控實際上包括了部分風險管理和控制系統的功能，與姜洋（2000）[①] 所提出的內控觀點一致。

以 2007 年 8 月結束的券商綜合治理為界，中國證券公司內部控制實務和相關研究大致可以分為兩個階段，我們將綜合治理完成以前的時期稱為前綜合治理階段，其后稱為后綜合治理階段。

在前綜合治理階段，中國大部分證券公司尚沒有建立起健全、完善的內控制度，各類違規乃至違法的事件屢屢發生，券商操作風險極為突出。即使《指引》發布以后，中國證券公司的內控制度建設大多只是簡單依照法律條文（陳共炎，2004），為了應對監管準則而設置，缺少可操作性和控制力度，因而內控往往失效。2004 年 8 月，證監會召開專題性的全國證券監管工作座談會，在證券監管系統內全面部署和啓動了綜合治理工作。綜合治理初期，證券公司全行業內控處於一個非常糟糕的地步。全行業客戶交易結算資金缺口為 640 億元，違規資產管理有 1,853 億元，挪用經紀客戶債券 134 億元，股東占款為 195 億元；超比例持股 99 只，帳外經營 1,050 億元；84 家公司存在 1,648 億元流動性缺口，其中 34 家公司的資金鏈隨時可能斷裂，證券公司的風險集中爆發醞釀了一次行業性危機。姜洋（2000）很好地總結了當時證券公司內控乏力幾個比較突出的表現，包括：①在公司治理結構上，多數證券公司存在嚴重的「內部人控制」問題，高級管理人員的行為得不到股東的有效制約；②在具體經營決策上，多數證券公司缺乏科學的高級管理人員、一般管理人員以及操作人員相互制約的機制，具體操作人員權力過大；③在對下屬機構的管理上，一些證券公司的總部對分支機構缺乏有效的管理手段，部分分支機構已經失控。

前綜合治理時期，中國證券公司內控嚴重失效有著其外部和內部根源。外部根源指證券公司面臨的市場和監管環境，主要包括：①融資渠道狹窄（楊曉平，2004）；②行業政策變動太大（彭中明，2000）；③行業同質化嚴重而且競爭激烈（姜洋，2000；宗明，余穎，2004）；④監管制度缺失而且交易制度存在缺陷（唐宗明，余穎，2004）；⑤政府行政干預過多（黃運成，李暢，2004）。內部根源指企業本身導致內控不足的原因，主要包括：①股權過於集中而國有大股東本身對企業風險和績效不夠敏感（範小雯，2003；黃運成，李暢，2004）；②股權流動性不足（黃運成，李暢，2004）。③專業知識和經驗方面的欠缺使董事無法很好地行使董事職責（李蘇，2007）；④內部會計控制制度不完整，控制力度弱化（孟焰，孫麗虹，2004）；⑤激勵和約束制度不完善（熊鵬，2006）。

通過綜合治理，結合《證券公司監督管理條例》《證券公司風險控制指標管理辦法》等配套法規的推出，中國的證券公司逐步建立起了比較規範的內

---

① 姜洋提出，證券商建立內控制度的目的是為了防範和控制因內部管理不善而帶來的風險，並且認為內部控制制度是風險管理的一種手段，主要對應於操作風險，但其涵蓋的範圍又超越了風險管理的範圍。

控體系①，操作風險爆發的頻率與損失較之綜合治理前都大幅下降，之後的研究逐漸轉向了具體治理機制的效果。

一些研究考察了證券公司風險管理組織的獨立性。馮玉明和劉娟娟（2006）比較了美國投行和中國證券公司的風險管理組織架構，認為中國證券公司尚存在風險管理組織獨立性不夠、協調性不強、缺少專業委員會指導等缺陷。

股權結構與內控之間的關係也引起了大量的關注，這些研究集中在兩個方面。第一個方面是股權性質（國有還是民營）對企業風險管理的影響。一些研究（陳共炎，2004；黃運成，李暢，2004）認為國有股權由於「最終所有者缺位」導致證券公司對風險不敏感，引起證券公司風險控制不足。朱科敏（2006）通過簡單的統計對比，發現民營券商占出現風險問題券商的比例（約三分之一）高於民營券商在所有券商中的占比（約六分之一），據此認為股權性質並非證券公司風險管理的關鍵因素。一些研究（牛建波，2004）認為股權過度集中不利於證券公司的風險控制；另外一些研究（朱科敏，2006；陳曼娜，林偉濤，2013）則顯示股權集中度與證券公司風險承擔存在負相關關係，股權越集中證券公司反而越重視風險管理。事實上，現有的實證研究（朱科敏，2006；陳曼娜，林偉濤，2013）的樣本容量都比較小，而且方法比較簡單，存在一定程度的內生性問題。因此，總體來說，關於股權結構（包括性質與分部）與企業風險控制之間的關係並沒有一個統一認可的結論。

信息相關制度（包括內部制度隔離和外部信息披露）是另外一個研究內容。胡付雲與姚松濤（2008）通過案例分析發現，證券公司內部隔離機制存在嚴重缺陷，研究人員公正性、獨立性與客觀性不足，引起了利益輸送等違規行為，造成了證券公司的操作風險。張琦（2012）則通過對年中國上市證券公司信息披露情況的分析，認為儘管中國證券公司內控制度在近幾年取得了長足進步，但是公司內部控制缺陷信息披露依然非常不足。

后綜合治理時代的研究顯示，儘管中國證券公司已經建立起了比較規範的內控體系，但在具體的機制方面還存在缺陷。

第三節　文獻評述與研究啟示

一、文獻評述

現有國內外研究對探究適合中國證券公司的風險管理做出了貢獻，提供了兼具操作性和學術性的深刻見解。但現有研究也普遍存在以下幾點不足：

第一，大量研究幾乎存在樣本容量不足的問題。例如黃曉坤（2009）以及姚德全和魯志軍（2013）的研究分別只有19家和35家樣本公司；肖新華

---

① 《中國資本市場發展報告（2008）》指出，中國證券公司外部治理依然不足。

(2010)選擇了海通證券自營的20只股票的日交易數據,但未對這一樣本選擇做出足夠的說明;魯志軍(2014)也有同樣的問題。這種現象產生的原因可能是數據可得性問題,外部研究者往往很難得到證券公司資產結構相關的數據,即使上市公司也只是披露其資產組合的大致情況,而風險度量需要有準確的資產配置狀況來驗證其準確性。

第二,很多研究(例如:黃曉坤,2009;姚德全,魯志軍,2013;等)都是基於企業的財務指標,以度量證券公司陷入財務危機可能性的方式來標示證券公司的風險。但是這種研究實際上是基於外部(監管者或交易者對手)視角,而不是基於證券公司本身有效風險管理的角度,對企業內部的風險管理貢獻有限。

第三,現有研究幾乎都集中在市場風險測量方面,缺少對操作風險和信用風險[1]的關注。區別於商業銀行的主要風險是信用風險,投資銀行的主要風險則主要是市場風險和操作風險。一方面,隨著中國股指期貨、國債期貨等金融衍生工具的陸續上市或重啟,投資銀行的市場風險環境、管理手段出現新的變化,需要跟蹤研究;另一方面,不同於商業銀行以資金占用型業務為主,投資銀行的經紀業務、投資諮詢業務、資產管理業務、承銷業務(代銷方式)等服務收費業務仍為其主要盈利模式,而服務類業務的操作風險更為突出,但現有文獻幾乎沒有相關研究。

第四,大多數研究都是針對風險的識別與度量,而風險控制方法的定量研究比較缺乏。這一現象是由中國金融市場的發展階段決定的,因為中國衍生品市場還相當缺乏,證券公司很難通過衍生品對各類風險進行對沖,只能通過分散化或者風險資本準備這樣的被動方式來緩解風險。

第五,現有關於投資銀行內部控制的研究往往集中於理論論述,而對內部控制具體機制的實證研究相對較少,即使為數不多的實證研究往往也存在樣本容量較小、缺少明確的因果證據等問題。這種不足主要是數據缺乏引起的。中國的上市證券公司為數不多,到目前為止也僅有19家(其中差不多一半都是在2009年以後上市的),而非上市券商的數據很難獲得,如此小的樣本容量的確難以獲得有足夠說服力的經驗證據。

二、研究啟示

風險管理是金融機構的核心,對於證券公司這樣業務範圍廣泛、風險構成複雜的金融機構尤其如此。近年來,中國證券公司的業務重心逐漸由傳統的發行和交易仲介轉向了自營、資管等業務,券商經營的轉型同時還伴隨著中國資本市場(尤其是債務工具)的迅速發展,兩者結合將券商置於了一個更加充滿不確定性的環境。儘管從證券公司綜合治理以來,中國券商已經逐步建立起

---

[1] 不同於商業銀行,信用風險不是投資銀行的主要風險。儘管已經有了不少針對商業銀行信用風險度量和管理的研究(例如:閻慶明,2004;白保中,宋逢明,朱世武,2009;郭英見,吳衝,2009),但也要注意到,投資銀行信用風險來源和風險特徵都與商業銀行有著很大的區別。

了比較完備的風險管理控制系統，但並不意味著中國證券公司的風險管理水平已經能夠適應多變的市場環境。光大證券烏龍事件、固定收益市場稽查風暴中暴露出來的券商種種違規行為表明中國券商的風險管理水平依然還有待提高。中國現行的證券公司風險監管以淨資本為核心，其基本思想是讓證券公司通過足夠的風險準備以應對可能發生的損失，各大證券公司為了滿足監管當局的要求也實施了對應的淨資本風險管理方式。隨著近年來金融市場的發展和競爭加劇，發行和交易佣金等傳統業務日趨艱難，證券公司亟須拓展自己的業務。以淨資本為核心的風險管理方式在很大程度上限制了證券公司風險管理的主動性和業務創新能力，整個行業需要更加高效的風險監管和管理方法。

風險管理往往包括了「風險識別—風險度量—風險處理」三個階段，而有效的風險管理體系除了這三個階段以外還必須包括良好的內部控制。目前中國已有不少的文獻從這幾個方面對證券公司風險管理做出了研究，這些研究為中國證券公司更加有效進行風險管理提供了許多深刻的見解和有用的方法，但也有著諸多不足。既有的研究往往存在樣本容量（以及相應的置信度）不足、研究存在偏重（偏重市場風險而對操作風險研究不夠，偏重風險測量技術而對風險管理的整個體系研究不足）等問題。更為重要的是，現有研究往往針對過往的證券公司樣本進行分析，所採用的模型多為簡約模型，對行業變遷缺乏前瞻性。除此以外，儘管學者們針對中國券商內部控制有一定的研究，但並沒有將內部控制納入到投資銀行內部風險管理體系整體框架下去審視和開展研究，也沒有區別投資銀行內部控制的一般性和特殊性，進而導致研究結論難以與內部風險管理的其他方法有效銜接，難以形成真正的投行全面風險管理體系。

再從實踐來看，2008年美國次貸危機引發的全球金融危機將投資銀行業推上了風口浪尖，美國五大投資銀行或倒閉或轉型，以至於「投資銀行終結論」的出現。時至今日，美國加強投資銀行監管的舉措也陸續出抬：新金融機構監管方案明確美聯儲將對投資銀行進行監管，出抬加強監管信用評級機構的草案等。誠然，加強監管是投資銀行風險管理的重要環節。但是歷史的經驗告訴我們，監管和創新永遠是矛盾的雙方，要麼矯枉過正從而抑制創新，要麼誘致型創新從而逃避監管甚至產生制度套利風險。因此，我們還必須著眼於構建完善的投資銀行內部風險管理體系，以期從根本上提高投資銀行的風險管理水平。同時，發達資本市場國家的投資銀行業危機表明，構建完善的投資銀行內部風險管理體系並沒有現成的模式可照搬，這是一項新而複雜的系統工程。一方面，我們需要借鑑學術界在風險管理領域的研究成果和包括銀行、對沖基金等其他金融機構在內的先進的風險管理理念和方法，構建出符合投資銀行的業務及其風險特徵的投資銀行內部風險管理理論；另一方面，還需要在前述基礎上結合中國投資銀行的風險特徵、市場條件等，探討如何構建中國投資銀行的內部風險管理體系這一實踐問題，以此促進投資銀行乃至國家的金融安全。這些就是本課題的研究目標。

第二章 投資銀行風險管理體系的構建

2008年次貸危機爆發后，曾被中國投資銀行業奉為風險管理「聖經」的美國五大投行的風險防範能力受到廣泛質疑，亟須重新審視具有激進風險文化的現代投資銀行風險管理理論。結合中國投資銀行和美國投資銀行的發展情況，本章從投資銀行經營特徵與風險、淨資本監管與投資銀行風險行為內部和外部兩個視角，論證投資銀行經濟資本管理的適用性，並在理論上構建投資銀行風險管理體系。

第一節 現代投資銀行的經營特徵與風險

一、投資銀行的界定及其風險

不同的國家對投資銀行有不同的稱法，中國和日本稱投資銀行為證券公司，美國則習慣用投資銀行（Investment Bank）①，本書沿用投資銀行這個概念②。隨著經濟和金融的不斷發展，投資銀行經營的業務範圍在不斷擴大，羅伯特·庫恩（Robert Kuhun）根據投資銀行的業務發展趨勢給出了四種比較完整的定義，見表2.1。本書研究的投資銀行為除定義1之外的獨立投資銀行，不包括兼營投資銀行業務的金融集團。

表2.1　　　　　　　　投資銀行的4種定義

層次	概念	業務範圍	說明
定義1	任何經營華爾街金融業務的銀行	證券、國際海上保險以及不動產投資等幾乎全部金融活動	—

---

① 從文獻上看，投資銀行的英文譯法常常在 Investment Bank 和 Investment Banking 兩者間混淆。實際上，Banking 一詞主要指銀行業務，故 Investment Banking 被稱為投資銀行業務（多指承銷業務）更適宜。

② 投資銀行作為直接金融的仲介，與作為間接金融服務仲介的商業銀行相對應。按照金融功能觀的理解，投資銀行和商業銀行的最為重要、基本的功能就是在時間、風險兩個維度下提供資源有效配置的手段，因此投資銀行的本源業務是承銷業務。相應地，為了體現這點，本書採用投資銀行這一稱謂。

表2.1(續)

層次	概念	業務範圍	說明
定義2	經營全部資本市場業務的金融機構	證券承銷與經紀、企業融資、兼併收購、諮詢服務、資產管理、風險資本等	與定義1相比，不包括不動產經紀、保險和抵押業務
定義3	經營部分資本市場業務的金融機構	證券承銷與經紀、企業融資、兼併收購等	與定義2相比，不包括風險資本、基金管理和風險管理工具等創新業務
定義4	經營部分資本市場業務的金融機構	從事一級市場證券承銷和資本籌措、二級市場證券交易和經紀業務的金融機構	—

　　按業務來劃分，投資銀行的風險可以分為經紀業務風險、承銷業務風險、資產管理業務風險、自營業務風險等。按業務部門劃分風險，有助於公司管理層在整體層面對各部門的風險分佈有個全面的認識，從而促進各個業務部門的資產或業務的優化；同時，也有助於公司管理層對每個部門的員工進行量身定做的考核，使激勵更為有針對性。但是，該種劃分存在以下不足：①業務部門不是一成不變的，有時會有創新型業務的出現；②機構層面的職能部門的服務對象為各個業務部門，如財務部門，這樣該部門的風險往往不能單獨看待；③按部門來劃分風險，也只是找到了風險的承擔主體，但劃分風險的目的還在於進一步度量、認識風險，因此還需要進一步理解該部門內的風險成因，即還有待於按成因對風險進行分類。

　　1998年，國際證監會組織①將投資銀行所面對的風險劃分為市場風險（Market Risk）、信用風險（Credit Risk）、流動性風險（Liquidity Risk）、操作風險（Operational Risk）、法律風險（Law Risk）、系統風險（System Risk）六大類型。本書認為，流動性風險和系統風險與市場風險、操作風險、信用風險不屬於同一層級的風險概念，不宜混淆在一起。流動性風險本身不屬於「原生」性風險，而是「次生」風險，不宜作為與市場風險、信用風險等同一層級的風險形態存在；而系統風險是從風險是否可分散的角度來劃分的，是相對於非系統風險而言的。因此，從原生角度講，投資銀行的風險形態主要包括市場風險、操作風險、信用風險等。

---

① 具體可見IOSCO下屬技術委員會提交的一份題為《證券公司及其監管者的風險管理和控制指南》（Risk Management and Control Guidance for Securities Firms and Their Supervisors）的研究報告。

二、投資銀行經營特徵與風險的一般分析

（一）核心功能觀視角下的投資銀行業務

投資銀行的業務範圍隨著金融服務技術、社會需求、制度環境等的改變而不斷變化，但其核心功能是提供風險資源配置服務[①]。下面從投資銀行作為風險資源配置的金融仲介角度，將投資銀行業務歸為如下三個層次：

（1）一級市場的證券承銷業務——本源業務

該業務在於實現風險資源的初次分配。證券承銷作為投資銀行的本源業務，在一級市場上媒介了資金供需雙方的資金調劑，實現了風險資源跨時空的初次配置，使得社會資源向優勢企業聚集、風險向意願承擔者轉移，提高了風險資源的配置效率。同時，投資銀行通過承擔代銷（或包銷）存在的主要風險——操作風險（或市場風險），獲得佣金（或價差）收入。

（2）二級市場的服務型業務及自營業務——傳統業務[②]

該業務在於實現風險資源的動態配置。投資銀行通過經紀業務、資產管理服務等業務活動，幫助投資者在二級市場上進行風險資源的動態轉移。這類活動符合了金融資產風險暴露不斷變化、需要進行動態配置以保證金融效率（並以此促進實體經濟效率提高）這一實際需求。此外，投資銀行常常還以買方身分在二級市場進行自營交易來承擔風險資源。相應地，投資銀行通過此傳統業務獲得佣金或投資收益。

（3）場內或場外創造金融衍生品——創新業務

該業務在於實現原生風險與風險資源的「形體」分離。投資銀行通過創造出金融衍生工具，使得投資者能夠在繼續保有風險資源的條件下轉移原生風險。具體表現在其可以提供期貨、期權等衍生金融產品以及相應的利用衍生品的套期保值服務。相比於自營業務，投資銀行通過衍生品創新實現了盈利方式從買方業務向賣方業務的角色轉變，即通過向市場主動供給產品來獲得回報。

為了表述的方便，我們將經營本源業務和傳統業務的投資銀行稱為傳統投資銀行，而將同時經營衍生品創新業務的投資銀行稱為現代投資銀行。[③]

（二）現代投資銀行的經營特徵：基於與商業銀行的比較視角

相對於商業銀行以資產負債轉化業務為主，上述現代投資銀行的業務及其風險配置特點決定了其與商業銀行在經營特徵上存在以下幾個方面的差異。

---

① 玆維·博迪和羅伯特·C. 莫頓的金融功能觀認為，金融系統的基本功能包括：提供跨時間、跨區域的資源配置途徑，提供可以用於管理各種風險的辦法，提供客戶交易結算的便利方式，提供進行所有權分割的制度，向相關者提供信息，金融系統有助於解決信息不對稱、激勵問題這六個方面。而其中風險資源配置是其核心功能，本書簡稱之為「核心功能觀」。

② 一般分類中，承銷業務屬於投資銀行的傳統業務，但本書為了研究方便，將兩者分開。

③ 從這個層面上講，目前中國大部分投資銀行都屬於傳統投資銀行，而美國五大投資銀行則為典型的現代投資銀行。所以，下面對現代投資銀行經營特徵與風險的分析，主要以美國五大投行為例。

1. 特殊的資產負債結構

相對於商業銀行，現代投資銀行特殊的資產負債結構體現在以下兩個方面：

（1）金融衍生品創新和佣金業務作為投資銀行的主要利潤來源，並不在其資產負債表上體現。商業銀行作為間接融資的仲介，進行了資產與負債的轉化，通過存款為貸款融資，而且這直接體現在商業銀行的資產負債表上。然而，投資銀行資產負債結構的特殊性表現在其承銷業務、服務型業務以及衍生品創新業務幾乎不在其資產負債表上體現出來。其中，金融衍生品本身對提高資產流動性、配置風險並由此提高整個社會的資源配置效率是有益的。但投資銀行既是金融衍生產品的設計者，也是產品的銷售者，加上衍生品複雜的技術特性，具有雙重身分的投資銀行更容易採取激進的創新策略，容易導致過度創新的出現。

（2）投資銀行的表內業務有較大的財務波動風險。為了更深入理解這一差異性，我們從資金來源和運用兩個方面加以分析。

首先，資金來源方面，投資銀行的股權融資和債券融資的成本及其波動性要大於商業銀行。具體原因如下：①股權融資方面，投資銀行除了具有與一般企業相同的股權融資成本高這一特點外，還具有資本市場波動、該行業運轉很快、財務狀況變動快於許多製造行業和其他金融服務業（Charles R. Geisst，1998）等原因引起的股權資本成本波動大。以1982—1991年的美國投資銀行股權成本為例，1984年最低，僅1.90%，而最高年份是1991年，達到13.82%，與之相對應的是1984年的牛市和1991年市場再度處於衰退之中。②債務融資方面，商業銀行主要以存款作為主要負債來源，投資銀行則以發行金融債券、同業拆借的方式募集資金。顯然，前者在存款保險制度、中央銀行的最后貸款人安排下，即使出現經濟不景氣，存款資金來源仍然相對穩定，而后者較易受到市場環境影響。

其次，資金運用方面，投資銀行資產業務極易受到經濟政策、投資者預期等市場環境影響，其實際損益偏離預期損失的方差較大。統計顯示，投資銀行季度交易收入極不穩定，季度標準差高達52%，遠高於商業銀行存款服務業務的標準差3.44%（朱民，2009）。而相對來說，商業銀行的資產主要為信貸資產，本身具有分散化特徵（表現為行業分散、地域分散），因此其風險的非系統性特徵明顯得多。

2. 逐日盯市的會計制度安排

逐日盯市制度是結算部門在每日閉市后計算、檢查保證金帳戶余額，通過適時發出追加保證金通知，使保證金余額維持在一定水平之上的結算制度。若調整后的保證金余額小於維持保證金，交易所便發出通知，要求在下一交易日開市之前追加保證金，若會員單位不能按時追加保證金，交易所將有權強行平倉（彭興韻，吳潔，2009）。逐日盯市制度的存在和逐日結算制度的實施使得當價格發生劇烈波動時，交易者將可能會面臨相當大的負現金流的風險。投資

銀行傳統業務裡的自營業務、衍生品創新業務均採用公允價值計量，而商業銀行的主要資產（負債）——貸款（存款）不像證券資產的公允價值容易獲得，因此公允價值計量制度對投資銀行的總體影響要顯著得多。①

3. 混業制度安排下的表內高槓桿特徵

根據相關數據，美國五大投資銀行在2007年危機前的表內槓桿②倍數為30倍，危機前商業銀行的槓桿率倍數為12倍，相差甚大。關於兩者差異的深層次緣由，需要深入考察美國分業與混業經營的制度安排與變遷。1933年的《格拉斯—斯蒂格爾法案》為了避免混業經營帶來的不利影響，規定商業銀行和證券公司不得有交叉經營，即開始了美國分業經營的歷史，以此為界，之後的投資銀行被稱為現代投資銀行。從1933年開始，投資銀行因為特許權不斷發展壯大，通過不斷地創新業務範圍、擴大資產規模，迅速成長，並將經營從傳統的經紀業務、併購諮詢服務和承銷業務等，通過金融工程、產品創新，轉向自營業務投資和衍生品交易。但此時，投資銀行的經營出現了較大的變化：傳統業務主要以人力資本投入為主，對資金的佔用較少，但自營業務等新興的投資銀行業務，則主要以資金投入為主，風險也更高。於是，在新興業務比重不斷提高的背景下，投資銀行的經營實踐需要更高的資金投入保障。由於合夥制形式下的投資銀行不僅資金規模有限，而且具有合夥人撤資帶來的穩定性差的缺點，因此投資銀行的發展瓶頸主要表現在資金規模有限上。為了解決資金需求問題，美國投資銀行紛紛採取上市發行股票的形式，從合夥制轉化為有限責任公司，增加了自身的資本金規模，以滿足新興業務對資金的需求，見表2.2。

表2.2　　美國五大投行從合夥制企業轉身上市公司的時間

公司名稱	成立時間	上市時間	說明
貝爾斯登	1923年	1985年	1923年年初成立時只有7個雇員、50萬美元的資本額；1985年上市後，資本總額增加至5.17億美元
雷曼	1844年	1994年	在紐約和太平洋股票交易所上市
美林	1914年	1971年	在紐約證券交易所上市
高盛	1869年	1999年	在紐約證券交易所上市
摩根士丹利	1935年	1986年	在紐約證券交易所上市

資料來源：根據《美國投資銀行經營失敗案例研究》（吳清，張洪水，周小全，等，2010）相關資料整理。

---

① 當然，商業銀行的證券類資產同樣受到公允價值計量的影響，只是從總體上看，存貸業務是其主要業務，所以這種（不利情形下的）影響往往不像投資銀行那樣成為「壓垮駱駝的最後一根稻草」。

② 為了區別於后面的衍生品交易的槓桿（本書稱之為表外槓桿），本書將傳統的財務槓桿稱為表內槓桿。

似乎問題到此得以解決？直到1999年美國通過《金融服務現代化法案》（Financial Services Modernization Act），才結束了長達六十多年的分業經營的現狀。自此，商業銀行和獨立投行陷入了新一輪的競爭。顯然，投資銀行在資本規模上明顯弱於商業銀行。此時，混業競爭壓力下的上市投資銀行擴大資金來源的唯一渠道便是實行高槓桿化的負債融資戰略，而商業銀行具有穩定的存款負債來源。投資銀行負債融資的主要市場便是在短期貨幣市場進行資金拆借，擴大資產規模。根據統計，美國五大投資銀行在2007年危機前的槓桿倍數為30倍，而1994年的槓桿倍數為15倍，1986年的槓桿倍數均值才為8倍。

4. 衍生品交易業務的表外高槓桿特徵

除了作為衍生產品的設計者、銷售者身分外，現代投資銀行還常常以交易者的身分持有大量的金融衍生品。例如，雷曼兄弟是2006年次級貸款證券產品最大的認購商，占該市場份額的11%。依據雷曼兄弟的報告，其持有的擔保債務憑證（Collateralised Debt Obligation, CDO）總價值大約為500億美元（馬紅霞、孫國華，2009）。但由於金融衍生品交易具有表外高槓桿性質[1]，其破產的負外部性比只經營承銷業務、傳統服務型業務和自營業務的投資銀行要明顯得多。

（三）現代投資銀行的風險特徵

1. 更強的順週期性

正如前面所述，商業銀行在存款保險制度、中央銀行的最后貸款人安排下，即使出現宏觀經濟不景氣，存款資金來源仍然相對穩定，而且其資產主要為信貸資產，難以進行公允價值計量。然而，投資銀行在資金來源與應用方面對資本市場等宏觀環境的反應就敏感得多，兩者相互影響，進一步強化了這種強週期性特徵。結果是：①當宏觀經濟走勢向上、資本市場前景樂觀時，投資銀行業往往會出現資產超配現象。這種超配是指超過了其資本金的承受範圍。②反之，如果宏觀經濟不利變動引起資本市場環境變得糟糕，投資銀行超配的資產會出現資本金的償付危機。此時，市場上的投資者會對投資銀行的經營前景不再看好，使其再融資出現困境，同時，金融資產價格的大幅下降也使其資產變現變得非常困難。而且，在上述過程中，逐步盯市的會計制度起到了推波助瀾的作用。市場上升的時候，資產價值和回報迅速增長，投行淨值增加，弱化了投行與同業市場上資金拆出方之間的信息不對稱問題，從而進一步改善市場預期和投資需求；一旦市場下跌，資產和回報就全面下降，這時，投行的資

---

[1] 一方面，金融衍生品交易由於以下原因，一般做表外業務處理：金融交易屬於未履行合約，當事人一方是否負有債務，需視他方是否執行而定；某些金融交易（例如遠期合約）在到期日前已平倉（結清部位）；某些金融交易存在資產、負債互抵的權利。另一方面，金融衍生品交易的高槓桿性在於：金融衍生工具通過預測基礎金融工具之市場行情走勢，交易人以支付少量保證金簽訂遠期合同或互換不同金融商品之衍生交易合同，具有以小博大的高槓桿效應（張世潔，2008）。

產淨值下降，加劇了投行與拆出方之間因信息不對稱而產生的逆向選擇和道德風險，貸款者為了防範各種風險，就會緊縮信貸條件，惡化了投行的外部融資環境（彭興韻，吳潔，2009）。

2. 更容易產生道德風險

危機期間，公眾廣泛質疑投資銀行的薪酬制度。美國投資銀行危機的爆發，被人們認為是由投資銀行從業人員的自利、貪婪的慾望所致。比如：在雷曼公司任首席執行官的 Richard S. Fuld，在任職的 8 年時間（2000—2007 年）裡，具有鼓勵冒險精神的期權激勵價值高達 4 億美元，構成了總薪酬的 4/5 還多（巫和懋，2009）。在這樣高的激勵誘惑下，雷曼開始步入毫無相關經驗的抵押市場業務。這種分析不無道理，某種程度上，風險—收益不相適應的激勵方案，在鼓勵員工或管理人冒險精神的同時，因代理問題的存在往往損害了股東利益，不利於公司價值最大化這一目標，而成了代理人追求個人利益最大化的工具。

但深入分析，這種高管的道德風險還源於前面所說的投資銀行對資本規模追求的結果：紛紛由合夥制企業變身為上市公司。在有限責任公司的破產保護制度下，高管甚至股東本身都有可能進行冒險活動，這當然會損害投資銀行的債權擁有者的利益。因此，上市後的投資銀行在經營活動中表現出在有限責任公司「破產保護制度」下的股東和高管存在高道德風險或更加激進的風險文化。相較於上市商業銀行，正如前面的分析一樣，其存貸款業務的現金流都相對穩定，高管和股東進行冒險所引起的財務波動空間相對有限。

3. 更強的流動性風險

一方面，投資銀行為了擴大資金規模，通過在貨幣市場進行表內高槓桿的負債融資，把負債風險與資本市場更加穩固地聯繫起來。主要表現在：如果投資銀行的新興業務所持有的資產價格出現不利的變動，加上此時的投資銀行已經成為上市公司，在嚴格的信息披露制度和逐日盯市制度下，投資銀行的財務報表迅速惡化，並通過資本市場快速傳播開來，改變了市場上投資者對投資銀行的信息，形成一致性損失預期，結果使得投資銀行的融資能力急遽下降，甚至枯竭；反過來，資產市場的價格本身出現了不利變動，會引起投資銀行自營資產變現損失。另一方面，投資銀行表外高槓桿的衍生品創新業務與保證金結合在一起，會進一步加劇投資銀行的流動性風險，以至於引起金融市場的流動性危機。上述這兩個方面相互促進，將投資銀行帶入了流動性危機的境地，形成如圖 2.1 所示的流動性螺旋現象。[1]

實際上，上述原因還可以從對五大投資銀行在 1996—2008 年的季度槓桿率及其變動趨勢中進行分析，如圖 2.2 所示。2008 年危機前五大投行的槓桿率實際上在 20 世紀末就一直保持下來，並沒有較之前有什麼大的變化。何況，這五家投行（除了摩根士丹利以外）的槓桿率甚至在此次危機前也不是歷來

---

[1] 商業銀行最為擔心的是信任危機的出現引起擠兌情況，為此，商業銀行往往有存款保險制度和央行的最后貸款人制度安排。在這樣的制度安排下，其流動性風險比投資銀行要小得多。

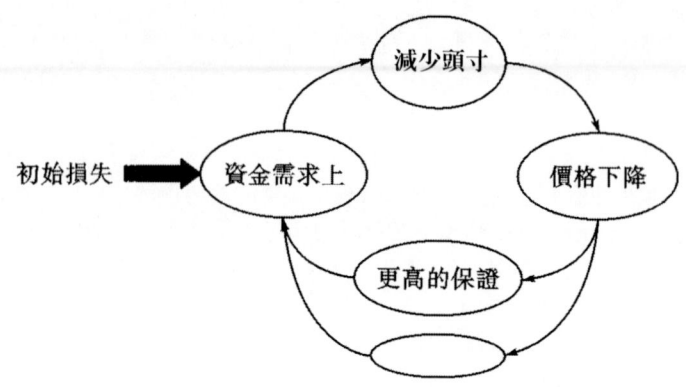

图 2.1　流動性螺旋（Brunnermeier, Pedersen, 2009）

的最大值。可見，在投資銀行經營表現出的高槓桿特徵同順週期特徵同時出現的情況下，兩者便相互疊加，甚至互為因果。尚且需要如下外部條件：資產價格大幅下降，而危機前美國住房價格的下降成了誘因，住房價格泡沫破滅迅速影響到了投資銀行，使得五大投資銀行短期內迅速土崩瓦解。

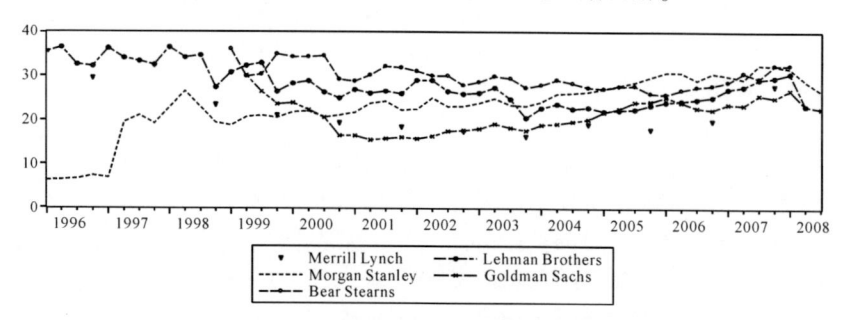

图 2.2　危機前美國五大投資銀行季度槓桿率

註：數據來自 Wikinvest 網站和美林 1996—2007 年年報；除美林為年度槓桿率外，其余為季度槓桿率。

4. 負外部性

傳統金融理論關於金融機構的外部性問題，一般認為：商業銀行的存款業務涉及公眾利益，其破產具有較大的負外部性，需要政府通過央行再貸款、存款保險制度甚至財政註資的方式進行危機救助；投資銀行不進行資產負債的轉化，只是獲取佣金收入，其自營業務的資金來源多以自有資金為限，因此投資銀行破產不會引起公眾利益受損，因而政府當好「守夜人」就可以了。但此次投行危機所引起的連鎖反應顛覆了傳統危機救助理論中對投資銀行沒有或者具有較小外部性的傳統觀點，投資銀行危機同樣表現出極大的負外部性。這根源於現代投資銀行通過金融衍生品創新，將業務領域從傳統的買方業務擴大到了賣方業務。具體來說，衍生品的高槓桿交易特徵、保證金與強行平倉制度等使得衍生品交易的風

險巨大。加之複雜的衍生技術和眾多的投機者、套期保值者參與其中，作為金融衍生品創造者的投資銀行破產將引起極大的負外部性。可見，如何構建有效的投資銀行風險管理體系，不僅是投資銀行自身、也是監管部門需要思考的問題。或許正因為如此，歐盟在《資本金要求指示》修訂案裡明確：投資銀行淨資本的目的在於吸收其在正常的商業進程中的非預期損失。

（四）案例分析：經營模式變化

前面對投資銀行的經營特徵、風險做了詳細分析。那麼，轉型為銀行控股公司的摩根士丹利、高盛，在轉型後是否出現了新的變化呢？為此，本部分收集了兩家投行在轉型前、中、后的經營數據進行對比分析。鑒於摩根士丹利從2007年出現公司成立73年以來的首次季度虧損到2008年轉型，跨度兩年，我們選取2005—2010年共6年時間，劃分為轉型前（2005年、2006年）、中（2007年、2008年）、后（2009年、2010年）三個階段比較分析摩根士丹利、高盛的經營狀況。

1. 去槓桿化成效顯著

從表2.3可以看出，兩家轉型投行在危機前的2005年、2006年，槓桿率遠高於轉型后的槓桿率水平。通過轉型和美國政府「問題資產救助計劃」的實施，兩家公司的資本金實力得以提升，「去槓桿化」的效果在轉型后顯著。

表2.3 摩根士丹利和高盛轉型前、中、后的槓桿率比較

	轉型前			轉型中			轉型后		
	2005年	2006年	平均	2007年	2008年	平均	2009年	2010年	平均
摩根士丹利	29.8	30.5	30.15	32.6	11.4	22	15.5	14.7	15.1
高盛	25.2	23.4	24.3	26.2	13.7	19.95	12	11.8	11.9

數據來源：兩家公司2005—2010年年報。

2. 經營戰略仍未轉型

從表2.4可以看出，摩根士丹利在轉型前的2005年、2006年，收入占比較高的三大業務逐次是自營業務、資產管理業務和投資銀行業務；轉型期間，資產管理業務、經紀業務和投資銀行業務占比靠前，而自營業務占比顯著下降，2008年降到7%的低位；轉型后的2009年、2010年，自營業務、資產管理業務和投資銀行業務重新成為三大主營業務，而且自營業務的收入在2010年達到35.5%，基本上恢復到轉型前水平。

表2.4 摩根士丹利轉型前、中、后主營業務收入結構比較

	轉型前		轉型中		轉型后	
	2005年	2006年	2007年	2008年	2009年	2010年
投資銀行（%）	17.4	16.0	23.9	18.3	21.5	16.2
自營業務（%）	39.0	45.7	24.4	7.0	27.4	35.5

表2.4(續)

	轉型前 2005年	轉型前 2006年	轉型中 2007年	轉型中 2008年	轉型后 2009年	轉型后 2010年
經紀業務（%）	15.2	12.7	17.6	20.1	18.1	15.6
資產管理（%）	17.7	17.6	20.7	21.9	25.2	25.2
其他（%）	-0.5	1.8	2.9	17.4	3.6	4.7
利息淨收入（%）	11.1	6.3	10.5	15.2	4.2	2.7
合計（百萬美元）	21,789	28,340	26,478	22,111	23,358	31,622

數據來源：根據摩根士丹利2009年、2010年年報整理。

從表2.5來看，高盛在轉型前的三大主營業務是自營業務、投資銀行業務和資產管理與經紀業務；轉型期間，三大業務僅在比重上有所變化，其中自營業務下降到2008年的36.4%；轉型后的2009年、2010年，自營業務、利息淨收入和投資銀行業務成為靠前的主營業務，且自營業務比重達64.6%，恢復到轉型前的最高水平。

表2.5　　高盛轉型前、中、后主營業務收入結構比較

	轉型前 2005年	轉型前 2006年	轉型中 2007年	轉型中 2008年	轉型后 2009年	轉型后 2010年
投資銀行（%）	14.3	14.9	16.4	23.3	10.6	12.3
自營業務（%）	61.2	63.8	64.6	36.4	63.9	64.6
資產管理與經紀業務（%）	12.2	12.0	10.3	21.0	9.1	9.1
利息淨收入（%）	12.3	9.3	8.7	19.2	16.4	14.1
合計（百萬美元）	25,238	37,665	45,987	22,222	45,173	39,161

數據來源：根據高盛2007—2010年年報整理。

由於轉型為銀行控股公司，摩根士丹利和高盛可以通過吸收存款獲取穩定的資金來源，也具備了向美聯儲獲取緊急援助的資格，同時接受更加嚴格的資本監管，所以從表2.3可以看出「去槓桿化」成效顯著。但是，也應該注意到，目前兩家公司的經營模式仍然與之前的獨立投行模式雷同，自營業務和投資銀行業務是其利潤的主要來源，資本市場的資產價格波動同樣會引起投資銀行陷入流動性螺旋（見圖2.1）和經營困境。轉型銀行控股公司后，由於政府

援助的隱形擔保，其流動性困境的「閾值」相對更低，但其原生性風險[1]依然存在。進而如何構建有效的內部風險管理體系對轉型后的摩根士丹利和高盛同樣重要。

三、中國投資銀行的經營特徵與風險分析

中國投資銀行起步較晚，至今也就二十多年的歷史，但卻一路坎坷，先後經歷了初期的亂象眾生（1987—1997年）、清理整頓（1997—2003年），到2003—2007年的綜合治理，並進入到了分類監管的新階段。從前面對投資銀行業務的分類來看，目前中國投資銀行主要以承銷業務和傳統的佣金業務、自營業務為主，買方業務特徵明顯，與美國投資銀行在經營特徵、風險表現方面存在較多差異。為了深入理解中國投資銀行在上述方面的變化，下面從綜合治理前進行分析。

（一）綜合治理期間中國問題投資銀行的風險處置回顧與簡評

1. 中國投資銀行經營失敗的主要案例

1995年，中銀信託投資公司因為嚴重違規、資不抵債被中國人民銀行接管，開創了中國問題證券經營機構被處置的先河。隨後幾年，萬國證券、君安證券等個別高風險的證券機構先後被處置。但到2002年5月底，118家投資銀行的淨資產額為917億元，不良資產高達460億元，不良資產率過半，投資銀行業面臨行業性的生存風險。在這種情況下，同年8月鞍山證券因為違規行為嚴重、資不抵債，成為首家被責令關閉的證券經營機構。中國投資銀行業進入了風險集中處置的時代。根據中國證監會的統計數據，截至2007年9月，在中國歷時三年的證券公司風險治理過程中，有31家高風險投資銀行得到平穩處置，其中27家高風險投行在監管部門推動下實施了重組。風險投行的主要違規行為包括挪用保證金、挪用客戶國債和違規委託理財，而處置的主要方式包括政府救助、併購重組和責令關閉或撤銷，分別見表2.6和表2.7。

表2.6　　　　　中國投資銀行被風險處置的主要原因

違規行為	數量	公司
挪用保證金	28	鞍山證券、大連證券、海南證券、佳木斯證券、新華證券、南方證券、德恒證券、恒信證券、中富證券、漢唐證券、閩發證券、大鵬證券、亞洲證券、北方證券、民安證券、五洲證券、武漢證券、甘肅證券、昆侖證券、廣東證券、天勤證券、西北證券、興安證券、河北證券、新疆證券、中關村證券、中科證券、天同證券

---

[1] 本書認為，流動性風險往往由市場風險、操作風險和信用風險引致損失進而造成投資銀行流動性不足，因而將其作為派生風險，而后三者是原生風險。

表2.6(續)

違規行為	數量	公司
挪用客戶國債	26	大連證券、富友證券、新華證券、南方證券、德恒證券、恒信證券、中富證券、漢唐證券、閩發證券、大鵬證券、亞洲證券、北方證券、民安證券、五洲證券、武漢證券、甘肅證券、昆侖證券、廣東證券、天勤證券、西北證券、興安證券、河北證券、新疆證券、中關村證券、中科證券、天同證券
違規委託理財	24	南方證券、德恒證券、恒信證券、中富證券、漢唐證券、閩發證券、大鵬證券、亞洲證券、北方證券、民安證券、五洲證券、武漢證券、甘肅證券、昆侖證券、廣東證券、天勤證券、西北證券、興安證券、河北證券、新疆證券、中關村證券、中科證券、天同證券、健橋證券

註：根據丁國榮（2009）、孫明明（2007）等相關資料整理。

表2.7　　　　　中國投資銀行被風險處置的主要模式

處置模式	公司
政府救助	鞍山證券、新華證券、南方證券、閩發證券、申銀萬國、華安證券、銀河證券、國泰君安、北京證券、南方證券、華夏證券、西南證券、齊魯證券
併購重組	中信證券、華夏證券、金通證券、國泰君安、申銀萬國、銀河證券、北京證券、海通證券、長江證券、廣發證券、華安證券、東方證券
責令關閉或撤銷	鞍山證券、大連證券、富友證券、佳木斯證券、新華證券、大鵬證券、南方證券、漢唐證券、昆侖證券、武漢證券、閩發證券等20多家證券公司。

註：根據丁國榮（2009）、孫明明（2007）等相關資料整理。

2. 綜合治理期間問題投行的風險處置特徵簡評

　　金融機構的風險處置有行政化與市場化兩種模式。行政處置是在金融機構出現風險時，監督管理機構對其採取的化解風險、幫助重組或使其順利退出市場的行政措施。在行政化的處置模式下，政府（或監管部門）主導金融機構的風險處置，需要考慮非市場的因素。與此相對應，市場化的處置模式下，特定問題金融機構的風險化解或重整、破產退出等過程主要依靠市場機制來完成。在綜合治理期間，中國問題投行風險處置表現出較強的政府主導特徵，表2.8為地方政府、中國人民銀行或匯金公司對問題投行的註資情況。

表 2.8　　　部分投資銀行風險處置中的註資或再貸款情況

問題投行	註資及再貸款情況	所占股份（%）
君安證券	上海市政府註資 18 億元	16
港澳證券	中銀國際註資 9 億元	—
河南證券	中原證券以 1.17 億元收購	—
海南證券	高盛「捐贈」3.8 億元	—
新華證券	再貸款 14.5 億元	—
南方證券	再貸款 80 億元	—
漢唐證券	再貸款 40 億元	—
銀河證券	匯金註資 55 億元	78.57
國泰君安	匯金註資 10 億元，再貸款 15 億元	21
申銀萬國	匯金註資 25 億元，再貸款 15 億元	37.3
中央民族	匯金註資 5 億元	33

隨著綜合治理期間歷史性、系統性風險的化解和未來中國金融市場的發展和市場規模的持續擴大，在處理問題投資銀行時，監管部門應從過去的行政化處置為主轉向以市場化處置為主。在市場失靈或機制不完善的情況下（如單一機構的影響對市場衝擊巨大），監管部門需考慮使用行政手段作為及時的補充。這樣的處理方式更有利於穩定金融市場預期，促進市場機制的完善，並提升金融體系的效率（巴曙松，2012）。顯然，處置方式的市場化轉變需要以投資銀行自身建立起有效的內部風險防範體系為前提。

（二）2008 年以來中國投資銀行的經營特徵及評價

經過以行政處置為主要特徵的投資銀行風險處置，目前中國投資銀行業發展進入了一個新的階段。下文主要結合綜合治理后投資銀行的經營現狀，分析其表現出來的特徵。

1. 收入結構中服務費占比高，盈利模式同樣存在明顯的週期性風險

前面分析了以美國獨立投行為代表的投資銀行具有特殊資產負債結構。那麼，中國金融衍生品市場剛剛起步，是否意味著這一結論不成立？並非如此。中國投資銀行服務收入占比甚高，這類中間業務並不在資產負債表中反應出來。我們收集了 2007—2010 年中國 94 家投資銀行的經營數據，描述性分析見表 2.9。

表 2.9　　2007—2010 年中國投資銀行收入占比情況

年份	統計值	手續費及佣金淨收入 合計	代理買賣證券業務淨收入	證券承銷業務淨收入	受託客戶資產管理業務淨收入	利息淨收入	投資淨收益	公允價值變動淨收益	匯兌淨收益	其他業務收入
2007	均值	72.4%	59.4%	2.0%	0.8%	4.7%	20.0%	1.1%	-0.5%	1.2%
	標準差	0.196	0.287	0.035	0.030	0.071	0.282	0.246	0.030	0.039
2008	均值	101.4%	85.8%	3.4%	1.3%	14.3%	-11.8%	-13.1%	-0.5%	10.9%
	標準差	1.353	1.319	0.068	0.118	0.244	1.508	1.105	0.013	0.892
2009	均值	82.0%	69.0%	4.2%	0.9%	7.5%	7.6%	2.4%	0.0%	0.3%
	標準差	0.112	0.232	0.071	0.038	0.040	0.103	0.072	0.003	0.005
2010	均值	77.9%	60.3%	7.7%	1.1%	8.8%	12.3%	-1.0%	-0.1%	0.4%
	標準差	0.153	0.237	0.128	0.030	0.047	0.135	0.070	0.003	0.008
總體	均值	83.4%	68.5%	4.3%	1.0%	8.8%	7.0%	-2.7%	-0.3%	3.2%
	標準差	0.485	0.483	0.086	0.067	0.087	0.380	0.439	0.017	0.033

資料來源：根據 94 家投資銀行的資產負債表（2007—2010 年）資料整理。

中國投資銀行業主要依賴於手續費及佣金收入。2007—2010 年 94 家投資銀行的服務費收入占比為 83.4%，其中經紀業務占比達到了 68.5%。同時，2007—2010 年的自營業務收入占比平均為 7.0%，且表現出極大的市場順週期性，見表 2.10，尤其在 2007 年、2008 年兩年表現突出。

表 2.10　中國 94 家投資銀行自營業務收入占比與市場指數收益率的對比

年度	2007	2008	2009	2010
自營業務收入占比	20.00%	-11.84%	7.59%	12.32%
滬深 300 指數收益率	158.25%	-65.95%	96.71%	-12.51%

2. 財務槓桿過低

2007—2010 年中國 94 家投資銀行的槓桿率情況見表 2.11。美國次貸危機中西方投資銀行面臨的最大問題是過度使用槓桿，於是它們紛紛開啟「去槓桿化」之路。或許受此影響，中國以淨資本監管為具體內容的投資銀行槓桿率受到嚴格控制①，投資銀行業的槓桿率水平降到 4 左右。

2010 年中國 94 家投資銀行的平均槓桿倍數為 4.7 倍（見表 2.11），中國

---

① 有關中國淨資本監管程度的討論，將在后文展開。

上市投行當年更是低至2.0①（見表2.12）。同期比較國外大投行，高盛槓桿率達11.8倍，摩根士丹利為12.4倍，野村證券則更高，達17.6倍，遠遠高於中國。

表2.11　2007—2010年中國94家投資銀行槓桿率情況

統計值	2007年	2008年	2009年	2010年	總體
均值	6.1	3.8	4.9	4.2	4.7
最大值	16.2	8.1	10.1	9.7	16.3
最小值	1.0	1.0	1.0	1.0	1.0

資料來源：根據94家投資銀行的資產負債表（2007—2010年）資料整理。

表2.12　2010年中國上市投資銀行和國外3家投行的槓桿率比較

	中國上市投行	高盛	摩根士丹利	野村證券	均值
槓桿率	2.0	11.8	12.4	4.2	7.6

資料來源：各家投行年報。

在前面一節的分析中發現：混業制度安排下美國獨立投行表現出高財務槓桿特徵。與此相反，目前國內投資銀行的低槓桿現象②是否就有助於投資銀行業的長遠發展呢？關於這一點，我們可以從未來國內金融業混業趨勢進行分析。1993年以前，中國金融業屬於混業經營階段，商業銀行是建設之初的資本市場的主要參與者。后來，為了推動商業銀行的市場化改革步伐，同時建立商業銀行與資本市場的風險隔離機制，1995年《中華人民共和國商業銀行法》、1999年《中華人民共和國證券法》都明確規定，中國商業銀行業與證券業實行分業經營。目前，隨著開放程度的加深，中國出現了各類金融集團，見表2.13。其股本結構複雜，持股形式呈現多樣化特徵。③

---

①　上市投資銀行槓桿率更低這一現象，或許是因為面臨市場約束更大的上市投資銀行為了獲得更高監管評級而採用了低槓桿率的發展戰略。中國證監會從2010年開始，對每家投資銀行進行分類評級，並以此作為淨資本監管標準的劃分依據。客觀上講，監管者這種既是裁判又是運動員的雙重身分，使得評級結果具有較強的行政色彩。

②　近期，監管部門修訂了《證券公司風險控制管理辦法》，調整投資銀行的風險控制指標，投資銀行在理論上最大槓桿率可以達到10倍以上。

③　金融集團的風險管理更具有特殊性，比如：如果同一金融集團內部的不同金融業務部門之間缺乏有效的「防火牆」，關聯交易可能會增加集團的總體風險，甚至影響到實體經濟的健康發展。由於本書以獨立投行作為研究對象，本問題便不展開討論。

表 2.13　　　　　　　　　中國金融混業情況

金融集團類型	實例
金融控股型	中信集團、平安集團、光大集團
銀行控股型	工行、中行、建行
企業控股型	希望系、泛海系、萬向系、東方系

混業經營下的銀行控股公司，如美國高盛和摩根士丹利，相比於獨立投行來說，其經營投資銀行業務具有如下優勢：①可以充分利用商業銀行網點、客戶關係資源等信息優勢；②可以通過業務的多元化來分散風險，獲得規模經濟和範圍經濟的好處；③擁有與商業銀行一樣的穩定資金來源優勢；④可以成為央行作為「最后貸款人」功能的救助對象，降低生存風險。但同時，如同美國 20 世紀 30 年代大危機期間實行嚴格分業經營一樣，混業經營同樣面臨潛在的威脅：①防火牆缺失或者失效導致的不同業務的利益衝突；②金融集團的風險損失與政府救助邊界難以界定，可能引起高的道德風險；③「巨無霸」的金融超市容易形成壟斷或寡頭的行業佈局，抑制了金融創新，降低了金融服務效率。因此，中國未來投資銀行業的發展可能會出現兩種趨勢①：第一種是提供全方位服務、資本實力雄厚、兼營投資銀行業務的銀行控股公司；第二種是仍然專注於某個傳統投資銀行業務的獨立投資銀行。表面上看，過低的槓桿約束不利於混業背景下投資銀行與商業銀行展開公平競爭，影響投資銀行業的市場效率，而槓桿過高又給投資銀行帶來較大的流動性風險，而存在的深層次問題是投資銀行是否具備了有效的內部風險控制能力以防範槓桿風險。或許正因為此，歐盟明確「監管資本的目的在於吸收信用機構或者投資公司在正常的商業進程中的非預期損失」，即以非預期損失大小來作為金融機構槓桿率高低的衡量標準。

3. 股權集中度高、性質單一，行政治理容易替代內部風險管理建設

公司治理理論認為，股份制公司的兩權分離特徵對公司經營行為、經營績效有著重要影響，而考察股權結構是分析兩權分離情況的重要內容，是研究公司治理機制、評價公司治理水平的關鍵變量。從文獻來看，研究股權結構的指標可以從股權集中度和股權性質兩個方面考察：股權集中度是反應投資銀行股權集中或分散程度的指標，一般以持股比重在前幾名（常常用第一名、前五名、前十名等）的股本數與總股本數之比來表示；股權性質是產權視角下用以反應投資銀行的國有或非國有股權性質的指標，多用於分析產權性質對公司行為的影響，一般以第一大股東是否為國有股來表示。王聰、宋慧英（2012）整理了中國投資銀行股權集中度和股權性質的情況，見表 2.14。

---

① 實際上，目前在英國、美國、德國和日本，已經出現了這樣的金融格局。

表 2.14　　　　　中國投資銀行的股權集中度與股權性質

時間		2006 年		2007 年		2008 年		2009 年		2010 年	
股權集中度(%)		50.34		49.67		51.16		53.83		55.71	
第一大股東性質		家	比例(%)	家	比例(%)	家	比例(%)	家	比例(%)	家	比例(%)
	國有	75	75.26	81	79.41	80	78.43	79	79.80	78	78.79
	非國有	24	24.24	21	20.59	22	21.57	20	20.20	21	21.21

註：①數據來自王聰、宋慧英（2012）的研究文獻；②股權集中度為第一大股東的持股比例。

從表 2.14 可見，中國投資銀行的股權集中度較高，第一大股東持股比例在 50% 左右，遠遠高於國外同行業的水平。① 同時，2006—2010 年國有控股的投資銀行占總數的 75% 以上，產權性質單一化特徵明顯。黨的十八大報告提出「更大程度更廣範圍發揮市場在資源配置中的基礎性作用」，而在十八屆三中全會上更是明確「市場在資源配置中起決定性作用」。因此，如何通過市場化的規則建立完善的投資銀行內部風險管理，以推動資本市場配置資源的效率，也是中國金融改革的重要內容之一。

四、中美兩國投資銀行業經營特徵與風險的比較

從前面兩節的研究結論來看，即使在危機后，中美兩國投資銀行在經營方面均存在較大差異：中國投資銀行業務以傳統業務為主，服務收入占比相對較高，美國投行的自營業務占比較高；國內投資銀行業的財務槓桿率普遍較低，而美國投資銀行業表現出高財務槓桿的經營特徵；中國股權集中度高、國有產權性質突出，而美國投行股權相對分散；等等。但是，中國投資銀行的風險承擔機制將逐漸以市場機制為主，同樣亟須建立有效的內部風險防範體系。具體來說，在 2007 年綜合治理后，中國投資銀行系統性的制度風險問題得到了糾正，出現行業性倒閉的可能性較小。為此，未來投資銀行風險處置需要更多地從過去的行政處置模式轉向市場化處置模式，即投資銀行的生存風險需要通過市場化併購、重組甚至破產來化解，避免行政處置可能存在的道德風險、處置成本高和社會不公等缺點。同時，從未來發展趨勢上，隨著中國混業競爭壓力的顯現、市場利率化改革的推進和人民幣匯率波動空間的進一步擴大②，中國投資銀行需要通過創造利率、匯率衍生產品來開拓市場空間，滿足企業的風險管理需要，這種趨勢性特徵將與美國投資銀行業相似。

美國五大投資銀行的風險演進路徑可以歸納為「單一或多個風險因子—較小的風險損失—流動性不足—風險損失擴大化—資本金不足—生存危機」。

---

① 美國投資銀行第一大股東持股比例一般為 10%（王聰、宋慧英，2012）。
② 十八大報告明確指出要深化金融體制改革，穩步推進利率和匯率市場化改革。

最終，投資銀行的生存風險表現為資本金防線的崩潰，而且進行衍生品業務創新的現代投資銀行的危機同樣具有較大的負外部性。因此投資銀行的資本金管理成了其自身風險防範以及外部監管的關鍵內容。而如何在淨資本監管的框架下建立自身風險管理體系，這在后文將作進一步論述。

第二節　淨資本監管與投資銀行的風險行為

或許鑒於資本金作為風險的「最后防線」功能和投資銀行破產的負外部性考慮，國內外監管部門對投資銀行的資本規模以及與之相適應的業務活動建立起了淨資本監管體系進行外部風險管理。本章從投資銀行淨資本監管的發展歷程與定性評價、商業銀行兩道資本管理防線的比較、淨資本監管與投資銀行風險行為等方面進行理論和實證研究。

一、投資銀行淨資本監管的起源與發展

淨資本監管起源於美國。下面簡要回顧美國和中國的淨資本監管起源、發展過程。

（一）美國投資銀行淨資本監管

美國證券交易委員會（SEC）最早提出對投資銀行進行資本充足率監管。為此，下面以美國為例，介紹國外淨資本監管的發展路徑。總體上來看，美國投資銀行的淨資本監管經歷了以下幾個階段：1934年美國《證券交易法》首次提出淨資本規則，1975年建立「統一淨資本規則」，1997年和1998年增加了專門針對衍生工具交易的淨資本規則，2004年倡導集團監管規則，2008年由美聯儲負責投資銀行集團監管替代由SEC負責的集團監管。

1. 初步建立淨資本監管框架

20世紀30年代的大蕭條背景下，美國聯邦在「披露」理念的導向下，以《證券交易法》（1934年）為標志，建立了基於披露原則的美國證券行業監管體系。該法主要通過引入淨資本（Net Capital）這一概念向社會公眾披露投資銀行的財務狀況。其將淨資本定義為：「淨資本表示的是證券經紀商或交易商的淨值（Net Value）。淨資本的調整與未實現的損益和遞延稅款負債有關，在投資銀行帳戶中增加未實現的收益，或扣減未實現的損失。」從淨資本監管概念建立之初，投資銀行業的淨資本監管框架主要包括了以下三個方面，並一直沿用至今。

（1）有關淨資本計算的規定。該法案規定，淨資本的計算是以美國一般公認會計原則（GAAP）所編製的資產負債表中的權益資本數量為基礎，通過一系列的風險調整和變化計算出來。淨資本=淨資產+次級債務-不允許抵扣資產-懲罰性費用收入-證券資產的風險貼水。

（2）有關扣減比例的規定。投資銀行的部分資產變現能力較差，立即變現可能產生一定比例的損失，需要在淨資本中進行一定程度的扣除。一般來

說，流動性越差的資產，扣減的比例越高，具體取決於資產的類型、到期日、資產質量、市場表現等。比如，0~30天到期的市政債券，扣減比例為0；2年以上到期的市政債券，扣減比例為3%~7%。同時，扣減的調整週期為1個月（中國目前也採用按月的淨資本動態監管方式）。

（3）有關淨資本監管指標與標準的設定。由於《格拉斯—斯蒂格爾法案》（1933）嚴格分業經營，當時美國投資銀行的業務結構相對單一，淨資本監管指標相對簡單，監管標準也較低。

不同類型投資銀行的淨資本要求如表2.15所示。

表2.15　　　　　不同類型投資銀行的淨資本要求

投資銀行類型	監管指標	監管標準
未接觸客戶資金及證券的證券交易輔助人（Introducing Broker-dealer），即介紹經紀商	淨資本	>5,000美元
經手客戶資金及證券的證券交易輔助人		>5萬美元
證券交易經紀商（Broker-dealer），接受客戶清算交割的款項，但不保管客戶的其他非清算交割款項		>10萬美元
證券經濟交易商除了接受客戶清算交割的款項外，也保管客戶的款項		>25萬美元
證券經紀交易商進行做市商（Marker Maker）業務		>100萬美元
所有投資銀行	負債/淨資本	<800%（首年） <1,500%（以後年度）

資料來源：根據陳雲賢《證券業資本監管研究》（2011）相關資料整理。

2. 統一淨資本規則

1975年SEC為了增強對投資者的保護，提出了基於流動性資本標準的統一淨資本規則（Uniform Net Capital Rule）。這一階段的淨資本監管旨在使證券經紀交易商持有充分的流動性以保證償付能力，並覆蓋潛在的市場風險、信用風險和其他風險。相比之下，淨資本監管的重心從保護客戶存托資產的安全過渡到流動性監管上，因此它是一項流動性規則，而非償債能力規則。

所以，這一階段監管變革主要在淨資本監管指標的設定上，《統一淨資本規則》提供了基本方法和替代方法兩種選擇。比如，基本法下，投資銀行必須持有25萬美元以上的淨資本，或者不低於其負債的6.67%的淨資本（即負債不超過淨資本的15倍），並以兩者之間較高的為準；替代法下，淨資本不得少於25萬美元，或不低於債務餘額（債務人或客戶對證券經紀交易商的負債）的2%，並以兩者之間較高的為準。

3. 建立集團淨資本監管規則

在1999年《格拉斯—斯蒂格爾法案》被廢除之后，美國部分投資銀行開始涉足商業銀行業務，並組建大型的金融集團。由於SEC沒有權力監管集團

公司的財務狀況，因此針對五大投行，SEC 在 2004 年建立了集團監管實體規則（Consolidated Supervised Entities，CES），希望以此彌補淨資本監管的不足。該階段淨資本的計算方面，SEC 允許投資銀行採用內部模型來計算市場風險、信用風險所需的淨資本。如：採用基於 10 個交易日為持續期的 VaR 模型，計算置信參數為 99% 的利率、股價等變動引起的市場風險。

由於集團監管規則的產生本身就是對混業經營下多頭監管體制的一種妥協，其在設立之初就存在內在缺陷：美國五大投資銀行可以自由選擇接受或不接受這種監管。2008 年五大投行紛紛宣布破產或轉型，轉型后的高盛、摩根士丹利由美聯儲進行銀行控股公司監管，因此集團監管規則也被終止。

(二) 中國投資銀行淨資本監管的歷史階段

1. 概念引入階段（1996—2000 年）

1996 年，證監會發布《證券經營機構股票承銷業務管理辦法》《證券經營機構證券自營業務管理辦法》，初次提到淨資本概念。此階段淨資本計算方法簡單，監管指標單一。具體來說，淨資本計算採用固定比例折扣法，即：

淨資本＝淨資產－（固定資產淨值＋長期投資）×30%－無形及遞延資產
　　　　－提取的損失準備金－證監會認定的其他長期性或高風險資產

淨資本監管指標僅對承銷、自營業務有相應資格要求：從事股票承銷業務的證券公司具有不低於一千萬元的淨資本，其中擔任主承銷商的淨資本不低於兩千萬元；從事證券自營業務的證券公司具有不低於一千萬元的淨資本。

2. 總量性指標監管階段（2001—2005 年）

證監會在 2000 年發布了《關於調整證券公司淨資本計算規則的通知》，調整了淨資本計算方法的單一性問題，針對不同資產的風險大小來差別確定各自的扣減係數，即：

淨資本＝Σ（資產余額×折扣比例）－負債總額－或有負債

2011 年，《證券公司管理辦法》從下面兩個方面調整了淨資本監管指標：

(1) 提高淨資本要求：綜合類證券公司的淨資本≥2 億元，經紀類證券公司的淨資本≥2,000 萬元；

(2) 增加了相對監管指標：淨資本≥證券公司對外負債×8%。

這一階段，證券公司被要求每月計算一次淨資本，淨資本監管逐步成為常規監管，並以總量性指標監管為主。

3. 總量性與結構性指標監管並重（2006—2008 年）

2005 年《中華人民共和國證券法（修訂）》明確要求，監管機構應當對證券公司的淨資本，淨資本/負債，淨資本與自營、承銷、資產管理等業務規模的比例等風險控制指標做出規定。隨後，證監會出抬《關於發布證券公司淨資本計算標準的通知》（2006）、《證券公司風險控制指標管理辦法》（2006），對淨資本計算公式以及監管指標進行了大幅修改。

淨資本計算方面，按金融產品細化資產及相應的折扣比例計算：

淨資本＝淨資產－金融產品投資的風險調整－應收項目的風險調整

-其他資產項目的風險調整-長期資產的風險調整
　　-或有負債的風險調整-/+中國證監會認定或核准的其他調整項目
　　關於設置淨資本監管指標及制定監管標準方面，在豐富總量性指標基礎上，增加結構性監管指標。
　　總量性淨資本監管指標又可分為絕對指標和相對指標。
　　絕對指標及其監管標準方面：
　　①證券公司開展經紀業務，淨資本≥2,000萬元；
　　②證券公司經營下列業務之一的：承銷業務、自營業務、資產管理業務等，淨資本≥5,000萬元。
　　相對指標及其監管標準方面：
　　①「淨資本/各項風險準備之和」≥100%；
　　②淨資本/淨資產≥40%；
　　③淨資本/負債≥8%。
　　結構性淨資本監管指標及監管標準方面：
　　①自營股票規模≤淨資本；
　　②證券自營業務規模≤2倍淨資本。
　　4. 分類監管階段（2009—）
　　此階段，淨資本監管改革的重心是結合分類監管，分層次設計監管標準。期間，證監會發布了《證券公司風險控制指標管理辦法（修訂）》（2008）、《證券公司分類監管規定》（2009）等文件。結構性指標略有變化，表現在以下幾個方面：
　　（1）自營權益類證券及證券衍生品的合計額≤淨資本；
　　（2）自營固定收益類證券的合計額≤5倍淨資本。
　　同時，風險控制指標的標準與分類監管相結合，將證券公司劃分為A~E五類，並擬對不同類別證券公司規定不同的風險控制指標標準。
　　從上面可以看出，中國淨資本監管體系從淨資本計算方法、淨資本監管指標設計兩個方面不斷深化、發展，在時間上遵循先精確淨資本計算，再完善監管指標的順序。以淨資本為核心的中國投資銀行監管體系初步構建起來。
　　（三）中國淨資本監管的一般分析
　　1. 中國淨資本監管的成功經驗
　　（1）充分借鑑國外經驗。中國的淨資本監管充分發揮了后發優勢，監管體系的設立綜合借鑑了不同國家或地區的經驗。比如，淨資本的計算方面，主要借鑑美國在權益資本基礎上進行風險扣減的思想；而淨資本監管指標的設計上，又引入了IOSCO會員國（如歐盟）的風險準備概念，設立了風險準備指標。
　　（2）淨資本計算規則簡單易操作。由於中國目前資本市場的金融產品較單一，投資銀行經營的業務以傳統業務為主，因此淨資本計算的規則也相對簡單易懂，監管成本較低。

（3）建立了多層次的淨資本監管指標體系。借鑑美國的經驗，淨資本監管並非單一地以淨資本絕對值作為唯一的監管指標，而是以其為核心，建立了多層次的指標體系：一是淨資本絕對指標及監管標準；二是與風險資本準備相聯繫的動態淨資本監管相對指標。

2. 中國淨資本監管的不足

（1）分類監管的針對性尚待進一步提高。由於中國 2010 年才開始對投資銀行進行評級，並以此為依據，使淨資本監管標準的設定與評級相聯繫。但這種行政化的行業評級與行政監管相結合，容易產生過多的行政干預，不利於真正引導市場主體客觀評估自身各項業務、資產的風險狀況，忽視了內部控制制度的完善和風險管理能力的提升。再觀國外，歐美投資銀行業資本監管體系的改進方向就是基於內部模型進行嚴格監管，即在投資銀行自身風險管理能力提升的基礎上進行嚴格的外部監管。而中國尚未建立與淨資本監管體系相對應的內部模型要求。

（2）監管原則過於重視安全性，忽視對風險—收益對應的考慮。以槓桿率為例，或許受到西方金融業「去槓桿化」浪潮的影響，中國投資銀行業的槓桿指標有嚴格限制，目前行業槓桿水平僅為 4 倍，遠遠低於國外目前 12 倍左右的水平。同時，中國投資銀行的自營業務控制較嚴，比重很低，導致行業性收入結構難以改觀。

（3）風險資本準備的計提方法較簡單。目前，中國投資銀行風險資本準備由證監會提供按不同資產分類的計提比例。比如，按照《關於證券公司風險資本準備計算標準的規定（修訂）》（2012），證監會對投資銀行自營的衍生品、權益類和固定收益類證券，如果沒有進行風險對沖，則需要分別按投資規模的 20%、15%、8% 計算風險資本準備。這種一刀切的計提方式，沒有區別對待不同投資銀行的風險管理能力和業務特徵，容易導致行業的同質化現象。這實際容易產生系統性的行業經營風險。

二、中國淨資本監管與投資銀行風險行為研究

商業銀行因在經濟系統中處於「大而不能倒」的地位，一直是政府進行資本監管的主要對象。而作為影子銀行系統的投資銀行，其資本監管的重要性在 2008 年金融危機後凸顯出來。以淨資本監管指標及標準為內容的投資銀行監管體系在防範投資銀行風險方面存在缺陷，也可能引發系統性風險。相比美國，中國投資銀行業引入淨資本監管體系僅十餘年。但隨著中國資本市場規模的壯大和金融衍生品的推出，投資銀行依靠經紀業務為主的利潤模式將改變，高資金占用型的新興業務將逐步增加，其風險特徵也將與發達市場的投資銀行趨同。淨資本監管是否對中國投資銀行的業務經營、風險承擔行為起到了有效引導、防範系統性風險的作用，值得及時研究。

（一）資本監管與金融機構風險行為的相關研究

國內外關於資本監管與金融機構風險行為的研究，大多集中在商業銀行。

Kahane（1977）在組合模型基礎上實證研究了商業銀行的風險承擔行為與監管資本的關係，認為比率監管和組合限制相結合的方式才能抑制其高風險行為。隨后，Shrieves 和 Dahl（1992）、Jacques 和 Nigro（1997）、Godlewski（2004）等運用局部調整模型，對銀行資本監管和銀行行為的關係問題進行了研究。而另外一些學者（Furfine，2000；Mullings，2003；etc.）則利用動態結構模型來實證銀行在面臨資本監管約束時的行為。在國內，隨著監管部門不斷強化銀行資本監管，也有不少學者（吳棟，周建平，2006；王曉龍，周好文，2007；蔣海，王麗琴，2011；等）實證分析了中國銀行資本監管和風險調整行為。

儘管投資銀行業的淨資本監管與商業銀行資本充足率監管在指標設計、風險資產計量等方面存在差異，但兩者有一個共同的監管基礎：資本金是金融機構防範風險、彌補損失的最后防線。因此，投資銀行的淨資本監管將對其自身的資本結構優化、資產配置及相應的風險調整產生影響。但從現有文獻看，針對投資銀行資本監管的研究甚少。左和平、朱懷鎮（2010）以中國 2002—2006 年的 29 家投資銀行為對象，實證研究了資本監管對投資銀行自營業務風險行為的影響，並得到影響不甚顯著的結論。祝瑞敏、李長強（2011）通過面板方法實證研究了 2002—2007 年 31 家中國投資銀行樣本，結論表明證券業的流動性風險水平在淨資本約束下下降，即兩者有顯著的反比例關係。隨著券商綜合治理工作在 2007 年結束，中國投資銀行業原有的很多制度性、歷史性問題得以根本解決。中國投資銀行業進入了行業發展的新階段，尤其是在 2008 年年底開始實施新的淨資本監管后，尚無文獻研究新政對投資銀行風險行為的影響。

（二）淨資本監管與投資銀行風險行為的理論模型

投資銀行在日常經營過程中，淨資本監管指標構成其經營活動的外生約束。因此投資銀行往往為了保留特許權價值而調整資本和風險資產。但是，無論是資本結構的調整，還是資產的重新配置，都具有較大的時滯和調整成本。因此投資銀行的資本和風險調整並非是完全調整，而是由內生、外生兩種因素共同決定的。

1. 基本思路

本文借鑑 Shrieves 和 Dahl（1992）提出的局部調整模型。投資銀行資本和風險水平變化由兩部分構成：相機調整部分和外生變量部分。其中，資本相機調整與目標資本和其在上一期的實際資本之差成比例，而風險調整則與目標風險水平和前一期的風險水平之差成比例。具體如下所示：

$$\Delta CAP_{i,t} = \alpha(CAP^{*}_{i,t} - CAP_{i,t-1}) + \mu_{i,t} \quad (2.1)$$

$$\Delta RISK_{i,t} = \beta(RISK^{*}_{i,t} - RISK_{i,t-1}) + \nu_{i,t} \quad (2.2)$$

投資銀行的資本、風險在 t 時刻的變化值取決於目標資本、目標風險水平、滯后資本和風險水平、外生變量。方程（2.1）、方程（2.2）分別被稱為資本調整方程和風險調整方程。

2. 變量設定

由於目標資本 $CAP_{i,t}^*$ 和目標風險水平 $RISK_{i,t}^*$ 是不可觀察的，因此，如果目標資本、目標風險水平是受到可觀察變量影響的話，我們就可以通過對可觀察變量的間接分析，進一步研究投資銀行行為與監管資本的關係。

於是，下面我們分別就上述方程（2.1）、方程（2.2）所涉及的三個方面進行界定，即投資銀行的資本變化（$\Delta CAP_{i,t}$）、投資銀行的風險變化（$\Delta RISK_{i,t}$）和影響投資銀行目標資本（$CAP_{i,t}^*$）和目標風險（$RISK_{i,t}^*$）的主要因素。

（1）資本變化（$\Delta CAP_{i,t}$）

國內外對資本的衡量，主要有以下幾種方式：一是用「資本/總資產」這一比值；二是用「資本/風險加權資產」這一比值，即所謂的資本充足率。由於淨資本在計算時已經扣除了風險加權資產，本書採用「淨資本/總資產」這一比值來衡量投資銀行資本。① 這樣，該指標的一階差分就可以用於衡量資本變化 $\Delta CAP_{i,t}$。

（2）風險變化（$\Delta RISK_{i,t}$）

風險衡量一般採用風險加權資產與總資產的比率。我們將「淨資產-淨資本」作為風險加權資產的代理變量，用其與總資產的比率測度投資銀行風險。同樣，該比率的一階差分即為風險變化 $\Delta RISK_{i,t}$。

（3）影響目標資本 $CAP_{i,t}^*$ 和目標風險 $RISK_{i,t}^*$ 的主要因素

借鑑對銀行業的相關研究，兼顧數據可獲得性，我們選取規模、監管壓力作為影響目標資本和目標風險的主要因素。

①規模（SIZE）。由於投資銀行的規模影響其再融資和風險分散能力，因此它影響投資銀行的目標資本和目標風險。我們把總資產的自然對數變量（SIZE）加入到資本調整方程和風險調整方程中。

②監管壓力（NCS）。國內外學者衡量商業銀行資本監管壓力的方法很多，主要有以下幾種：銀行資本低於監管資本要求，則監管壓力為1，否則為0（Shrieves, Dahl, 1992）；即時糾正行為分類法（Aggarwal, Jacques, 1998）；銀行資本比率的倒數與8%的倒數的差（實際資本比率<8%時），否則監管壓力設為0（Jacques, Nigro, 1997）。

左和平、朱懷鎮（2010）利用其實際值與標準的大小關係，認為在不滿足監管要求時監管壓力變量為1，否則為0，並將這一方法用於2002—2006年中國投資銀行自營行為的分析。但隨著2007年券商綜合治理工作的結束，高風險券商得以處置，各項監管指標均達到監管要求（見表2.16）。因此，本書借鑑蔣海、王麗琴（2011）測度監管壓力的方法，用以下差額來測度投資銀行在時刻t的監管壓力情況：投資銀行在上一期（第t-1期）的監管指標實際

---

① 實際上，由於投資銀行服務收入占比較高，因而后文研究的操作風險是其主要風險之一，而適用「風險加權資產」仍然無法揭示出來。

值-樣本投資銀行在上一期（第 t-1 期）的監管指標的平均值。

表 2.16　　　　新規以來上市投資銀行監管指標描述性統計

監管指標	指標標準（%）		上市投資銀行指標均值（%）					
	監管標準	預警標準	2008.12	2009.06	2009.12	2010.06	2010.12	2011.06	2011.12
淨資本/各項風險資本準備之和	≥100	≥120	597.6	720.6	623.4	618.5	579.2	493.9	543.26
淨資本/淨資產	≥40	≥48	80.9	81.1	80.6	79.0	78.7	76.7	74.63
淨資本/負債	≥8	≥9.6	518.9	730.0	637.3	1,130.2	798.0	800.1	757.53
自營權益類證券及證券衍生品/淨資本	≤100	≤80	15.7	18.6	24.1	21.9	23.4	32.1	27.08
自營固定收益類證券/淨資本	≤500	≤400	49.3	30.4	48.8	41.9	43.9	48.0	62.57

說明：數據源自 8 家上市投資銀行（宏源證券、國元證券、長江證券、中信證券、國金證券、海通證券、太平洋、光大證券）2008—2011 年的半年報、年報。

在具體監管指標的選取上，我們選取以淨資本為基礎的如下五個指標：
①淨資本/各項風險資本準備之和；
②淨資本/淨資產；
③淨資本/負債；
④（自營權益類證券+證券衍生品）/淨資本；
⑤自營固定收益類證券與淨資本。

同時，按此方法測度投資銀行的監管壓力，變量名依次設為 NCS1~NCS5。可見，若 t-1 期的 NCS1、NCS2、NCS3 高於行業平均值，則該投資銀行面臨的監管壓力較小；而 NCS4、NCS5 則在大於平均值時意味著投資銀行有較大的監管壓力。監管壓力變量在資本方程、風險方程中同時出現，這是因為它對投資銀行的資本變化與風險變化均會產生影響。

變量設置及定義說明如表 2.17 所示。

表 2.17　　　　　　　　變量設置及定義說明

變量名	定義說明
$\Delta CAP_{i,t}$	資本變化：淨資本/總資產的一階差分
$\Delta RISK_{i,t}$	風險變化：（淨資產−淨資本）/總資產的一階差分
$SIZE_{i,t}$	規模：總資產的自然對數變量

表2.17(續)

變量名	定義說明
$NCS1_{i,t}$	總量性監管壓力指標：第i個投資銀行t-1期「淨資本與各項風險資本準備之和」與行業均值之差額
$NCS2_{i,t}$	總量性監管壓力指標：第i個投資銀行t-1期「淨資本/淨資產」與行業均值之差額
$NCS3_{i,t}$	總量性監管壓力指標：第i個投資銀行t-1期「淨資本/淨負債」與行業均值之差額
$NCS4_{i,t}$	結構性監管壓力指標：第i個投資銀行t-1期「自營權益類證券及證券衍生品/淨資本」與行業均值之差額
$NCS5_{i,t}$	結構性監管壓力指標：第i個投資銀行t-1期「自營固定收益類證券/淨資本」與行業均值之差額

3. 投資銀行資本和風險調整模型

綜上，我們把規模和監管壓力變量（見表2.17）代入方程，得到待估的聯立方程組：

$$\Delta CAP_{i,t} = \alpha_0 + \alpha_1 \Delta RISK_{i,t} + \alpha_2 SIZE_{i,t} + \alpha_3 NCS1_{i,t} + \alpha_4 NCS2_{i,t} + \alpha_5 NCS3_{i,t} + \alpha_6 NCS4_{i,t} + \alpha_7 NCS5_{i,t} + \alpha_8 CAP_{i,t-1} + \mu_{i,t} \quad (2.3)$$

$$\Delta RISK_{i,t} = \beta_0 + \beta_1 \Delta CAP_{i,t} + \beta_2 SIZE_{i,t} + \beta_3 NCS1_{i,t} + \beta_4 NCS2_{i,t} + \beta_5 NCS3_{i,t} + \beta_6 NCS4_{i,t} + \beta_7 NCS5_{i,t} + \beta_8 CAP_{i,t-1} + \mu_{i,t} \quad (2.4)$$

（三）淨資本監管與投資銀行風險行為的實證研究

1. 數據來源

淨資本的計算及監管指標設計是從2008年年底開始施行的。本研究收集了17家上市投資銀行2008年年末到2011年的年度數據，剔除數據不完整的樣本，以8家上市投資銀行作為本研究的實證對象，原始數據見附錄一。

2. 估計方法與估計結果

二階段最小二乘法（2SLS）和三階段最小二乘法（3SLS）可以用於估計聯立方程組模型中的結構性參數，而且3SLS同時估計聯立方程中的所有參數，結果比2SLS更為有效。因而，我們考慮面板數據實際，此處運用面板三階段最小二乘法對前面的聯立方程組進行估計，估計軟件為Stata12.0。估計結果如表2.18所示。

表2.18 投資銀行淨資本監管與資本、風險調整關係的3SLS估計結果

變量	$\Delta CAP_{i,t}$ 系數	P-值	$\Delta RISK_{i,t}$ 系數	P-值
$\Delta CAP_{i,t}$	—	—	0.238,6（2.49**）	0.013
$\Delta RISK_{i,t}$	3.040,6（5.89***）	0.000	—	—
$SIZE_{i,t}$	−0.019,9（−1.72）	0.086	0.006,2（1.50）	0.134
$NCS1_{i,t}$	−0.006,0（−0.99）	0.322	0.002,6（1.21）	0.226
$NCS2_{i,t}$	−0.365,1（−2.40**）	0.017	0.173,6（2.78***）	0.005
$NCS3_{i,t}$	−0.000,3（−0.26）	0.792	0.000,0（0.48）	0.629
$NCS4_{i,t}$	−0.031,3（−0.45）	0.653	0.009,6（0.38）	0.707
$NCS5_{i,t}$	−0.101,2（−2.94***）	0.003	0.030,2（2.43**）	0.015
$CAP_{i,t-1}$	−0.248,4（−1.65*）	0.099	—	—
$RISK_{i,t-1}$	—	—	0.140,9（1.62）	0.105
Constant（常數）	0.534,2（1.91*）	0.057	−0.152,1（−1.56）	0.120
chi2	45.87		32.62	
P > chi2	0.000,0		0.000,1	

註：括號內為z值；***，**和*分別代表在1%，5%和10%的顯著性水平上顯著。

首先，投資銀行的資本與風險的變動存在正向影響關係。一方面，風險變動對資本變動的影響係數為3.040,6，且在1%的顯著性水平上顯著，說明投資銀行會根據風險資產的增（減）變化，相應提高（降低）資本水平。另一方面，資本變動又在5%的顯著性水平上引起投資銀行風險資產的相應變動，係數為0.238,6。

其次，總量性淨資本監管指標對投資銀行資本和風險調整的影響方向與預期一致。具體來說，投資銀行如果面臨監管壓力，即$NCS1_{i,t}$，$NCS2_{i,t}$和$NCS3_{i,t}$小於0，資本變動方程所對應的係數均為負表示其將增加資本，而風險變動方程相應係數為正則意味著其將降低風險。而且，淨資本與淨資產的比例這一指標（$NCS2_{i,t}$）在資本和風險變動方程中均顯著，顯著性水平分別為5%，1%。

再次，結構性淨資本監管指標對投資銀行的資本和風險調整的影響方向與預期相反。投資銀行自營業務面臨監管壓力時，即$NCS4_{i,t}$和$NCS5_{i,t}$大於0，資本變動方程對應係數為負而風險變動方程對應係數為正，表示投資銀行反而會降低資本規模、增加風險資產比重。其中，自營固定收益類證券與淨資本的比例這一指標（$NCS5_{i,t}$）在資本和風險變動方程中均顯著，顯著性水平分別為1%，5%。

（四）實證研究結論

上面運用3SLS方法，實證分析了中國上市投資銀行在淨資本監管約束下

的資本調整和風險承擔行為：一方面，上市投資銀行按照「風險—資本」相匹配的原則開展經營活動，淨資本監管成為投資銀行經營活動的緊約束；另一方面，淨資本監管指標的設計不盡合理，雖然總量性指標對投資銀行風險管理起到了正面的引導作用，但結構性指標卻與政策預期相反，資本不足的投行也可能通過承擔較大的風險獲取較高收益的形式來增加資本，淨資本監管要求存在過高的可能。因此，監管層需要進一步優化設計淨資本監管指標體系，使得淨資本計算、指標種類、指標標準更為科學，尤其要避免各個業務監管指標的不一致性引起制度性套利風險，而經濟資本配置可以為其提供統一的評價尺度。

第三節　投資銀行經濟資本管理的適用性

一、國內外研究現狀

（一）核心概念界定

1. 權益資本

權益資本，又稱帳面資本或會計資本，從財務會計角度反應所有者權益，代表了金融機構所有者在特定時間點上對其資產所享有的經濟利益，在大小上等於金融機構的資產減去負債後的淨資產大小。在中國，投資銀行帳面資本包括股本、資本公積、盈余公積、一般風險準備、交易風險準備、未分配利潤、少數股東權益[1]。

2. 監管資本

監管資本是金融機構必須持有或實際擁有的滿足監管規定的資本。投資銀行的監管資本在美國和中國被稱為淨資本。投資銀行的淨資本是在淨資產基礎上，考慮時間和風險因素後進行必要扣除的淨資產（即權益資本）調整值。目前，根據證監會 2012 年修訂的《關於調整證券公司淨資本計算標準的規定》，中國淨資本的計算公式為：淨資本＝淨資產－金融資產的風險調整合計－衍生金融資產的風險調整合計－其他資產項目的風險調整合計－或有負債的風險調整合計－中國證監會認定的其他調整項目合計＋中國證監會核准的其他調整項目。

3. 經濟資本

經濟資本（Economic Capital，EC）這一概念是在對金融機構的風險損失進行分類並實施差異化管理的基礎上提出來的，指的是金融機構為防禦非預期

---

[1] 在母公司擁有子公司股份不足 100%，即只擁有子公司淨資產的部分產權時，子公司股東權益的一部分屬於母公司所有，即多數股權，其餘仍屬外界其他股東所有。由於後者（外界其他股東擁有的股權）在子公司全部股權中不足半數，對子公司沒有控制能力，故被稱為少數股權。

損失所必須要擁有的最低資本金。在經濟資本框架裡，風險損失被分為三種類型：預期損失（Expected Loss）、非預期損失（Unexpected Loss）與極端損失（Catastrophe Loss）。①預期損失是金融機構能夠預期到的、正常的市場條件下，在某個考察時間期內金融機構所面臨的損失的期望值，即為風險損失分佈的數學期望值。②非預期損失是指特定的置信水平下，金融機構所面臨的超過預期損失的最大損失，其本質源於損失具有波動性——在預期損失上下波動。③極端損失是超過置信水平下投資銀行資產最大損失之外的損失，這類損失往往是由極端的外部環境變化所致。外部環境變化如戰爭、巨災、市場崩盤等情形，發生概率較低，但一旦發生將使金融機構面臨巨大損失。經濟資本理論認為，預期損失不是金融機構的真正風險，可以通過會計上計提損失準備來管理，即將其作為成本（進而提高金融產品價格）來轉嫁；極端損失往往表現為系統性風險持續存在，金融機構自身沒有多大能力去管理，多需要借助外部力量①或者採取情景分析、壓力測試在一定程度上進行預測；非預期損失才是金融機構風險管理的核心，需要金融機構用資本金來彌補。

（1）經濟資本的度量

金融機構根據風險度量方法計算出資產或業務風險②的最大損失值，再扣除預期損失，所得差額即為經濟資本。而這一計算過程便是經濟資本度量，它是金融機構實施經濟資本管理的第一步。由於預期損失可以根據歷史損失數據獲得，因此經濟資本度量的關鍵在於風險度量。而風險度量技術的不斷提高和發展，不僅為經濟資本管理的形成提供了技術支撐，也為經濟資本的計量研究奠定了基礎（劉春志，2011）。

（2）經濟資本的配置

金融機構實際持有的經濟資本作為其吸收非預期損失的稀缺資源，需要進行合理的配置。具體來說，經濟資本配置是指金融機構根據持有的經濟資本總量和各個資產、業務的風險—收益比較，運用風險調整收益率等指標，以確定資產及業務的合理結構的過程。因此，經濟資本配置的目的是使經濟資本能夠在各個業務部門及產品上進行合理配置，以最大效率地利用資本資源。可見，如果說經濟資本度量還只是金融機構的資本預算過程，而經濟資本配置則是金融機構進行資本稀缺管理的最集中體現。

（3）經濟資本的管理

經濟資本管理是一個綜合概念，從內容上講包括經濟資本度量、經濟資本配置和經濟資本績效考核三個方面，而經濟資本配置是經濟資本管理的核心（張雪峰，2012）。

---

① 相比之下，商業銀行對極端損失風險的管理，除了壓力測試等內部方法外，還可以依賴外部的存款保險制度。

② 業務風險主要指金融機構的表外業務風險，如投資銀行經紀業務中的操作風險。

(二) 投資銀行經濟資本管理相關文獻

經濟資本作為風險計量的工具，可供金融機構用於資產配置、績效考核等內部風險管理，也可用於評價監管資本的有效性。儘管國內外針對投資銀行經濟資本管理的研究文獻較少，但卻在以下兩個方面都有研究成果：

1. 將經濟資本作為投資銀行淨資本監管評價標準的相關文獻

國際證監會組織（IOSCO）是證券監管領域最重要的國際組織，自 1983 年成立以來，在投資銀行監管方面先后發布了一系列文件以建立淨資本充足率監管體系[①]，並認為淨資本需要覆蓋投資銀行的全部風險。如果投資銀行持倉比例很高，如何對各類證券頭寸的風險進行資本計提就成了淨資本計算的核心問題。對此，IOSCO 提出可基於 VaR（Value at Risk）內部模型法來計量市場風險資本要求。

進一步來看，成立於 2001 年的歐洲證券委員會（ESC）在 2006 年實施《資本金要求指示》（Capital Requirement Directive，CRD），並在 2010 年提出的修訂案 CRD Ⅱ 裡，明確指出「監管資本的目的在於吸收信用機構或者投資公司在正常的商業進程中的非預期損失」（陳雲賢，2011）。顯然，如果說 IOSCO 所倡導的基於 VaR 內部模型計算的市場風險資本與經濟資本還有細微差異[②]，那麼歐盟的定義則清楚表明投資銀行的淨資本就應該吸收其非預期損失，這便與經濟資本的定義完全一致。只不過歐盟沒有使用「經濟資本」這一概念，但言下之意在於淨資本與經濟資本一樣，理論上也應該覆蓋投資銀行的非預期損失。

從國內來看，申銀萬國證券課題組（2010）將中國淨資本充足率指標計算中的風險資本準備理解為投資銀行吸收損失所必需的資本金。[③] 朱懷鎮（2008）在實證發現中國淨資本監管對投資銀行自營證券投資行為的資本緩衝效應不顯著的基礎上，提出了基於 VaR 和 CVaR 內部模型法的淨資本測度方法。顯然，這兩篇文獻所提的淨資本與 IOSCO 倡導的 VaR 內部模型法相同，其與經濟資本的差異也僅僅在於計算方法的細微差異上——前者沒有扣除預期損失。而奚勝田（2007，2008）提出用風險預算為證券公司實施基於資本充足率管理的思路。其總體風險預算便是如此定義的：根據風險調整后資本收益

[①] 這一系列文件包括：《證券公司資本充足率標準》（1989）、《證券公司不斷增長使用風險值模型對證券監管機構的影響》（1995）、《在規定條件下，使用模型確定國際活躍證券公司最低資本標準的方法》（1998）、《證券公司及其監管當局風險管理與控制指引》（1998）、《確認證券公司作為計算必要監管資本目的的內部市場風險模型——對監管者的指引》（1999）、《對遠距離的跨境金融仲介機構的監管》（2004）。

[②] 如果從數學形式上定義經濟資本，採用 VaR 模型計算的經濟資本與 VaR 值的關係為：經濟資本 = VaR 值 - 預期損失。

[③] 該課題組認為「風險資本是指對資本的需求量，是金融機構根據所面臨的風險水平，應當擁有的、可用於全面承擔風險並吸收損失的資本量。對中國證券公司而言，以風險資本準備反應風險資本」。可見該定義實際上是近似的經濟資本概念，只是未扣除預期損失。

率（Risk Adjusted Return on Capital，RAROC）最大化原則，在金融機構總體和機構內各層次（如業務部門、交易員）所允許的最大風險限定。RAROC 是經濟資本管理中進行資產配置和績效評估的重要指標①，因此奚勝田對投資銀行淨資本的計算與歐盟的 CRD Ⅱ 思路是相同的，本質上等於經濟資本。

2. 將經濟資本作為投資銀行內部風險管理方法的相關文獻

從文獻查找情況來看，專門將經濟資本管理作為投資銀行內部風險管理方法展開研究的文獻鮮見。

史水齊（2008）通過一系列論文對投資銀行經濟資本管理進行了研究。他認為，與一般工商企業不同，投資銀行屬於金融企業，涉及社會公眾利益，因此對投資銀行的資本主要承擔的是風險吸收和緩衝的重要職能。進一步，投資銀行的風險包括市場風險、信用風險和操作風險三大類。從企業經營的角度看，有些是可以預期的。有些是無法預期的，前者通常在財務上按金融資產的一定比例計提準備金，這些準備金是計入經營成本的，故對投資銀行的資本不會形成衝擊，而非預期損失則只能通過投資銀行的資本來進行抵禦和補償。基於這樣的邏輯推演，文獻提出了投資銀行通過引入經濟資本概念和建立扣除經濟資本成本的經濟增加值（EVA）指標體系，建立起以經濟資本為核心的協同風險管理系統，推動其全面提高風險管理意識，促進公司資本管理水平的提高，實現股東價值最大化。但是，該系列文獻對投資銀行的風險特徵及其經濟資本管理適用性的研究過於簡單化，沒有區別於商業銀行進行針對性研究，而且對投資銀行如何進行經濟資本管理也論述得較為籠統。總體上來看，該系列文獻只是對商業銀行經濟資本管理在投資銀行中簡單的移植性研究。

齊靠民（2009）通過引入基於經濟資本的 RAROC 概念，將證券公司風險控制與價值創造聯繫起來，進而使不同規模的證券公司的價值創造能力實現橫向比較。但該文獻對投資銀行進行經濟資本管理仍然處於概念引入階段，對經濟資本在投資銀行的具體度量、配置等重要細節問題未展開討論。

（三）商業銀行經濟資本管理研究進展

從文獻上看，國內外有關經濟資本管理的研究主要集中在商業銀行。

1. 有關商業銀行經濟資本度量的相關研究

由於經濟資本在值上等於風險度量值減去預期損失，因此有關經濟資本度量模型的研究，主要圍繞風險度量方法的不同而展開。

（1）基於 VaR 類的經濟資本度量模型

VaR 模型是由 J. P. Morgan 於 20 世紀末提出來的風險管理辦法。Jorion（1995）認為，VaR 等於在一定的置信水平下，在展望期（預測期）內的最大損失值。經濟資本反應的是非預期損失，需扣除預期損失。相應地，在 VaR 模型基礎上產生的 Credit Metrics，Credit Risk+模型，都是通過計算分位數下的

---

① 在經濟資本管理體系中，RAROC＝風險調整的收益／經濟資本＝（收益－預期損失）／經濟資本。

VaR，再扣除非預期損失來計算經濟資本的。

Gordy（2002）提出在監管資本中使用鞍點調整法描述組合的風險變化。該方法被巴塞爾委員會採用。Emmer（2005）在此基礎上，提出將半漸近方法與單因素模型結合。Weissbach（2005）則比較研究了標準化、內部評級法的資本計量結果。

（2）基於 CVaR 類的經濟資本度量模型

Artzner（1999）提出了一致性風險度量的四個定理：次可加性、單調性、齊次性、變換的不變性。他還驗證了 VaR 模型因為不滿足次可加性而不是一致性風險度量工具，提出使用條件 VaR（Conditional Value-at-Risk，CVaR），開創了風險度量的新理念：不再僅僅關注分位數上的風險，更要考慮尾部風險。

Panjer（2002）在正態假定下，對 CVaR 模型進行了實證研究。Landsaman 和 Valdez（2003）將分佈一般化為橢圓分佈，實證研究了風險與經濟資本的度量。

Furman 和 Landsman（2005）利用 Γ 分佈的右偏特徵，對 CVaR 的經濟資本度量進行了實證研究。Vernic（2006）在多元偏正態分佈假定下，對 CVaR 的經濟資本計量、配置進行了理論研究。Vanduffel（2009）則在對數正態分佈假定下，應用 CVaR 計量經濟資本的大小。

2. 關於商業銀行經濟資本配置的相關研究

Yuri Okina（2004）認為監管資本因為對風險的計算過於簡單化而不及經濟資本度量準確，因此銀行需要把各個部門的經濟資本配置作為其風險管理的重心。而對經濟資本配置的研究，大致可以作如下劃分：

（1）基於風險調整的收益率（Risk Adjusted Return on Capital，RAROC）或經濟增加值（Economic Value Added，EVA）配置經濟資本的文獻。Zaik 等（1996）和 James（1996）對經濟資本、資本配置、RAROC 和 EVA 等的風險資本框架進行了詳盡的闡述。Lewis（1996）認為，面臨信息不對稱帶來的嚴重代理問題時，銀行可以借助於對資產或業務的經濟增加值的比較，在銀行內部資金市場進行稀缺資本的有效配置。該方法的代理問題主要是指管理者與外部投資者之間的代理問題，但尚未考慮管理者與內部業務經理的委託代理問題。Neal M. Stoughton 和 Josef Zechner（2003）對利用 RAROC 和 EVA 在資本配置方面（尤其是資本的規模和結構）的作用進行了比較研究，並從銀行的四個利益相關者（外部投資人、外部監管部門、內部風險管理者、財務高管）進行不同視角下的分析。還有學者（Zaik，1996；James，1996；Matten，2000）認為，EC 的度量、配置和基於 RAROC 的績效考核，構成經濟資本管理體系的基本內容。Stoughton 和 Josef Zechner（2006）將風險調整的經濟資本收益率作為風險管理的關鍵所在，並分析了基於經濟資本的資本配置和績效評估問題。

（2）利用資產或業務的邊際貢獻來配置經濟資本。Merton 和 Perold

（1993）提出在經濟資本配置時，可以利用邊際的方法進行，即邊際經濟資本，該法尤其適用於新增業務的風險管理和預算。Froot 和 Stein（1995）指出在資本配置過程中，金融機構的外部融資成本比較高，當其某項業務或資產對公司總體現金流的波動性有較大貢獻時，需要配置更多的資本。而 Christopher James（1996）則認為經濟資本配置的過程實際上是比較各部門間的內部資金成本，可以視為在內部資本市場上進行資本配置。Myers 和 Read（2001）提出了與 Merton 和 Perold（1993）的超邊際分析方法不同的配置原則：利用邊際違約期權的價值相等原則進行資本配置。Rainer Baule（2006）的研究結論與 Merton 等（1993）的類似，發現金融機構的資本配置可以基於邊際風險貢獻度的比較。不同的是，他在分析中借用了非合作博弈工具。

另外，Marvin（1996）認為，商業銀行的資本金主要用於防範總體風險，而且在資本配置中受到管理者風險厭惡程度的影響。商業銀行需要標準化、統一化經濟資本度量方法。Stern（1996）研究發現，資本配置主要用於如下一些情況：在不變的資本結構約束下，金融機構對未對沖過的、具有難以找到交易對手即流動性差的頭寸的資產進行管理。而 Chris Matten（2004）將三個資本概念（權益資本、經濟資本和監管資本）統一於一個分析框架，研究了三者在資本配置、資本結構戰略以及總量資本的確定方面的相互關係。Hall 和 Christopher（2002）對不同 EC 配置方法進行了比較，分析了其激勵約束的機制，並構建了基於經濟資本的全面風險管理架構。Kane 和 Andre Shih（2004）研究了一個適用於集團和業務單元層面的經濟資本配置策略，該方法的主要貢獻是經濟資本的動態配置。Simonson 和 Donald（1993）對資本金、準備金與預期損失、非預期損失之間的關係進行了準確分析，並認為，資本配置方法應根據業務或產品的風險形態的不同來選擇，並且每個業務單元的風險應該被準確度量和配置相應資本。

國內研究方面，彭建剛（2011）根據對風險、成本和收益三者之間關係的不同處理來劃分經濟資本配置的方式。楊繼光（2009）應用期權方法對商業銀行總體必要經濟資本測度分無存款保險、完全存款保險和部分存款保險三個方面進行了理論和實證研究，並以此衡量監管資本在商業銀行是否適度。周群（2004）構建了風險與收益制約下的資產配置模型，並通過遺傳算法求解，最後得到經濟資本的配置方案。陳林龍等（2001）認為，在基礎數據相對薄弱的階段，經濟資本配置難以發揮作用。武劍（2009）提出了三種資本配置方法：增量配置法、預期損失法和損失變化法，並認為內部評級是 ECM 的基礎。王炯（2009）探討了商業銀行經濟資本配置的思路，在動態配置的約束下，構建了動態配置模型，同時兼顧了代理問題下的激勵相容條件。

（四）國內外研究文獻的總體評述

經濟資本管理作為金融機構風險管理的新工具、新技術，最大的理論貢獻

在於突破了傳統的風險理念①，在將損失細分為預期損失、非預期損失和極端損失的基礎上，認為非預期損失才是金融機構需要且能夠管理的真正風險，並將其定義為經濟資本。而金融機構持有的最低資本金數量②必須能夠抵禦非預期損失。

從文獻來看，投資銀行經濟資本管理的研究文獻較少。史水齊（2008）、齊靠民（2009）對投資銀行經濟資本管理的研究文獻只是簡單的介紹和概念引入階段，並沒有區別對待投資銀行和商業銀行在業務結構、風險特徵以及監管資本方面的差異。另外，如果說 IOSCO 將 VaR 內部模型對風險的計算理念引入淨資本監管並作為市場風險資本測度模型，還只是隱含了經濟資本在投資銀行風險管理具有適用性的結論，那麼歐盟在 CRD II 明確了投資銀行監管資本的目的在於吸收其在正常的商業進程中的非預期損失③，就完全與經濟資本的定義一致。而且，國內申銀萬國證券課題組（2010）、朱懷鎮（2008）和奚勝田（2007，2008）對中國淨資本監管的理論及實證研究在對風險資本的定義上分別與 IOSCO 和歐盟的看法一致。

相對來說，國內外學者對商業銀行經濟資本管理的研究文獻則豐富得多，其中關於經濟資本度量的研究新進展主要體現在將一致性風險計量技術（如 CVaR）引入到經濟資本度量上，使得總體經濟資本度量滿足一致性原則。而經濟資本配置研究主要體現在對風險、成本以及收益關係的處理上，可以劃分為三種④：基於風險的經濟資本配置；基於風險和成本的經濟資本配置；基於風險和收益相統一的經濟資本配置。其中，基於 RAROC 的經濟資本配置方法同時考慮了風險、成本和盈利，有利於實現價值創造，成為經濟資本配置的主要方法。

綜上，目前沒有針對投資銀行特殊的資產負債結構、逐日盯市的會計制度安排以及表內外高槓桿經營特徵和對應的特殊風險的投資銀行經濟資本配置研究成果。現有研究沒有對投資銀行經濟資本管理是否適用進行有說服力的論證，對中國投資銀行淨資本監管有效性的評價文獻尚沒有反應 2007 年綜合治理后淨資本監管改革的新情況，對投資銀行如何在淨資本約束下建立經濟資本管理體系缺乏系統研究。

二、投資銀行的風險特徵與經濟資本管理

1. 高道德風險：經濟資本配置可以優化資產配置，抑制投資銀行激進的

---

① 傳統的風險理念將風險定義為損失的可能性，並未將預期損失分開，也沒有與資本金聯繫起來。

② 在前面概念界定基礎上，此資本金數量常常被稱為必要經濟資本，與可用經濟資本概念相對應。兩者的區別，將在文后第四章進行比較。

③ 該定義實際上既隱含了將損失劃分為預期損失和非預期損失，同時「正常的商業進程」也意味著不包括極端損失，而淨資本只是覆蓋非預期損失。

④ 彭建剛（2011）對這三種經濟資本配置方法進行了詳細的綜述。

風險文化

經濟資本配置有助於抑制投資銀行的道德風險，在高管、員工的薪酬與其為投行所帶來的風險之間實現真正的協同、一致，並反過來推動投資銀行的資產配置。具體來說，對於投資銀行高管，公司傳統上基於實現的會計收益（R）和成本（C）對其進行考核，如果引入經濟資本（EC），業績評估不僅要看事後的R和C，還要看公司為獲得R在事前承擔的風險——非預期損失的大小。具體來說，公司在進行業績考核時，參照的不再是管理者所貢獻的會計利潤（R-C），而是經濟利潤（R-C-EC）。其中，EC是投資銀行為實現收益R在機構層面所必須準備的經濟資本大小。顯然，高管的冒險行為會增大EC，從而減少其對投資銀行的經濟利潤貢獻，在收益R增長不會太顯著的情況下，這反而降低了其薪酬水平，從而起到抑制其道德風險的作用。關於基於經濟資本配置的投資銀行資產配置的內容，我們將在第三章進行研究。

2. 高槓桿風險：經濟資本配置可以作為（管理視角、監管視角）槓桿水平的標準

正如歐盟將淨資本在本質上等同於經濟資本一樣，投資銀行可以借助於經濟資本配置的資本金覆蓋非預期損失的風險管理理念、先進風險度量技術，使投資銀行的淨資本監管要求和內部的資本結構戰略有一個評價的標杆，並且將兩者統一到經濟資本配置的框架中，從理論上減少兩者不一致引起的效率損失；如果淨資本要求過高，投資銀行業因為承擔了過高的監管成本而降低行業的整體效率；如果淨資本監管要求過低，在內控制度失效的情況下，則可能出現行業性的風險承擔過度導致的系統性行業風險。關於基於經濟資本配置的投資銀行資本結構優化的內容，將在第四章進行研究。

三、投資銀行淨資本監管與經濟資本管理

（一）淨資本監管：投資銀行資本管理的外部防線

實際上，無論是美國的集團監管規則，還是始於危機期間的中國以淨資本為核心的合規監管體系，都可能走向了外部監管的兩端：過度寬鬆的外部監管形同虛設，過度嚴格的監管又抑制了行業創新。2004年的新淨資本規則本來可以使得美國證券和交易委員會借機監管投資銀行控股公司集團範圍內的資產支持證券及其頭寸風險，但事實上，美國證券和交易委員會並沒有很好地利用這個優勢。其監管計劃直至2005年才出抬，並且具體監管隊伍缺乏領導，人員職責不清，對已發現的問題麻痺大意。比如在貝爾斯登出事前，美國證券和交易委員會就已經發現貝爾斯登在次級貸款的抵押債券上集中度過高，但卻沒有要求貝爾斯登減少倉位；2007年起檢查形同虛設，根本就沒有起到防範和警示投資銀行集團流動性風險的作用。美林的資本槓桿率曾一度高達40比1，但美國證券和交易委員會對此也未有任何實質性的監管和警示動作。美國證券和交易委員會自己也承認，其在貝爾斯登出事前就已經發現了該公司過於集中的抵押證券投資、高槓桿率、對抵押支持證券的風險控制有弊病等問題，但卻

沒有採取任何「及時性糾正措施」，對造成金融危機有不可推卸的責任（朱小川，2009）。進一步來看，以維護金融穩定和安全為目標，以行政管理為手段的金融監管制度，雖然在減少金融風險、維護金融安全方面發揮了積極的作用，但是缺乏資本觀念、缺少資本金約束的淨資本監管同樣遏制了投資銀行的創新，損失了金融效率。這突出表現在：

（1）被監管者對資本監管表現出明顯的被動式管理特徵。資本配置方法可分為三種類型：完全被動型、半主動型和主動型。完全被動型監管是指被監管者計算出符合要求的資本，但是計算方法由監管者確定，而且監管者並不將其與被監管者的經營績效、業務差異相結合。半被動型是指被監管者在迎合資本監管要求的同時，在業務活動中，以淨資本耗用多少來設定發展目標，選擇資產組合，並以此為成本進行績效考核。而主動型是金融機構對每項業務、資產都進行明確的資本配置，並根據配置情況進行動態管理，對業務的負責人進行績效考核，形成各個部門之間的資本有效配置機制，從而提高總體的資本效益。顯然，中國投資銀行對待淨資本的態度尚處於合規管理階段，即表現出明顯的被動特徵。風險管理者的資本管理目標主要是滿足外部的淨資本監管要求，這容易造成資本管理的短期行為，且使投資銀行缺乏自身的內部資本配置技術。

（2）監管者方面，表現出單一性而非多重性的淨資本監管目標。由於金融機構破產的外部性，金融監管需要兼顧安全、效率和公眾利益這三個目標，並隨著經濟金融環境的變化，在不同時期對監管目標的選擇進行有所側重的調整。從中國投資銀行監管實際來看，資本不僅是防範風險的最后防線，更是投資銀行實現自身價值最大化的基礎，既有風險屬性，同樣不能忽視其收益的天性。由於沒有多重目標的資本管理約束，在嚴格的、單一化的監管目標下，投資銀行在公司治理、風險管理技術創新、產品創新與資產配置等方面都存在動力不足的特徵，而且大部分投資銀行的產權結構加劇了這一特徵。

（3）金融監管理念出現偏差，分類計算方法注重合規性而非技術合理性。中國投資銀行的監管重心也是合規監管，主要是對投資銀行執行有關政策、法律、法規等的情況實施監管。這些因素在評定投資銀行的風險度方面所占的權數也較大，如《證券公司分類監管規定》（2010年修訂），對投資銀行因違法違規行為應被監管部門處罰的扣分規定就達十余條，而對動態風險監控的監管相對少。這導致了國家對投資銀行的資本和資產質量、流動性、盈利性和風險管理水平等所進行的監管力度不大，忽視了監管的技術合理性。

（二）對商業銀行的兩道資本管理防線的考察

1. 外部資本管理防線：監管資本要求

1988年的《巴塞爾協議》是監管部門第一次嘗試以風險為基礎來定義資本充足率的國際性條約。該協議對表內及表外的信用風險設定了資本金，規定銀行持有的資本金數量至少是信用風險的風險加權資產的8%。在1995年，巴塞爾委員會對1988年的協議提出了一個修正案，要求金融機構的資本金既能

覆蓋市場風險，又能覆蓋信用風險。2004 年的《巴塞爾協議Ⅱ》基於三大支柱：最低資本金要求、監督審查過程和市場紀律。其中最低資本金要求仍然為風險加權資產的 8%，但風險加權資產的內容有所變化，增加了操作風險的資本金要求。John C. Hull（2009）認為上述監管資本要求的變化在於盡量使資本金覆蓋銀行的非預期損失[①]。根據《巴塞爾協議Ⅱ》中監管資本要求的計算公式「0.08×（信用風險加權資產+市場風險加權資產+操作風險加權資產）」商業銀行資本金應該覆蓋信用風險、市場風險和操作風險的非預期損失之和。需要注意的是，監管部門用以評判某家商業銀行是否持有符合監管資本要求的「資本金」不僅包括股權資本，還包括符合要求的長期次級債等風險較低的負債。附屬資本並非能真實地用於彌補虧損，將之納入「資本金」範疇，表明在監管部門意願的展望期內它還具有損失的緩衝功能。從這個層面上講，核心資本要求才是最可靠的非預期損失覆蓋指標。

2. 內部資本管理防線：經濟資本管理

經濟資本概念最初產生於信孚銀行 20 世紀 70 年代的實踐，並隨著銀行界的實踐和理論研究不斷得以發展。或許正因為 ECM 是商業銀行的內部資本管理工具，各家銀行在具體實施過程中並沒有形成監管資本要求那樣統一的規則，文獻對 EC 的定義也就不完全相同。劉宏海和金風（2008）將 EC 的定義歸納為五類：彌補非預期損失觀、風險測度說、持續經營觀、虛擬資本觀和 VAR 限額觀。筆者認為，從非預期損失管理的角度定義 EC 更貼切地反應了 ECM 的本質特徵，它是反應商業銀行覆蓋非預期損失所需資本金的指示器。非預期損失是一個統計學的概念，具有「時間性」和「容忍度」兩個統計特徵：「時間性」是指非預期損失發生在將來，而且其他條件不變的情形下時間越長不確定性因素越多、風險越高，即非預期損失的大小往往與時間成正比；「容忍度」特徵則是指市場主體依據自身的風險偏好而對發生非預期損失的概率要求即置信水平。相應地，EC 的界定需要指明展望期和置信水平這兩個參數。為此，本書對 EC 使用如下的定義：金融機構在一定的置信水平下能夠覆蓋指定的展望期內非預期損失所必須持有的最低資本金數量。如果說監管資本尚未明確其對非預期損失的覆蓋作用，而 EC 從概念上就直觀地反應了這一點。理論上，商業銀行在計算出非預期損失後應將實際持有的資本金與 EC 要求進行比較，前者較小時便需要調整資產組合以改變損失分佈或補充資本金。但實踐中，商業銀行也沒有明確規定 EC 要求所對應的「資本金」是否類似於監管資本要求中除了股權資本金之外的次級債等內容。

3. 兩道資本管理防線的比較

監管資本和經濟資本共同構成非預期損失的內外兩道資本管理防線，見圖 2.3。

[①] 關於監管資本和商業銀行非預期損失的關係，《巴塞爾協議》本身並沒有這方面的論述。8%的資本充足率要求可能是實踐的結果，而非理論的精確計算。

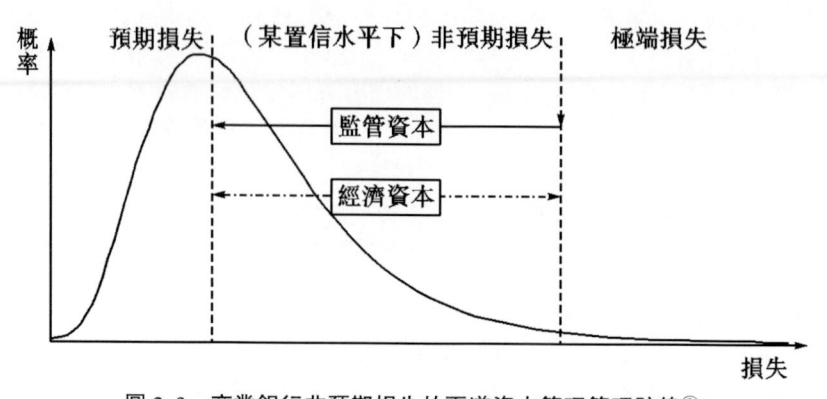

圖2.3　商業銀行非預期損失的兩道資本管理管理防線①
註：根據 John C. Hull（2009），David P. Belmont（2009）的文獻整理。

但兩者又存在如下差異：

（1）置信水平方面。監管資本要求是通過設定資本充足率（如：8%或目前更高的資本充足率）來實現覆蓋非預期損失這一目標的，而這樣的充足率標準所對應的置信水平是多高，《巴塞爾協議》並沒有確切地說明。經濟資本則由商業銀行在選擇置信水平後根據損失分佈計算而得，實踐中商業銀行所選擇的置信水平反應了各自的風險態度。

（2）涵蓋的風險範圍不同。監管資本要求從最初只涵蓋信用風險，現今擴展至涵蓋市場風險和操作風險。但有些銀行的經濟資本除了涵蓋這三種風險外還包括了戰略風險和聲譽風險（John C. Hull, 2009）。

（3）最終目標不同。監管當局之所以規定銀行持有的最低資本金，源於商業銀行破產具有負外部性，其破產容易引發系統性風險。因此，防範系統性風險可以視為監管資本要求的最終目標。經濟資本的最終目標是在經濟資本度量的基礎上，通過經濟資本配置，優化銀行資本資源在各業務間的分配和資產結構，最后實現價值最大化目標。

（4）管理主體的差異決定了兩者普適性範圍不同。監管資本的主體是監管當局，其適合的範圍也就是各國銀行的監管部門。而經濟資本的管理主體是微觀金融機構自身。其理念或方法的適用範圍就包括商業銀行等經營實體，是充分考慮了主體風險特性的內部風險管理方法。

需要注意的是，經濟資本是以銀行業務的內在風險大小為基礎的，既不取決於股東的資本金大小限制，也與監管部門一刀切的經濟資本計量方法不同。因此，經濟資本的內生性可以成為股東權益資本決策和監管部門資本考核的重要參考。彭建剛（2011）認為，經濟資本、帳面資本和監管資本在本質上是

---

① 目前，中國投資銀行的淨資本計算規則是在淨資產基礎上對資產分類進行一定程度的扣減，這種扣減可視為監管層面對投資銀行的預期損失進行扣除。

相同的，都是用來覆蓋商業銀行的非預期損失的，只是把握的角度和方法有區別。實證方面，楊繼光（2009）利用經濟資本作為中國商業銀行監管資本的適度性的評價標準，並進行了實證研究。其實證結果如下：儘管中國上市銀行大都滿足了 8%的法定最低監管資本要求，但從平均意義上來說，它們實際持有的監管資本仍低於根據其風險狀況應該提取的資本額度。這說明中國上市銀行提取的資本數量還難以完全緩衝其實際風險。

（三）投資銀行淨資本監管與經濟資本

無論投資銀行還是商業銀行，從外部監管者的角度來看，資本金充足性監管始終是其監管工作的重心。IOSCO 所倡導的基於 VaR 內部模型計算的市場風險資本與經濟資本只存在細微差異，而歐盟的定義則清楚表明投資銀行的淨資本就應該吸收其非預期損失，這便與經濟資本的定義完全一致。但是，相比於商業銀行而言，投資銀行的外部淨資本監管更難以符合金融機構的風險實際，這在於投資銀行的大部分傳統業務並不需要實質上地占用資金，因而估計其資本金需求變得更加困難。而經濟資本在風險管理理念上，不以業務的資金占用量作為風險度量的標準，而是以非預期損失的大小來衡量資本金的充足性。這種損失既可能是由資本型業務帶來的，也可能來自於非資金占用型業務所面臨的操作風險、法律風險等因素。在非資金占用型業務的風險管理上，投資銀行需要從機構層面進行虛擬的資本金配置，形成該業務的經營成本並納入到績效考核中。因此，監管部門可以借助於投資銀行實施經濟資本技術，來判斷淨資本要求是否適度以及如何優化淨資本監管指標等，從而積極引導投資銀行的風險承擔行為。

第四節　投資銀行風險管理體系：經濟資本管理、對沖和內部控制

前面我們分別從投資銀行經營與風險特徵、外部監管兩個角度論證了投資銀行經濟資本管理的適用性。顯然經濟資本管理不等於內部風險管理的全部①，后者還包括風險對沖和內部控制。

首先，對沖是金融機構最傳統又是發展最迅猛的風險管理方法之一，這可以從人類風險管理發展過程中得到證實。人類歷史在風險管理方面經歷了四次重大的發展（Steinherr，2003），依次是：分散化及抵押──→有限責任制和破產法──→創造可交易的工具和有組織市場的流動性──→衍生品與金融工程。

---

① 眾所周知，廣義的金融風險管理，從主體可以分為三個方面：金融機構的自身風險管理（或稱內部風險管理）、行業層面的自律管理和外部（政府或市場）監管。本研究從投資銀行自身的角度，研究如何構建投資銀行內部風險管理理論體系，並探討其在中國的應用。為了描述上的方便，后文提及投資銀行風險管理指狹義的投資銀行內部風險管理。

①分散化及抵押。從最早的時候起，企業家和銀行家依靠這兩種至今仍占據主導地位的方法來降低風險，而20世紀50年代資產組合理論的出現為分散化決策奠定了理論基礎。②有限責任制和破產法。有限責任制和破產保護一方面降低了企業家的投資風險，成為企業主經營活動的激勵因素；另一方面也將對風險管理的需求從借款人轉移到銀行。當然，這些創新已經成為現代市場經濟限制風險的制度性工具。③創造可交易的工具和有組織市場的流動性。資產持有者面臨的一個風險是當需要的時候卻不能將資產轉變成現金。因此當一個資產缺乏市場的時候，風險管理會有嚴重局限。另一個后果是人們對這樣的資產價值難以評估，並提供合理的供應。因此，可交易借款工具與所有權的發展和隨后有組織市場的發展是一個重大的進步，在有組織的市場上可以達成公平的價格。④衍生品與金融工程。運用衍生品對金融產品進行風險管理始於20世紀70年代，而20世紀90年代以來興起的金融工程是通過金融創新找到的對特定財務問題更好的解決方案。如果說第1階段——分散化是利用不同業務或投資項目的風險不完全正相關這一統計特徵進行自然對沖的話，第4個階段——衍生品和金融工程則為主體積極利用衍生品對沖風險提供了更加廣闊的選擇空間。可以說，相對於前者受困於系統性風險無法對沖的困擾，衍生品（比如：股指期貨）和金融工程的發展則為金融機構對沖系統性風險提供了技術解決方案。因此，無論考察風險管理的過去還是現在，對沖屬於金融機構在內的所有企業根據其風險偏好和市場條件等採取的內部風險管理方法之一，並居其戰術地位。

其次，對於投資銀行而言，其內部風險管理戰略（經濟資本管理）部署和戰術（對沖）實施的有效性依賴於完善的內部控制系統。一方面，完善的內部控制體系是投資銀行風險管理的實施基礎，為投行風險管理實踐的有效性提供保障。另一方面，從時間維度來看，經濟資本管理和對沖的實踐會使得公司的風險狀態發生變化，並反饋於內部控制系統，而且經濟資本配置又能直接作用於內部控制系統——為績效管理提供解決方案。因此，內部控制、經濟資本管理和對沖之間存在動態的互動關係，在靜態層面前者為后兩者提供實施基礎，在動態層面后兩者反饋於前者並使之趨於更加合理。因此，以投資銀行內部風險管理體系為研究主題，其內部控制系統的研究就不可或缺。

綜上，我們構建的投資銀行風險管理理論體系（見圖2.4）就包括三個方面：內部控制、經濟資本管理和對沖。值得提及的是，陳忠陽（2007）和Han（2008）先后明確指出這三者是金融機構風險管理的基本框架，這也印證了上述研究思路的合理性。

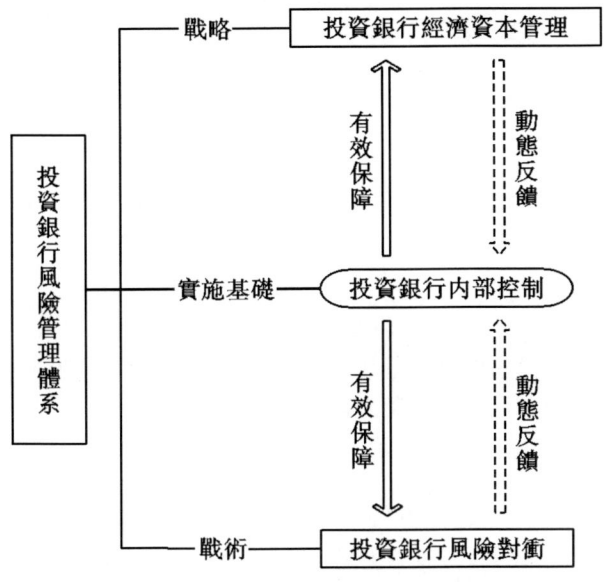

圖 2.4　現代投資銀行風險管理體系

第三章 投資銀行經濟資本管理的基本理論

前一章分別從內部風險管理、外部監管兩個角度論證了投資銀行經濟資本配置的適用性，並構建了投資銀行風險管理的基本框架：經濟資本管理、對沖和內部控制。本章則緊接著研究如何構建與投資銀行相適應的經濟資本管理體系及其經濟資本度量方法等基本理論。

首先，本章對投資銀行的三個資本概念進行比較，利用內部市場理論和資本結構理論簡要地分析經濟資本配置在投資銀行資產配置和資本結構優化中應用的理論基礎，在構建投資銀行的經濟資本管理體系的基礎上，提出基於雙重約束下的投資銀行資本配置原則。

其次，考慮到經濟資本度量是其配置的基礎性工作，為了后面著力研究投資銀行經濟資本配置，最后兩節對投資銀行的風險所需經濟資本度量進行了研究。目前，中國投資銀行的收入主要以服務收入為主，操作風險和市場風險是其主要風險，信用風險是其次要風險。因此，本章第三節、第三節分別就投資銀行操作風險和市場風險經濟資本度量進行研究。

第一節 投資銀行經濟資本管理體系

一、投資銀行三個資本概念的比較

前一章，我們對經濟資本、監管資本和權益資本三個概念進行了簡單的界定。為了后文分析的需要，這裡結合投資銀行就這三個資本概念進行更深一步的研究，尤其是對三者之間的關係進行深入分析。

（一）概念

1. 權益資本

投資銀行權益資本與商業銀行、非金融企業的資本相類似，是股東對控制權、淨資產要求權、收益權的代表。同時，財務部門不僅關注權益余額，還要考慮如何用現有的金融工具籌集資本，以確保股東價值最大化。儘管權益資本值可以直接從投資銀行的資產負債表上獲得，但其反應的是投資銀行實際擁有的資本水平，是過去經營活動的結果，具有靜態性，與其將來的風險狀況沒有

必然聯繫，也就無法代表其應該擁有的資本水平。但我們可以借助其與負債水平、資產風險大小等的比較，揭示股東承擔的破產風險狀況。因此權益資本值在投資銀行的風險管理中具有參考作用。

2. 淨資本

為了深入理解淨資本的概念，我們還可以進一步將其分為必要淨資本和可用淨資本。必要淨資本是指監管部門要求的最低淨資本，后者指投資銀行實際擁有的且符合監管部門需要的淨資本。當投資銀行的可用淨資本大於必要淨資本時，淨資本監管對投資銀行經營是一種軟約束，從監管角度看，投資銀行尚可提高風險資產的配置比重；反過來，當投資銀行風險資產過大，可用淨資本小於必要淨資本時，則其將面臨監管處罰的風險。因此，淨資本相對於帳面資本來說，雖然是帳面淨資產基礎上的調整值，但由於外部監管者的介入而與投資銀行內部風險管理決策緊密聯繫起來。

3. 經濟資本

該資本觀裡，把風險損失分為三種類型：預期損失（Expected Loss）、非預期損失（Unexpected Loss）與極端損失（Catastrophe Loss），見圖 3.1。而經濟資本所需要覆蓋的風險損失是非預期損失。

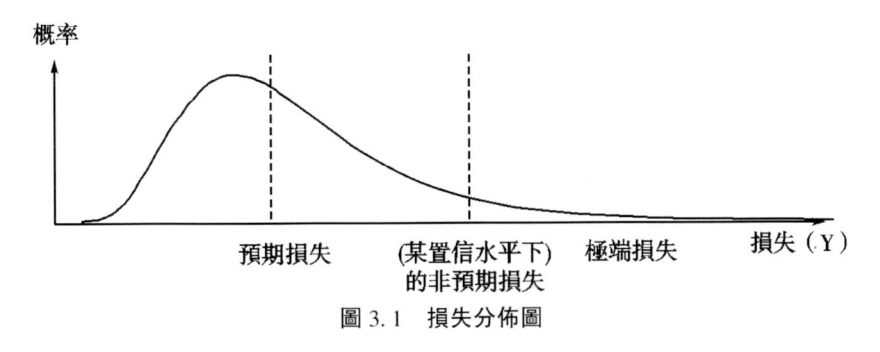

圖 3.1　損失分佈圖

（1）預期損失

風險管理者認為，該種風險由於可以提前預期，不構成真正的風險，只需要通過會計上計提風險準備來覆蓋，也就是把其作為成本（進而提高金融產品價格）來轉嫁。在中國，證監會在 2006 年發布的《證券公司風險控制指標管理辦法》明確規定了風險準備的計提標準①，並將其與淨資本建立對應關係，設立了如「淨資本與各項風險準備之和的比例不得低於 100%」等各項監管指標，使得各業務的風險準備均有對應的淨資本來支撐。

（2）非預期損失

經濟資本這一風險管理工具的目標是覆蓋非預期損失，即經濟資本是在一個給定的容忍度下，用來吸收所有風險帶來的非預期損失的資本（武劍，

---

① 從理論上講，風險準備計提標準的確定屬於投資銀行管理預期損失的內部風險管理方法。

2009）。按照風險形態，投資銀行的經濟資本又可以是市場風險、信用風險、操作風險等各種風險形態的非預期損失的匯總。相比較而言，經濟資本的風險屬性超過其資本屬性。

同時，需要注意的是，經濟資本概念容易與在險價值（Value at Risk, VaR）混淆。VaR是指資產在一定的置信水平下所面臨的最大損失值。比如，在95%的置信水平下，如果投資銀行持有的資產最大損失不超過X，則VaR=X。而經濟資本則需要扣除預期損失（設為L），相應的，該資產所需的經濟資本為X-L。因此，從大小關係上看，相同置信水平下，如果用VaR值代替經濟資本，會出現高估經濟資本的情況。下面給出兩者的數學公式：

如果Y表示隨機損失變量，Y的分佈函數為$F_Y(y)$。VaR指在給定的概率水平$\alpha \in (0, 1)$下的最大可能損失為：

$$P_r\{Y \leq VaR_\alpha(Y)\} = \alpha$$

即：

$$VaR_\alpha(Y) = F_Y^{-1}(\alpha)$$

或者：

$$VaR_\alpha(Y) = \min\{y \mid F_y(y) \geq \alpha\}$$

如果用VaR模型來刻畫經濟資本①，則經濟資本EC的數學表達為：

$$EC_\alpha(Y) = VaR_\alpha(Y) - E(Y)$$

其中E（Y）為期望損失。

正常情況下，實際損失只是處在平均值E（Y）附近，不會達到最大損失值$VaR_\alpha(Y)$的程度，只是在較小概率下才接近最大損失值。同時，平均損失值E（Y）是確定的（Y的分佈確定的情形）。但最大損失值$VaR_\alpha(Y)$則取決於置信水平α：相同分佈、相同預測期，置信水平α越高，$VaR_\alpha(Y)$越大。進而，經濟資本也是相對不確定的，與置信水平α成正比例關係。這意味著經濟資本作為風險管理的工具，具有一定主觀性，風險管理者的風險態度（表現在對α的選擇上）會影響經濟資本配置實踐。

（3）極端損失

從圖3.1可以看出，極端損失是超過置信水平下投資銀行資產最大損失之外的損失。對於極端損失來說，數學上可以通過其期望極端損失（通常稱為期望損失）來刻畫。Acebi和Tache（2001）提出了用ES來彌補VaR方法的不足：

$$ES_\alpha(Y) = \frac{1}{1-\alpha} \int_\alpha^1 VaR_x(Y)dx = E[Y \mid Y \geq VaR_\alpha(y)]$$

期望損失（Expected Shortfall, ES）可以看成是損失超過VaR後可能遭受的平均極端損失，即在最壞的1-α的極端損失發生情況下的平均損失值，所

---

① 測度經濟資本除了VaR模型，還可以用CVaR模型等方法，此處僅為清楚定義經濟資本與非預期損失、預期損失之間的關係，關於經濟資本測度方法的選擇，在后文論述。

以又把 ES 稱為 CVaR。因此 $CVaR_\alpha(Y) \geq VaR_\alpha(Y)$。因此，經濟資本的測度方法也常常使用 ES 來刻畫，如下：

$$EC_\alpha(Y) = CVaR_\alpha(Y) - E(Y)$$

（二）投資銀行不同資本的比較

1. 三者的區別

（1）具有不同的測算基礎。權益資本以財務會計作為基礎，是所報告時間點上的權益餘額，也是對投資銀行過去經營活動形成的客觀結果的反應。淨資本是在財務會計的權益資本基礎上，再進行簡化的行業一般性風險扣除，既反應過去經營成果，也在一定程度上揭示未來的潛在風險大小。經濟資本的測算本身則與權益資本沒有關係，取決於資產的風險分佈、管理者風險偏好（即置信水平的選擇）、考察時間窗口的長短（考察的時間越長，風險越大即經濟資本越大）等有關。但經濟資本在風險管理領域的應用還需要與權益資本大小進行比較：如果投資銀行的總體必要經濟資本大於權益資本，說明資本金沒有覆蓋非預期損失，投資銀行面臨破產風險。

（2）關注的主體不同。投資銀行的利益相關者包括股東、債務人、管理者、監管部門等，他們對待三種資本的態度不盡相同。股東關注的是投資銀行的價值最大化。必要淨資本是股東經營決策的外部約束，權益資本是其過去承擔風險的經營結果，而金融機構具有以風險換收益的特點決定了經濟資本是股東所應該重點關注的資本概念。監管部門主要考核投資銀行的淨資本是否符合監管要求。債務人往往關心投資銀行的償債能力及其可能的變化。但作為外部人往往面臨信息不對稱問題，其關注的資本主要基於權益資本的槓桿率大小、淨資本監管的滿足程度等。管理者基於在職薪酬最大化的考慮，往往在既定的權益資本下，追求高的財務槓桿。可見，不同利益相關者所關注的資本各有側重，根源於各自目標函數的不同。

（3）有不同的管理內容。權益資本的管理包括股東權益的維護（代表投票權、分紅權）、資本投融資決策、資本結構安排等有關的資本決策活動。淨資本的管理實際上包括監管部門的日常監測和投資銀行為滿足監管要求所進行的一系列資本結構調整、風險資產配置等活動。而經濟資本管理則更為複雜，不僅涉及投資銀行對不同業務、不同資產進行經濟資本測度，還包括根據可用經濟資本進行資產配置，以及如何根據對經濟資本的占用情況對各部門進行績效考核。

（4）有不同的精確度。權益資本的計算基於財務會計的客觀、真實性原則，是對出資人對投資銀行收益權的準確測度。相對而言，淨資本和經濟資本都與風險聯繫，測算過程中具有一定的主觀性。目前，中國淨資本的計算在權益資本基礎上，對所有投資銀行都採用較簡單的風險扣減方法，計算方法過於籠統，準確度較低。經濟資本則能更好地反應實際風險狀況以及相應的資本需求，精確度更高，對風險也更加敏感。也正因為如此，國內商業銀行正逐步採用經濟資本作為風險管理的主要手段。而相比之下投資銀行還處於傳統以滿足

淨資本要求為重點的合規管理階段，這種方式帶來的可能后果就是整個行業缺乏創新動力，出現系統性的資本過高或過低的極端狀態。

（5）有不同的風險覆蓋範圍。權益資本自身不與風險直接聯繫，也就不存在風險覆蓋的問題。中國對淨資本的計算，是在淨資產基礎上對原生金融資產、衍生金融資產、或有負債按不同比例進行扣減。而這些資產主要有市場風險、信用風險，但投資銀行還面臨較大的操作風險、法律風險等，並沒有被淨資本覆蓋。經濟資本能夠覆蓋的範圍更廣，理論上能夠借助於複雜的風險測度理論，測度投資銀行所面臨的市場風險、操作風險、信用風險等各種風險，只是現實中容易受到數據可獲得性的限制。

2. 三者的聯繫

（1）經濟資本可作為權益資本和淨資本的客觀標準。由於經濟資本是以投資銀行業務的內在風險大小為基礎的，既不受股東的資本金大小限制，也與監管部門一刀切的經濟資本計量方法不同。因此，經濟資本的內生性可以成為股東權益資本決策和監管部門淨資本考核的重要參考。通過比照經濟資本、權益資本以及淨資本的大小關係，風險管理者能夠認識到投資銀行自身可用的資本與實際風險所需要的資本有多大差距。把經濟資本作為換取收益所付出的「真正」成本，改變了傳統的風險—收益相適應理論中對成本的狹義認識。風險管理者對投資銀行經紀業務、資產管理服務等非資金占用型的風險管理有了更深的理解。

（2）權益資本高於淨資本、經濟資本。儘管靜態的權益資本數量不直接與投資銀行實際承擔的風險大小有關，但動態來看，投資銀行最後所承擔的非預期損失成為現實，最終還是需要權益資本來抵減，尤其是破產清償時股東也僅以權益資本為限。因此，投資銀行基於持續經營考慮，也會讓實際的權益資本不低於經濟資本。淨資本是經扣減后的權益資本淨值，所以后者肯定大於前者。而淨資本和經濟資本的大小關係取決於兩者對測度方法的選擇。

（3）經濟資本和淨資本具有內斂的可能性。淨資本和經濟資本都與風險相聯繫，都旨在防範投資銀行風險，只不過分屬於外部風險管理和內部風險管理範疇。但兩者目標的一致性決定了其有融合的可能。尤其是監管部門可以借助於經濟資本的精確度量方法，將淨資本計算和經濟資本配置統一起來。最為簡單的方式就是建立兩者的轉換系數，在經濟資本與淨資本之間建立聯繫。

二、投資銀行經濟資本配置理論基礎

（一）內部資本市場理論

內部資本市場理論在 20 世紀六七十年代被提出來（Alchian, 1969；Williamson, 1975）。其基本觀點是：由於企業與投資者之間存在較大的信息不對稱，因此外源性融資存在較大的成本，而企業（尤其是集團或事業部結構的企業）內部各個部門具有信息優勢和激勵的便利條件，於是大部分企業寧願通過內部資本調劑或配置替代外部融資的現象。該理論很好地解釋了企業兼併

浪潮。投資銀行同樣存在外部信息不對稱帶來的融資成本高的問題，尤其是在陷入流動性危機期間，這種外部融資幾乎變成不可能。於是，在有限的資本條件下，如何進行内部的資本優化配置變成投資銀行風險管理的重要内容。

根據内部資本市場理論的啓示，投資銀行内部資本市場要有效運作，需要解決以下幾個關鍵問題：①管理層必須能清楚地理解各個業務部門的風險和頭寸狀況，哪怕是本身不形成資產的經紀部門；②管理層與部門經理之間、部門經理與員工之間，不存在嚴重的内部代理問題，或者内部代理問題不及外部信息不對稱問題嚴重，否則該理論的前提條件就不存在了；③管理者有可以進行内部資金配置的可靠工具，比如能進行内部資金定價的方式以及基於内部資金價格的績效評價等。顯然，經濟資本作爲一種内部風險測度工具，可以成爲投資銀行進行資產配置的工具。

(二) 資本結構理論

Modigliani 和 Miller (1958) 提出了 MM 定理，其最大的貢獻不在於是否解釋了現實公司的資本結構現象，而是開創了資本結構理論研究的先河。根據 MM 定理，在完美世界裡（完全信息、不存在交易成本、無稅收等），公司負債結構與價值沒有關係。顯然，MM 定理作爲現實資本結構戰略分析的一個基準點，爲后來的權衡理論、啄序理論和代理成本理論提供了重要標杆。

由於存在信息不對稱和交易成本，公司的外部融資（債務融資、股權融資）存在成本差異。靜態來考慮，公司存在特定約束環境下的最優資本結構。動態來看，公司的融資成本會根據市場環境而變化，同時反應資金去向的公司資產又面臨風險變化。所以公司需要對資本結構進行動態調整，以使公司的資本金能覆蓋總體風險。在這一點上，經濟資本本質上就是風險的度量，而對投資銀行總體必要經濟資本的匯總，爲資本結構優化提供了新的思路。

三、投資銀行經濟資本管理

前面分析了美國五大投資銀行在危機期間的不同境遇，同時，2010 年美國的《金融監管改革法案》、2010 年的《巴塞爾協議Ⅲ》等金融改革都對金融機構的資本監管提出了比過去嚴格得多的監管要求。考慮到制度調整成本、可操作性等因素，改革設立了長達近十年的過渡期。因此，新的監管改革效果需要進一步觀察，目前進行評價爲時過早。

儘管美國淨資本監管框架始於 1934 年《證券交易法》的發布，時間上比 1988 年的《巴塞爾協議》早半個世紀，但我們從此次投資銀行的危機來看，以淨資本指標及其監管標準爲内容的投資銀行外部監管，並不能替代其自我約束機制的内部風險管理。但從另外一個角度來看，由於《巴塞爾協議Ⅲ》暫時沒有涉及投資銀行等非銀行金融機構，結果可能是銀行資本金監管要求不斷提高，銀行業出現整體的惜貸情況，資金價格上升，並隨著資本市場規模的不斷擴大，制度不但完善，融資成本將逐步降低，更多的企業可能逐步偏向於選擇直接融資來滿足資金需求，這反而可能刺激投資銀行業的風險承擔。

投資銀行作為影子銀行的重要成員之一，其在此次次貸危機中產生了關鍵的負面影響，並波及了整個金融體系和實體經濟。投行轉型方式不具有現實性，淨資本監管事實上也難以避免。因此，從風險管理角度來看，投資銀行業的風險及其如何管理的問題，可能還需要在投資銀行自身的風險管理體系完善上面下功夫。

（一）構建基於淨資本和經濟資本的投資銀行經濟資本管理框架

如前所述，彌補投資銀行損失的最后防線是其資本金的大小。投資銀行需真正覆蓋的風險是非預期損失。經濟資本作為度量、管理非預期損失的工具，可引入到投資銀行風險管理體系的建設上，如圖3.2所示。

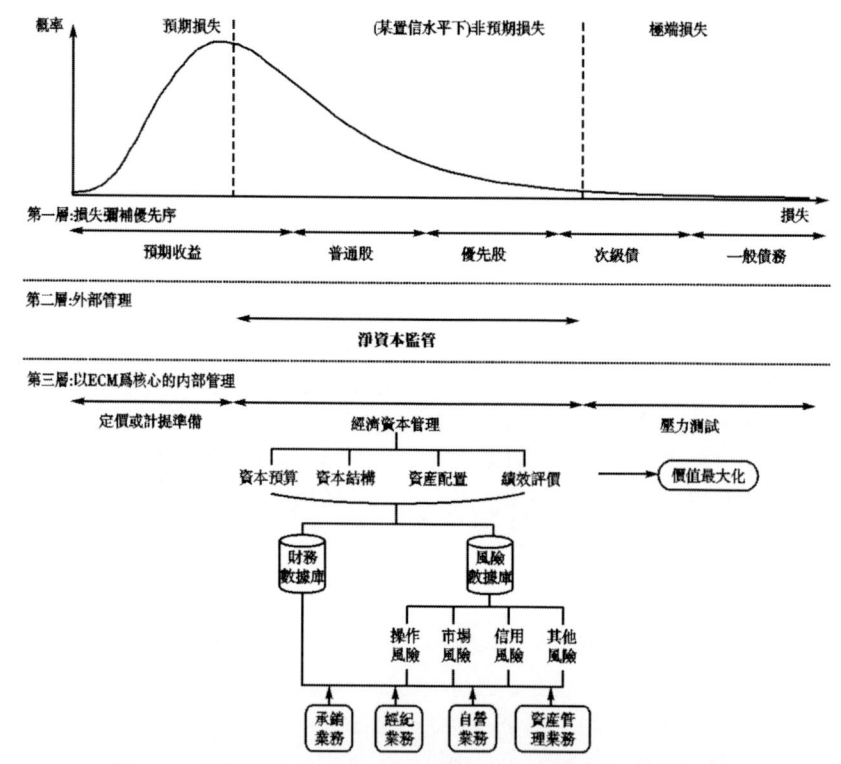

圖3.2 基於淨資本和經濟資本約束的投資銀行資本管理體系

在圖3.2中，投資銀行資本管理體系包括了三個層面：①第一層次為損失承擔的自然序，主要對應於權益資本；②第二層次為投資銀行的外部淨資本監管，主要目的是保障投資銀行的可持續經營和公眾利益；③第三層次則是以經濟資本管理、股東價值最大化為目標。

（二）投資銀行經濟資本配置的應用領域

基於非預期損失的ECM為現代投資銀行管理上述風險提供了可行方案，而投資銀行ECM是通過必要經濟資本、可用經濟資本和淨資本這三者及其相

互關係來得以實現的。我們先對這三者的概念及其關係作簡要描述。必要經濟資本是理論上投資銀行需要用來覆蓋非預期損失的資本量,可以從單個業務和機構層面計算。單個業務的必要經濟資本表示開展此業務所必須持有的最低股權數量,該數量與業務所需的資本金投入沒有直接的聯繫①;機構層面的必要經濟資本是在一定置信水平上保障投資銀行的債務人資金安全的最低股權資本數量。可用經濟資本是投資銀行現有的能夠用於抵禦非預期損失的實際可用資本。Belmont(2009)認為可以用資產負債表內與表外資產的市場價值或模型價值減去表內與表外負債的市場價值或模型價值來代替可用經濟資本。淨資本監管標準是監管當局從審慎性原則出發,為確保投資銀行的正常經營,要求其所必須持有的最低資本金。顯然,淨資本要求是投資銀行必須要達到的監管要求,是投資銀行日常經營活動必須滿足的,構成其經營活動的硬約束。② 而必要經濟資本則是從公司價值最大化角度,由風險管理者提出來的風險管理方法,相對前者而言,是投資銀行日常經營活動的軟約束。具體來說,針對前述兩個風險特徵,現代投資銀行經濟資本管理可用於以下幾個方面③:

1. 資產配置

在資金運用方面,基於經濟資本的資產配置戰略有助於防止投資銀行不計代價地超配資產。資產結構決定了風險結構,錯誤的資產配置導致其風險結構與資本結構的不匹配,就可能導致資本金風險。引入經濟資本概念前,對傳統服務業務,投資銀行只需要根據人力成本、設備投入和操作風險帶來的預期損失④等顯性成本,按照「成本-收益」原則,配置相應的資金並獲得服務費收入,此時業務的低資金占用型特點容易使投資銀行忽視資本金風險。但從經濟資本角度,這類業務的操作風險在一定置信水平上會帶來非預期損失,需要配置相匹配的資本金。但是,這些額外的資本金不應該實質性地分配到業務部門去,因為這類配置產生的費用由於其具有非預期性而在業務部門水平上是不可控的,是投資銀行整體水平上的一種成本,應該在機構層面進行「虛擬」配置。同樣,對於自營等高資金占用型業務,投資銀行不能只配置給自營部門所需要的顯性資金,也需要在機構層面配置相應的資本金防範市場風險形成的非預期損失。尤其是對衍生品等或有資產的投資,非預期損失可能通過槓桿成多倍放大,最后對資本金的侵蝕可能是巨大的。所以,投資銀行資產配置的過

---

① 比如經紀業務對資本金的要求低,但該業務中的操作風險誘發非預期損失,需要總行層面配置相應的股權資本。

② 嚴格上講,淨資本要求也有對應的可用淨資本和必要淨資本,可用淨資本是投資銀行按淨資本監管的計算方法算出的實際淨資本數量,必要淨資本是監管部門要求的最低淨資本數量。當后者大於前者時,這種硬性約束成為投資銀行經營活動的緊約束,投資銀行需要重新調整資產配置以滿足監管要求;反之,這種硬性約束只是非緊約束。

③ 該內容部分載於《證券業資本監管研究》(2011)。

④ 投資銀行的傳統服務業務存在的風險主要是操作風險,自營業務主要存在市場風險。這些風險的預期損失在會計上通過損失準備來反應。

程,不只是向業務部門分配資金的過程,更是一種機構層面的資本配置過程①,即將有限的股權資本金按照不同資產的風險特徵進行合理分配的過程。如果在既定的融資規模和融資結構下考慮這個問題,資本的優化配置反而構成投資銀行資產配置的約束,是投資銀行經營戰略的著力點。當必要經濟資本小於可用經濟資本時,資產配置應增加投資在高經濟資本回報率的潛在業務上;反之,高風險的投資銀行應放棄現有業務中較低經濟資本回報率的業務。通過這種資產和資本的雙重配置,投資銀行把價格強敏感性風險控制在資本金可以承受的範圍內,防止了其變現流動性枯竭。

2. 資本結構優化

首先,在資金來源方面,投資銀行通過實施基於經濟資本的資本結構優化戰略,可減少投資銀行負債融資時金融市場價格敏感性產生的不利影響。缺位的或者沒有充分考慮侵蝕資本金風險的資本結構,容易使投資銀行在業務擴張期負債融資比例過高,而負債融資渠道的強價格敏感性將使其在市場價格不利變動時破產概率進一步提高。將經濟資本引入投資銀行的資本結構戰略,平滑金融市場價格變化帶來槓桿率的被動波動,既可以避免過低的股權資本無法覆蓋非預期損失風險,又可以防範過高的股權資本增加其資本成本、沒有充分利用槓桿率的好處。投資銀行借助於 EC 來優化資本結構,需要基於機構層面。簡單地說,當必要經濟資本小於可用經濟資本時,意味著投資銀行的風險較低,投資銀行便可以通過發放更多的股票紅利、回購股票或者舉債來提高槓桿率;反之,投資銀行的風險較高,需增發新股,或者放棄較低經濟資本回報率的現有業務來提前償還部分債務,降低槓桿率水平。以 EC 為手段,投資銀行的資本結構變化始終以現有資本金足以覆蓋非預期損失為前提,這抑制了其在擴張期盲目地負債融資。

3. 績效考核

對於投資銀行高管,傳統上基於實現的會計收益 (R) 和成本 (C) 對其進行考核,並引入 EC。業績評估不僅要看事後的 R,C,還要看公司為獲得 R 在事前承擔的風險——非預期損失的大小。具體來說,業績考核時,參照的不再是管理者所貢獻的會計利潤 (R-C),而是經濟利潤 (R-C-EC)。② 其中,EC 是投資銀行為實現收益 R 在機構層面所必須準備的經濟資本大小。顯然,高管的冒險行為會增大 EC,從而減少其對投資銀行的經濟利潤貢獻,在收益 R 增長不會太顯著的情況下,這反而降低了其薪酬水平,從而起到抑制其道德風險的作用。③

---

① 因此,后文在表述上,並未對資本配置與資產配置加以嚴格區分。

② 經濟利潤的相對形式指標主要有 RORAC (Return on Risk-adjusted Capital),RAROC (Risk-adjusted Return on Capital)。本書採用的是絕對形式的 RORAC,其中 RORAC = (R-C) ÷ EC。

③ 此處只為說明投資銀行引入經濟資本管理的作用,關於業績評估的研究在此不展開論述。

需要注意的是，就有限責任保護下股東的道德風險問題，即不以保護債務安全為目的，冒險追求高槓桿下的高紅利、股利，即使經濟資本所倡導的重視非預期損失侵蝕資本金的理念有助於提高股東風險意識，但這種作用是有限的。以至於，韓世君（2010）認為，合夥制才是投資銀行最好的組織形式①。

（三）淨資本和經濟資本約束下投資銀行的資本配置原則

實際上，無論是外部的淨資本監管，還是內部的經濟資本配置，在風險管理的機理上都具有一定類似性：兩者都將資本看作需要合理配置的投資銀行所具有的稀缺資源。不同的是，兩者的約束性質存在差異。因此，從風險管理者角度，結合兩者約束性質的比較，我們可以得到投資銀行資本配置的一般原則。

（1）如果所計算出來的必要經濟資本>淨資本，即當淨資本約束是非緊約束時，淨資本監管標準過低，未能覆蓋投資銀行的真正非預期損失的大小。在此種情況下，投資銀行的資本配置活動應以經濟資本優先的原則進行配置。同時，監管者可以通過借鑑經濟資本的度量方法，提高監管指標的精確度和監管的有效性。

（2）反之，如果所計算出來的必要經濟資本<淨資本，即當淨資本約束是緊約束時，投資銀行只能按照淨資本監管的規定進行資本配置。這說明淨資本監管標準過高，儘管有效，但可能有損投資銀行經營效率（資本過度浪費，未享受槓桿的好處）。此時，投資銀行持有的資本金超過合意的資本金規模，這兩者之間的差額可以視為投資銀行為了滿足合規監管被迫繳納的監管稅。當然，投資銀行可以利用經濟資本配置重新調整資產結構，降低監管稅。

可見，理論上講，淨資本和經濟資本由於與風險聯繫，具有前面所說的內在收斂性。經濟資本可以為淨資本計量方法、監管標準設置提供參考。實際上，只有當兩者趨於一致時，無論政府還是投資銀行，才實現了有效率的監管和資產配置。不過，這種理想狀態需要雙方不斷協同，不斷進行糾錯式地相互學習，才可能趨於一致。商業銀行的內部模型法或許是比較好的協同機制。②

經濟資本管理包括經濟資本度量、經濟資本配置和應用等環節，其中經濟資本度量是基礎。下面第二節、第三節將分別對投資銀行所面臨的主要風險形態——操作風險、市場風險所需經濟資本度量方法展開研究，為后文經濟資本配置和應用奠定理論基礎。

---

① 本書認為，鑑於兩個風險特徵之間的主次、因果關係尚需詳細論證，而投資銀行的組織形式不在本書討論範圍之內。

② 實際上，IOSCO所倡導的投資銀行市場風險監管資本計量就是採用的內部VaR模型。只不過，其與經濟資本度量模型還存在差異。

第二節　投資銀行操作風險經濟資本度量

一、操作風險的不同界定

操作風險（Operation Risk）是一個古老的、伴隨著企業產生而存在的風險。選擇適當的操作風險定義是金融機構準確度量和管理操作風險的前提。操作風險的概念最早出現於 1992 年，但其只是對企業經營管理提出的一般性概念。① 當前國內外對操作風險的識別有狹義定義法、廣義定義法和介於它們之間的第三種定義法。

狹義定義法認為與金融機構營運相關的風險才算操作風險。1993 年，全球衍生品研究小組（Global Derivatives Study Group，GDSG）將操作風險定義為由控制和系統的不完善、人為錯誤、管理不當所導致損失的風險②。此定義從人員、操作流程和系統這三個方面界定了操作風險。1995 年，國際證券委員會組織（IOSCO, International Organization of Securities Commissions）認為操作風險是指因交易或管理系統操作不當或缺乏必需的后臺技術支持而引致的財務損失③。1998 年，在由國際商業機器公司（IBM）發起的全球操作風險論壇上，操作風險被定義為由客戶原因、設計不當的控制體系、控制系統失靈所導致的風險。由此可看出，狹義定義法的優點是把每個后臺部門的管理重點集中於其所面臨的風險上，但缺點是可能會使金融機構遭受一些未能預見的由外部事件帶來的損失。

廣義定義法的外延相當寬泛，把除市場風險和信用風險以外的其他所有風險認定為是操作風險。如全球風險專業人員協會（The Global Association of Risk Professionals，GARP）認為操作風險可分為操作戰略風險和操作失敗風險，操作戰略風險包括因政治、稅收、監管、政府、社會、競爭以及其他外部環境變化反應不當所導致的風險，操作失敗風險包括因人、過程和技術等因素所導致的風險。④ 由此可看出，廣義定義法的優點是能夠涵蓋除兩種主要風險外的剩餘損失，但缺點是涉及面太大，不利於對操作風險的度量和管理。

---

　① Committee of Sponsoring Organizations of the Treadway Commission. Internal Control Integrated Framework，1992.

　② The Global Derivatives Study Group，The Group of Thirty. Derivatives：Practices and Principles. Washington D. C.，1993.

　③ 國際證券委員會組織把證券公司所面對的風險劃分為市場風險、信用風險、流動性風險、操作風險、法律風險和系統風險六大類型。國際證券委員會組織，1995：《證券公司及其監管者的風險管理和控制指引》，轉引自《證券日報》（2003 年 8 月 21 日）。

　④ ALI SAMAD-KHAN. Developing an integrated approach for measuring and managing operational risk [J]. GARP Conference，2004（2）：57-59.

介於廣義和狹義之間的第三種定義是目前學界和金融實務界認可度較高的，其中最具代表性的是巴塞爾銀行監管委員會給出的定義。2004年，巴塞爾委員會經過多項重要修訂，將操作風險定義為因操作流程不完善、人為過失或系統故障，以及外部事件所造成的經濟損失。① 此定義排除了策略風險和聲譽風險，關注於內部操作、過程導向，以及包括政治、軍事、法律、監管等方面可控的外部事件和如自然災害等不可控的外部事件，並認為人員失誤起著重要的作用。中國銀監會把操作風險定義為由不完善或有問題的內部程序、系統、員工以及外部事件所造成損失的風險②，此定義在本質上與巴塞爾委員會的相一致。歐洲保險和職業年金監管委員會（Committee of European Insurance and Occupational Pensions Supervisors，CEIOPS）認為保險公司的操作風險除操作流程不完善、人為過錯和信息系統故障等原因導致的損失外，還應包括法律風險，但不包括聲譽風險和戰略風險。③ 可看出，這第三種定義法雖然得到廣泛的肯定，但缺點是對操作風險的界定範圍仍相對過廣，對損失事件的分類標準並不統一而難以歸類。

本書在上述三種定義的基礎上，對投資銀行的操作風險定義為：投資銀行在日常的操作與工作流程中會由於可控或不可控事件造成非預期損失，操作風險就是指可控事件所導致的直接或間接的、可以用貨幣衡量的潛在經濟損失，包括各種人員的不作為、管理程序的缺陷、系統的失靈以及外部事件等，但不包括自然災害等不可抗力事件以及無法用貨幣計量損失的可控事件。雖然與巴塞爾委員會的定義相比，我們所定義的操作風險相對縮小，但仍涵蓋了操作風險中的核心要素，並保持了定義與度量範圍的一致性，這有利於提高投資銀行對操作風險管理的針對性和有效性。

二、中國投資銀行操作風險暴露及特徵分析

中國投資銀行操作風險損失數據較商業銀行的更難收集。本書僅收集到30件國內外媒體公開報導的操作風險損失事件，時間跨度為1999—2009年，如表3-1所示。小樣本雖然會產生偏差，但下面的統計特徵分析也能說明一定的問題。

表3.1　　　　　投資銀行操作風險損失事件的分佈表

發生金額範圍（萬元）	發生次數（次）	所占比例（％）
0~100	16	53.33

---

① Basel Committee on Banking Supervision. The New Basel Capital Accord (CP2). 2001 (1): 1-55.
② 中國銀監會. 商業銀行操作風險管理指引. 2007.
③ CEIOPS. Advice for Level 2 Implementing Measures on Solveney II [M]. Assessment of Group Solvency, 2009 (10): 67.

表3.1(續)

發生金額範圍（萬元）	發生次數（次）	所占比例（%）
101~1,000	6	20.00
1,001~10,000	6	20.00
10,001~140,000	2	6.67

其中，單筆最小損失為4,500元，單筆最大損失為13.5億元，損失數據也具有「尖峰厚尾」的特徵。

按成因對中國投資銀行操作風險的分類如表3.2所示。

表3.2　　按成因對中國投資銀行操作風險的分類表

	內部因素			外部因素	
	制度類	失控類	詐欺類	詐欺類	其他類
發生次數（次）	3 (10.00%)	5 (16.67%)	20 (66.67%)	1 (3.33%)	1 (3.33%)
	總計28起			總計2起	
發生金額（萬元）	13.55 (0.01%)	397.95 (0.22%)	182,322.7 (99.58%)	290 (0.16%)	60 (0.03%)

表3.2顯示出，內部詐欺在操作風險發生數量和金額上佔有最大份額。

三、投資銀行操作風險經濟資本度量

（一）損失分佈法下操作風險的尾部風險度量

1. 損失分佈法概述

損失分佈法在量化操作風險資本的高級計量法中，是一種重要和應用廣泛的方法，是一種數據驅動方法。根據巴塞爾委員會的定義，損失分佈法是指在對操作損失事件的損失頻率和損失強度進行假設的基礎上，對業務線/損失事件類型矩陣中的每一類操作損失的複合分佈分別進行估計，進而計算得到某一時期一定置信度下該類型操作風險價值的方法。① 可表述如下：

總的損失是 n 個隨機事件所對應的操作風險 $X_1, \cdots, X_n$（假設 X_i 是獨立同分佈的隨機變量）的加總（L）：

$$L = X_1 + X_2 + \cdots + X_n \tag{3.1}$$

其中 n 為損失頻率，X_i 為損失強度。

一般而言，損失強度和損失頻率之間的關係是未知的，但極值理論中的

---

① Basel Committee on Banking Supervision. Consultative Document: the New Basel Capital Accord. 2004.

POT 模型卻能提供出性質良好的處理途徑。① 特別是 POT 模型能夠以簡明的解析方法合併處理損失強度和損失頻率，從而獲得總的損失的尾部估計。這樣不僅能夠降低直接模擬帶來的計算成本，還能減少模擬誤差。因為模擬誤差一般來源於對兩類分佈的假設與真實分佈之間的差異，差異常常在模擬中被放大。由於金融機構需要額外關注發生次數少但帶來損失巨大的操作風險損失事件，所以借助於極值理論是種較好的選擇。此方法的結果是依據一定置信度得到的，且隨時間的變化而動態變化，因此能客觀、有效地反應出金融機構特有的風險特徵。

2. 損失強度分佈

（1）極值理論概述

極值理論是次序統計理論的一個分支。1923 年和 1928 年 Dodd 和 Fisher 分別開始研究極值理論，1943 年 Gendendo 建立了極值定理，1955 年 Jenkinson 在極值風險研究中採用了極值理論。接著極值理論被越來越廣泛地應用於自然科學領域，並逐漸延伸至金融領域。它是分析物理過程的一種技術，描述了大量同分佈樣本極限值的統計特徵，可以有效處理小概率事件和外部衝擊所引起的大損失。它的研究只針對分佈的尾部而非整個分佈，所以是一種在極端條件下描述尾部特徵的方法。它在自然學科及工程研究領域有較為廣泛的應用，如水文勘查和氣象預測等。②

操作風險損失事件的發生頻率低而產生的損失大。對於這種具有厚尾特徵的分佈，若採用傳統的標準方差模型來計算 VaR 值必然會導致低估損失。而極值理論法則有著得天獨厚的優勢，因為分佈的尾部體現出的是潛在的災難性風險事件所引發的極端損失。極值理論法以樣本中極端數據的極限定理為基礎，允許僅對損失分佈的高分位點進行參數估計，並不要求像其他統計方法一樣假設出整個損失的分佈形狀，即極值理論法能夠根據樣本的極端值在總體分佈未知的情況下，有針對性地擬合出損失的尾部分佈。所以將極值理論用於度量金融機構的操作風險是一種合適的方法。

（2）次序統計量

定義 x 為操作風險損失的金額，x 是獨立同分佈的，都來自同一個總體分佈函數 $F(x)$。現將 x 進行由大到小的排序，得到 $x_1 \geq x_2 \geq \cdots \geq x_n$，$x_1$，$x_2$，$\cdots$，$x_n$ 是 n 個隨機變量，則稱 $(x_1, x_2, \cdots, x_n)$ 為次序統計量，x_i 為第 i 個次序統計量，令 $W(x) = \max\{x_1 \geq x_2, \cdots, x_n\}$，則 $W(x)$ 為極值分佈函數。$F(x)$ 與 $W(x)$ 之間的關係如下：

$$W(x) = \Pr(x_1 \leq x, \cdots, x_n \leq x)$$
$$= \Pr(x_1 \leq x) \times \cdots \times \Pr(x_n \leq x)$$

---

① REISS R, THOMAS M. Statistical Analysis of Extreme Values from Insurance, Finance, Hydrology and Other Fields [M]. 2ed edtion. Basel: Birkhauser Verlag, 2001.

② 謝盛榮. 序列極值理論導引 [M]. 重慶：重慶出版社，1993.

$$= [F(x)]^n \qquad (3.2)$$

由公式（3.2）理論上可得到極值分佈函數。但由於總體分佈函數 $F(x)$ 是未知的，所以可考慮通過樣本中的極端數據得到當 $n \to \infty$ 時 $[F(x)]^n$ 的漸近分佈。

極值理論法一般有兩類，一類為 Fisher-Tippett 定理，指極大值序列的漸近分佈收斂於廣義極值分佈（Generalized Extreme-value Distribution，GEV），包括 Gumbell、Frechet 和 Weibull 分佈。這種方法考慮到損失事件的發生時間，被稱為 BMM（Block Maxima Methods）模型，針對塊最大值建模。另一類指超過某一閾值后的樣本服從廣義帕累托分佈，這種方法被稱為 POT（Peaks over Threshold）模型，專門把超過較大閾值的數據作為樣本來建模，但忽略損失事件的發生時間。在實際應用中，POT 模型能夠較為有效地使用數量有限的極端樣本值，而成為公認較好的度量操作風險損失極值的方法。下面就詳細介紹本章要用到的 POT 模型。

基於點過程法的 POT（Peaks over Threshold）模型選擇位於某一較大閾值（Threshold）之上的損失數據進行研究，是對數據進行廣義帕累托分佈（Generalized Pareto Distribution，GPD）擬合的技術。它忽略操作損失事件的發生時間，能夠充分利用有限的極端數據建模。

x 為操作風險損失的金額，獨立同分佈，來自同一個總體分佈函數 $F(x)$。對於置信度 p（即是大數，非顯著性水平那個小數，$P(x \leq VaR) = p$），p-th 的分位數為：

$$x_p = F^{-1}(p) \qquad (3.3)$$

即：

$$VaR_p = F^{-1}(p) \qquad (3.4)$$

其中，F^{-1} 是分佈函數 $F(x)$ 的反函數。

定義損失數據 x 超過閾值 x_M 的條件分佈函數為 $F_{x_u}(y)$（其中 $y = x - x_M$，表示超額損失；M 為超過閾值的損失數據的個數），也將其稱為閾值 x_M 的超額損失分佈，表示為：

$$F_{x_u}(y) = P\{x - x_M \leq y \mid x > x_M\} = \frac{F(x_M + y) - F(x_M)}{1 - F(x_M)} \qquad (3.5)$$

$$\Rightarrow F(x) = F_{x_u}(y)[1 - F(x_M)] + F(x_M) \quad x \geq x_M \qquad (3.6)$$

根據 Pickands（1975）、Balkama 和 de Haan（1974）的定理，某一較高閾值超出值的極限分佈可以用 GPD 來模擬，其分佈具有厚尾特徵。若存在大於零的常數 a_{x_u} 和 b_{x_u}，使得當閾值 x_M 取較大值時，$F_{x_u}(a_{x_u} + b_{x_u})$ 具有連續的極限分佈，那麼：

$$\lim_{x_u \to x_*} \sup_{0 \leq y \leq x_* - x_u} |F_{x_u}(y) - G_{\lambda, \eta(x_u)}(y)| = 0 \qquad (3.7)$$

那麼超額損失 y 的累積分佈函數用 GPD 分佈函數可表示為：

$$G_{\lambda,\eta}(y) = \begin{cases} 1 - \left(1 + \xi\dfrac{y}{\eta}\right)^{-1/\lambda}, & \lambda \neq 0, \ \eta > 0, \ 1 + \lambda\dfrac{y}{\eta} > 0 \\ 1 - \exp\left(-\dfrac{y}{\eta}\right), & \lambda = 0, \ \eta > 0 \end{cases} \quad (3.8)$$

其中，λ 是 GPD 分佈的尾部參數（Tail Parameter），決定尾部的消失速度。λ 越大，則尾部越厚，反之越薄。當 $\lambda \geq 0$ 時，$y \in [0, \infty)$；當 $\lambda < 0$ 時，$y \in (0, -\eta/\lambda]$。若一分佈的尾部參數 $\lambda = 0$，該分佈為正態分佈、對數正態分佈或指數分佈等；若一分佈的 $\lambda > 0$，則表明該分佈具有厚尾特徵。

η 是尺度參數。當 $\eta = 1$ 時，該分佈為廣義帕累托分佈的標準形式，由三種互不相交的子類型分佈構成：

指數分佈：
$$G_0(y) = 1 - e^{-y} \quad x > 0 \quad (3.9)$$

Pareto 分佈：
$$G_{1,\lambda}(y) = 1 - x^{-1/\lambda} \quad \lambda > 0, \ x \geq 1 \quad (3.10)$$

Weibull 分佈：
$$G_{2,\lambda}(y) = 1 - (-x)^{-1/\lambda} \quad \lambda < 0, \ -1 \leq x \leq 0 \quad (3.11)$$

$G_{\lambda,\eta}(y)$ 的密度函數為：
$$g_{\lambda,\eta}(y) = \frac{1}{\eta}\left(1 + \lambda\frac{y}{\eta}\right)^{-1/\lambda - 1} \quad (3.12)$$

隨著閾值 x_M 逐漸提高，$F_{x_M}(y)$ 逐漸收斂於 $G_{\lambda,\eta}(y)$，即：
$$F_{x_M}(y) \approx G_{\lambda,\eta(x_M)}(y) \quad (3.13)$$

其中參數 λ 和 η 的取值依賴於 x_M 的大小。

可以得到超過閾值 x_M 的尾部分佈：
$$F(x_M + y) = F(x_M) + (1 - F(x_M))G_{\lambda,\eta}(y) \quad (3.14)$$

3. 損失頻率分佈的說明與操作風險監管資本的度量

對於低頻的操作風險極端損失來說，頻率的估計往往較難處理。有研究表明當閾值足夠大時，超過閾值的超額損失會近似收斂於泊松分佈[①]。這裡設收集到的損失數據的樣本總數為 n，大於閾值 x_M 的操作風險損失次數為 M，損失頻率分佈 $F(x_M)$ 的估計能夠通過 $(n-M)/n$ 得到。

因此，$\lambda \neq 0$ 時，公式（3.14）可變為：
$$F(x_M + y) = \left(1 - \frac{M}{n}\right) + \frac{M}{n}\left[1 - \left(1 + \lambda\frac{y}{\eta}\right)^{-1/\lambda}\right] \quad (3.15)$$

尾部參數 λ 和尺度參數 η 的估計值可通過在給定閾值 x_M 下的極大似然函數 $\prod_{i=1}^{n} g(y_i)$ 來估計。

---

① MCNEIL A, FREY R, EMBRECHTS P. Quantitative Risk Management: Concepts, Techniques and Tools [M]. Princeton: Princeton University Press, 2005.

在 $\lambda \neq 0$ 時，由分佈函數尾部數據的估計得到：

$$\hat{F}(x_M + y) = 1 - \frac{M}{n}\left(1 + \hat{\lambda}\frac{y}{\hat{\eta}}\right)^{-1/\hat{\lambda}} \quad (3.16)$$

則在 $\lambda \neq 0$ 時，賦予指定的置信度 p，則可得到 VaR 的估計值：

$$\hat{VaR}_p = x_M + \left\{\left[\frac{n}{M}(1-p)\right]^{-\hat{\lambda}} - 1\right\} \quad (3.17)$$

巴塞爾委員會規定在計算銀行操作風險監管資本時，要求涵蓋操作風險的期望損失和非期望損失，除非銀行有理由說明自己的期望損失已經得到很好的處理。[①] 如果通過風險緩釋手段已經規避了期望損失，那麼操作風險的監管資本為非預期損失，即 VaR 和 EL 的差。

4. POT 模型閾值的確定

POT 模型能夠直接處理操作風險損失數據的尾部，只依據真實的歷史損失數據來選擇分佈函數。但金融機構運用 POT 模型來度量操作風險時，需要滿足兩個條件：一是需要有一定的歷史損失數據，以便能精確估計出參數；二是需要設定合理的高閾值。也就是說，在 POT 模型下，度量結果很可能會出現良莠不齊的情況。因為如果閾值取得太高，那麼能夠被取入模型的損失數據樣本點就會因為很少而無法建模，導致估計的偏差很大；而如果閾值取得太低，就會因為把不屬於分佈尾部的樣本點當作是尾部的數據而進入模型，這就不能展現 POT 模型的優勢，導致不相合的估計。因此，在實際的度量操作風險的應用中，閾值的確定是個非常關鍵問題，它決定了 POT 模型擬合操作風險損失分佈的近似程度。國內外的很多學者（Hans, 2004; Stelios, 2005; Brooks, 2005; 田宏偉，等，2000）都在研究閾值的選取問題，但仍然沒有就採用哪種方法選取的閾值結果最優而達成一致。目前使用較為頻繁的閾值確定法有平均超額圖法、Hill 圖法、峰度法以及擬合優度法，下面逐一進行介紹。

（1）常見的閾值確定法

①平均超額圖法：

由平均超額函數 $e(x_M) = E(x - x_M | x > x_M)$，可以得到：

$$e(x_M) = \frac{\eta + \lambda x_M}{1 - \lambda} \quad \eta + \lambda x_M > 0 \quad (3.18)$$

$e(x_M)$ 可通過樣本的平均超額函數進行估計，得到：

$$e(x_M) = \sum_{i=1}^{n}(x_i - x_M)^+ / N_{x_u} \quad (3.19)$$

其中，N_{x_u} 為超過閾值 x_M 的樣本個數。當 $x_i > x_M$ 時，$(x_i - x_M)^+ = x_i - x_M$；當 $x_i \leq x_M$ 時，$(x_i - x_M)^+ = 0$。對於超過閾值 x_M 的樣本，函數曲線會出現明顯的線性

[①] Basel Committee on Banking Supervision. International Convergence of Capital Measurement and Capital Standards, A Revised Framework-comprehensive Version [M]. Switzerland: Bank for International Settlements, 2006.

變化：當斜率為正時，樣本數據服從 GPD 分佈；當成為水平線時，樣本數據服從指數分佈；當斜率為負時，樣本數據的尾部較薄。我們通過上述斜率的變化就能夠確定樣本的閾值。但對於函數曲線是否趨於線性，則需要在觀察圖形的基礎上借助於經驗來判斷。

②Hill 圖法：

尾部指數的 Hill 統計量為：

$$\hat{\alpha} = \left(\frac{1}{M} \sum_{i=1}^{M} \ln \frac{x_i}{x_{M+1}} \right)^{-1}, \quad x_i > x_{M+1} \tag{3.20}$$

將 x_i 作為第 i 個降序樣本統計量，閾值為 x_M，臨界樣本的序號為 M。以 M 作為橫軸，以 $\hat{\alpha}$ 作為縱軸，進行畫圖從而得到 Hill 圖（點 $\{(M, \alpha), 1 \leq M \leq n-1\}$ 的集合）。Hill 圖中穩定區域的起點所對應的數值即可確定為閾值。當然，何時進入穩定區域則需要借助於觀察圖形和經驗判斷，具有一定的人為主觀性。

③峰度法：

峰度法是通過計算樣本峰度來選取閾值的方法。樣本峰度為：

$$K_n = \frac{\frac{1}{n} \sum_{i=1}^{n} (x_i - \mu_n)^4}{(S_n^2)^2} \tag{3.21}$$

其中，$S_n^2 = \frac{1}{n-1} \sum_{i=1}^{n} (x_i - \mu_n)^2$，$\mu_n = \frac{1}{n} \sum_{i=1}^{n} x_i$。那麼當 $K_n \geq 3$ 時，把令 $(x_i - \mu_n)^2$ 最大的 x_i 刪除，重複直至 $K_n < 3$ 為止。然後從剩餘的樣本中選取最大的 x_i，此值便可作為閾值。峰度法雖然計算簡便，但並沒有嚴格的理論支持。

④擬合優度法：

擬合優度法的原理為：由於超過閾值的樣本的超額值的條件分佈服從廣義帕累托分佈，所以最優的閾值便是使超額值的條件分佈最接近 GPD 的值。所以，先按一定標準確定多個閾值，把超過閾值的超額值看作一個新的序列，構造 Pearson-χ^2 統計量：

$$\chi^2 = \sum_{i=1}^{N} \frac{(N_i - np_i)^2}{np_i} \tag{3.22}$$

公式（3.22）表示了理論頻數與實際頻數間的差別。此統計量的值越小，分佈的置信度就會越高，擬合效果就會越好，對應的閾值也越佳。

（2）基於變點理論的閾值確定法

鑒於閾值確定的方法仍處於探索研究過程中，下面我們利用變點理論，把閾值所在的位置精確地定位出來，進而把閾值定量地計算出來，從而在確定閾值這個非常重要的環節時避免僅靠肉眼和經驗來判斷的弊端。具體思路為：先

確定損失數據是否具有厚尾分佈，然后根據形狀參數的 Hill 估計 $\hat{\alpha}$ 畫出 Hilll 圖，接著採用變點理論，尋找 Hill 圖中 $\hat{\alpha}$ 出現相對穩定區域的起始位置 d^*，則 d^* 位置所對應的損失金額，就是閾值 x_M。

①變點理論的適用性：

在自然界、社會、經濟等問題的研究中，常常出現系統的輸出序列在某未知時刻（或位置）發生突然變化，這一點即稱為變點（Chang Point）。變點統計分析的目的是判斷和檢驗變點的存在、位置、個數，並估計出變點的躍度。我們可以將前、後數據的均值、概率分佈或模型參數發生顯著改變的時刻稱為均值、概率或模型參數的變點。①

Hill 圖曲線的表現形態通常具有如下特徵②：首先是曲線劇烈變化，如快速拉升或急遽下降，或反覆性的劇烈變化，然后進入某區域或跨過某點后，突然變化減緩，並最終逐漸趨於穩定。曲線開始由非穩定變化轉為穩定變化會出現在某一點（或區域）的前后，該突然轉變的點就是變點。而變點的出現往往說明，該點（或區域）前后的數據具有不同的結構和不同的特性。Hill 圖曲線中的非穩定區域與穩定區域的分界點就是所謂的閾值。因此，對確定閾值而言，至關重要的就是準確地定位出變點所屬區域和位置。在變點位置附近，其斜率變化會表現得比較顯著，然而斜率之差反應的只是該點兩側斜率的變化幅度，分析的是斜率的變化情況，所以必須結合斜率局部加（減）速變化最大來進行分析。因為形狀參數 α 在其斜率加速度達到最大值之前，往往是沿著某類直線或曲線移動的；而 α 在其斜率加速度越過最大值之后，會開始轉向，變為沿著另一類直線或曲線運動。因此，通過確認曲線斜率變化的加（減）速度局部極大值，就能夠對變點（即閾值）所在的位置進行確定。在等間距的情況下，斜率變化幅度的二階差分反應了斜率的變化率。因此，如果結合一階差分最大值找到最接近曲線穩定區域的二階差分最大值所處的區域，那麼就找到了變點所在的區間，就可以確定 α 從何處開始進入穩定狀態。再用類似於求分組數據眾數的方法，便能夠對變點的位置進行準確定位，將其換算為所對應的損失金額，這個金額對應的就是要確定的閾值。

②基於變點理論確定閾值的算法：

用變點對閾值進行確定的具體算法：

A. 由於超過閾值的樣本數的間距是相等的，我們將閾值探索點序列定義為 $d_j (j = 1, 2, \cdots, M - 1)$，每個點所對應的 Hill 估計值為 α_j。

B. 計算探索點前、后周圍曲線的斜率（即探索點前、后各若干數據點的

---

① 葉五一，繆柏其，譚常春. 基於分位點迴歸模型變點檢測的金融傳染分析 [J]. 數量經濟技術經濟研究，2007 (10).

② S RESNICK, C STARICA. Smoothing the Hill estimator [J]. Applied Probability, 1997 (29): 271-293. C SOUSA. A contribution to the estimation of the tail index of heavy-tailed distributions [D]. Michigan: The University of Michigan, 2002.

線性迴歸系數）時，需考慮以各探索點為中心的滑動窗口。迴歸系數的取值會受到參加迴歸的數據點數 l 的多少的影響，所以在構造滑動窗口時，需要在探索點前、後各取 l 個數據點。同時，在較小的距離內，曲線會近似成直線，所以 l 的取值不能太大，因此這裡分別設置 $l = 2，3，4$，從而構成三組滑動窗口。在滑動窗口中，可從線性迴歸探索點 d_j 前（或左）的 l 個數據點，得到迴歸系數 $\beta_{before}^{(l)}(d_j)$；用同樣的方法，可從線性迴歸探索點 d_j 后（或右）的 l 個數據點，得到迴歸系數 $\beta_{after}^{(l)}(d_j)$。可以發現，$l = 2$ 時，得到的迴歸系數能夠較好地反應出局部的斜率性態，但卻由於隨機性較大而不能較完整地反應出整體的斜率性態。$l = 4$ 時，雖然得到的迴歸系數能夠較完整地反應出整體的斜率性態，統計意義較強，但卻不能較好地反應出局部的斜率性態。$l = 3$ 時算出的迴歸系數性態則介於二者之間，故應當更注重 $l = 4$ 時迴歸系數的結果。因此，將 $l = 2，3，4$ 時計算出的 $\beta_{before}^{(l)}(d_j)$ 和 $\beta_{after}^{(l)}(d_j)$ 進行加權平均時，權重取 l^2，即：

$$\bar{\beta}_{before}(d_j) = \frac{\sum_{l=2}^{4} l^2 \cdot \beta_{before}^{(l)}(d_j)}{\sum_{l=2}^{4} l^2} \quad (3.23)$$

$$\bar{\beta}_{after}(d_j) = \frac{\sum_{l=2}^{4} l^2 \cdot \beta_{after}^{(l)}(d_j)}{\sum_{l=2}^{4} l^2} \quad (3.24)$$

C. 對每個探索點 d_j，將 d_j 點前后曲線斜率的改變量記為 $\Delta S(d_j)$，即一階差分：

$$\Delta S(d_j) = \bar{\beta}_{after}(d_j) - \bar{\beta}_{before}(d_j) \quad (3.25)$$

D. 將得到的 $\Delta S(d_j)$ 序列再進行計算，得到其二階差分，即：

$$\Delta^2 S(d_j) = \Delta S(d_{j-1}) - \Delta S(d_j) \quad (3.26)$$

E. 找到序列的 $\Delta^2 S(d_j)$ 的最大值所對應的區間 (d_{j-1}, d_j)，這即為變點所在的區域。根據其前后相鄰區間 (d_{j-2}, d_{j-1})、(d_j, d_{j+1}) 和對應的值 $\Delta^2 S(d_{j-1})$，$\Delta^2 S(d_{j+1})$，用與分組數據眾數類似的方法進行線性內插，則可精確定位到變點 d^* 的位置。

F. 再由變點 d^* 的精確位置，以 d_{j-1}，d_j 與 d^* 的距離為權重，便得到閾值的精確值。

我們可通過 Visual C++編程實現以上算法。

5. POT 模型參數的估計

在用變點理論確定好 POT 模型的閾值后，下一步需要對參數 λ 和 η 進行估計。參數估計的方法中，極大似然估計法（MLE）得到廣泛的認可，特別是當 $\lambda > 0$ 時，其估計效果更佳。但在數據出現異常值的情況下，MLE 法通常

又是缺乏定量的穩健性的。由於在極值分佈尾部指數估計中出現的小誤差就足以導致結果發生大的偏差①，為得到更穩健的估計量，我們採用平方誤差積分（Integrated Squared Error，ISE）法來對 POT 模型中的參數進行估計。ISE 法與極大似然估計法相比具有更良好的穩健性。下面分別對 MLE 法和 ISE 法進行介紹。

（1）用 MLE 法估計參數

$G_{\lambda,\eta}(y)$ 的密度函數 $g_{\lambda,\eta}(y)$ 可擴展為：

$$g_{\lambda,\eta}(y) = \begin{cases} \dfrac{1}{\eta}\left(1+\lambda\dfrac{y}{\eta}\right)^{-\frac{1}{\lambda}-1}, & \lambda \neq 0 \\ \dfrac{1}{\eta}e^{-\frac{y}{\lambda}}, & \lambda = 0 \end{cases} \quad (3.27)$$

超額損失 y 的對數似然函數為：

$$L(\lambda,\eta|y) = \begin{cases} -n\ln\eta - \left(1+\dfrac{1}{\lambda}\right)\sum_{i=1}^{n}\ln\left(1+\dfrac{\lambda}{\eta}y_i\right), & \lambda \neq 0 \\ -n\ln\eta - \dfrac{1}{\eta}\sum_{i=1}^{n}y_i, & \lambda = 0 \end{cases} \quad (3.28)$$

下面用公式（3.28）求極大值，就可得到參數 λ 和 η 的估計值。

（2）用 ISE 法估計參數

基於平方誤差積分的最小距離估計準則最早由 Terrel（1990）提出。② 經證明此準則具有一致性和漸近正態性。③ 其準確性損失不大，得到的參數誤差更加小，結果更為穩定。

使用以平方誤差積分為基礎的最小距離估計準則，能夠得到適合的參數 $\hat{\theta}$ 使得密度函數 $f(\cdot|\theta)$ 最接近於真實未知的密度函數 f，公式表述如下：

$$\hat{\theta} = \arg\min_{\theta}\left[\int(f(y|\theta)-f(y))^2 dy\right] \quad (3.29)$$

對一個具有參數 θ 的分佈函數 $F(\cdot|\theta)$，也可以表述為：

$$\hat{\theta} = \arg\min_{\theta}\left\{\sum[F(y|\theta)-F(y)]^2\right\} \quad (3.30)$$

針對所採用的 POT 模型，在閾值 x_M 已確定的情況下，在得出實際超額損失數據分佈的條件概率後，就可運用上述準則來擬出參數估計值。$F_{x_u}(y)$ 為超額損失 y 的分佈，$G_{\lambda,\eta}(y)$ 為近似累積分佈函數，公式（3.30）可變為：

---

① BRAZAUSKAS V, SERFLING R. Robust and efficient estimation of the tail index of a single-parameter Pareto distribution [J]. NorthAmer Actuar, 2000 (4): 12-27.

② TERREL G. Linear density estimates, Proceedings of the Statistical Computing Section [J]. American Statistical Association, 1994 (1990): 297-302.

③ Hjort N L. Minimum L_2 and robust Kullback-Leibler estimation. Proceedings of the 12th Prague Conference on Information Theory, 1993 (3): 102-105. SCOTT D W. Parametric modeling by minimum L_2 error [M]. Houston: Rice University, 1998.

$$\hat{\theta} = \arg\min_{\theta}\left\{\sum [G_{\lambda,\eta}(y) - F_{x_u}(y)]^2\right\}$$
$$= \arg\min_{\lambda,\eta}\left\{\sum\left[1 - \left(1 + \lambda\frac{y}{\eta}\right)^{-1/\lambda} - F_{x_u}(y)\right]^2\right\} \quad (3.31)$$

涉及權重，則為：

$$\hat{\theta} = \arg\min_{\lambda,\eta}\left\{\sum\omega\cdot\left[1 - \left(1 + \lambda\frac{y}{\eta}\right)^{-1/\lambda} - F_{x_u}(y)\right]^2\right\} \quad (3.32)$$

在其他信息匱乏的情況下，我們在選取權函數時採用了經驗估計的方法。損失數據的順序統計量為 $x_1 \geq x_2 \geq \cdots \geq x_n$，超額損失的順序統計量為 $y_1 \geq y_2 \geq \cdots \geq y_{M-1}$，則 y_i 的分佈的經驗估計為：

$$\hat{F}(y_i) = \frac{M-i}{M-1}, \quad y_{i-1} < y < y_i \quad (3.33)$$

公式（3.32）可化為：

$$\hat{\theta} = \arg\min_{\lambda,\eta}\left\{\sum_{i=1}^{M-1}\frac{M-i}{M-1}\cdot\left[1 - \left(1 + \lambda\frac{y_i}{\eta}\right)^{-1/\lambda} - F_{x_u}(y)\right]^2\right\} \quad (3.34)$$

對（3.34）式分別求 λ 和 η 的偏導，並使之等於零就可以得到其最小值。以上方法的實現可通過 Visual C++編程來實現。

（二）基於 MCMC 模擬的貝葉斯法下操作風險的度量

中國投資銀行建立的時間相對不長、長期忽視操作風險、引起操作風險的損失事件具有一定隱密性，導致有效歷史損失數據嚴重不足。而在操作風險歷史損失數據不充分的條件下，我們無法採用極大似然估計等傳統的方法獲得參數的無偏后驗估計。因此，如何在小樣本條件下實現對操作風險的有效度量是研究的關鍵問題之一。借助先驗信息，貝葉斯法能夠有效降低對評估樣本的需求，因而能夠較好地解決統計分析中數據量匱乏和數據不完整的難題，在小樣本推斷分析裡的優勢十分明顯。所以，本部分就採用貝葉斯法的思路對操作風險的度量進行探討。

1. 貝葉斯法概述

貝葉斯分析是由英國學者托馬斯·貝葉斯（Thomas Bayes，1702—1761）提出的歸納推理方法。它基於樣本信息和先驗信息進行統計推斷，已經在經濟管理領域和自然科學領域獲得相對比較廣泛的應用。[1] 貝葉斯法是用概率分佈去描述總體分佈中的未知參數 μ 的情況。此概率分佈就是在抽樣前關於 μ 的先驗信息的先驗分佈（Prior Distribution）。貝葉斯法即基於先驗信息用概率分佈來衡量對某不確定事件的真實性的相信程度。

（1）貝葉斯公式

若 A 和 B 為兩個隨機事件，根據概率論，可以得到如下的貝葉斯公式：

---

[1] THOMAS BAYES. An essay towards solving a Problem in the Doctrine of Chances [J]. Philosophical Transactions of the Royal Society of London, 1763（53）：370.

$$P(B|A) = \frac{P(A|B) \cdot P(B)}{P(A)} \tag{3.35}$$

其中 $P(A) > 0$。若 x 為樣本，μ 為根據 x 進行估計的隨機變量，則由公式（3.35），可得下式：

$$\pi(\mu|x) = \frac{P(x|\mu) \cdot \pi(\mu)}{P(x)} \tag{3.36}$$

這裡，$\pi(\mu)$ 為根據參數 μ 的先驗信息確定的先驗分佈，$\pi(\mu|x)$ 為參數 μ 的后驗分佈，$P(x|\mu)$ 為抽樣分佈的密度函數，$P(x)$ 為 x 的邊緣密度函數。

從公式（3.36）中可看到，后驗分佈 $\pi(\mu|x)$ 融合了總體、樣本和先驗分佈。所以可以說，貝葉斯法充分利用了全部與參數相關的已知信息，即：

先驗信息+總體分佈信息+樣本信息⇒后驗分佈信息

（2）先驗分佈

在貝葉斯法中，確定適當的先驗分佈是個關鍵的問題。由於先驗信息是基於經驗判斷、主觀感覺、歷史信息以及理論知識得到的非數據信息，所以至今還沒有公認的先驗分佈確定方法。當前主要的先驗分佈包括共軛先驗、無信息先驗、非參數先驗、功效先驗和多層先驗等。下面主要介紹應用最為頻繁的共軛先驗和無信息先驗。

① 共軛先驗：

共軛先驗指選擇的先驗分佈 $\pi(\mu)$ 和由抽樣信息所得的后驗分佈 $\pi(\mu|x)$ 具有相同的類型。如對於二項分佈：

$$P(x=k|\mu) = \binom{n}{k} \mu^k (1-\mu)^{n-k} \tag{3.37}$$

若取 $Beta(a, b)$ 為先驗分佈，則后驗分佈密度為：

$$\pi(\mu|x) \propto \pi(\mu) p(x|\mu) \propto \mu^{a+k-1}(1-\mu)^{n+b-k-1} \tag{3.38}$$

可見，后驗分佈也是 Beta 分佈，所以 Beta 分佈是二項分佈的共軛分佈。一般而言，泊松分佈和指數分佈的共軛為伽馬分佈，二項分佈和負二項分佈的共軛為貝塔分佈，正態分佈的共軛為正態分佈或逆正態分佈，伽馬分佈的共軛為伽馬分佈等，具體見表 3.3。

表 3.3　　　　　　　　　**各分佈的共軛先驗**

分佈類別	共軛先驗
$N(\mu, \sigma^2)$，方差已知	$\mu \sim N(\mu_0, \sigma_0^2)$
$N(\mu, \sigma^2)$，方差未知	$1/\sigma^2 \sim Ga(\alpha_0, \lambda_0)$
$B(n, \theta)$	$\theta \sim Beta(a_0, b_0)$
$P(\lambda)$	$\lambda \sim Ga(\alpha_0, \lambda_0)$
$Ga(\alpha, \lambda)$，α 已知	$\lambda \sim Ga(\alpha_0, \lambda_0)$

②無信息先驗：

無信息先驗指只知道除參數的取值範圍和在總體分佈中的地位等少量信息，或在無任何信息的情況下，所構建的先驗，也被稱為模糊先驗。一般採用貝葉斯假設，將先驗分佈規定為參數取值範圍內的均勻分佈：

$$\pi(\mu) = \begin{cases} c & \mu \in \Theta \\ 0 & \mu \notin \Theta \end{cases} \tag{3.39}$$

無信息先驗儘管並非真正意義上的分佈而且不唯一，卻較少對結果產生比較重大的影響，通常使用 Jeffreys' 先驗，具體見表 3.4。

表 3.4　　　　　　　　各分佈的 Jeffreys' 先驗

分佈類別	Jeffreys' 先驗
$N(\mu, \sigma^2)$，μ 已知	$1/\sigma^2$
$N(\mu, \sigma^2)$	$1/\sigma^2$
$N(\mu, 1)$	μ 為常數
$B(n, \theta)$	$\theta^{-1/2}(1-\theta)^{-1/2}$

③ 多層先驗：

採用多層先驗可以增加估計的穩定性。當先驗分佈中的超參數較難確定時，可將某一先驗分佈分配給超參數，那麼這個分配給超參數的先驗分佈就是超先驗分佈。超先驗分佈與先驗分佈所構成的新先驗即為多層先驗分佈。

對於參數為 μ 的先驗分佈 $\pi_1(\mu|\alpha)$，其中的未知參數 α 為超參數。對 α 規定先驗分佈 $\pi_2(\lambda)$，就能得到多層先驗的形式：

$$\pi(\mu) = \int \pi_1(\mu|\alpha) \cdot \pi_2(\lambda) d\lambda \tag{3.40}$$

其中，第二步先驗更加重要，因為第二步先驗的正確性會影響到第一步先驗的結果。但由於超參數通常是難以被觀察到的，人們用主觀經驗或歷史數據得到第二個先驗分佈有一定困難，所以用無信息先驗分佈是一種較好的方法。這可根據 Jeffreys' 原則或不變測度原則進行確定。

（3）后驗分佈

在貝葉斯法中，參數估計是需要基於后驗分佈的，因此后驗分佈至關重要。貝葉斯法的計算大致分為兩類，一類適用於簡單且維數低的后驗分佈，直接通過后驗分佈就能夠得到后驗均值的估計值，可用直接抽樣、篩選抽樣等方法。另一類適用於高維、複雜、難以通過抽樣得到結果的后驗分佈，這類就只能用 MCMC 方法來解決計算困難的問題。

$P(x)$ 為與參數 μ 無關，僅起正則化因子的作用，所以可表示為如下等價形式：

$$\pi(\mu|x) \propto P(x|\mu) \cdot \pi(\mu) \tag{3.41}$$

這裡，$P(x|\mu) \cdot \pi(\mu)$ 是后驗分佈的核。可看出，根據 $P(x|\mu)$ 的性質就能確定常數因子 $P(x)$。

如果核為常用分佈的核時，不通過計算複雜的積分就能夠得到 $P(x)$，屬於上面提到的第一類。具體常用分佈的核見表3.5。

表3.5　　　　　　　　　　　常用分佈的核

分佈類別	核
$N(\mu, \sigma^2)$	$\exp\left[-\dfrac{(x-\mu)^2}{\sigma^2}\right]$
$Ga(\alpha, \lambda)$	$x^{\alpha-1}e^{-x}$
$Be(a, b)$	$x^{a-b}(1-x)^{a-1}$
$B(n, \theta)$	$\theta^x(1-\theta)^{n-x}$
$P(\lambda)$	$\lambda^x e^{-\lambda}$

但通常情況下，核並不是常用的分佈，也沒有顯式表達式，並且具有較高的維數，屬於上面提到的第二類。所以貝葉斯分析的本質就是計算后驗分佈的各階矩，即某一函數的高維積分：

$$E[\mu(q)|x] = \int_q \mu(q)P(q|x)dq \qquad (3.42)$$

2. MCMC 模擬

在理論上，如果模型的先驗分佈和似然函數已知，后驗分佈就能夠得到。但高維積分運算在求解參數的后驗分佈時必不可少。雖然這是個非常複雜的數值計算難題，但隨著馬爾科夫鏈蒙特卡羅（Markov Chain Monte Carlo，MCMC）模擬方法和 WinBUGS（Bayesian Inference Using Gibbs Sampling）軟件的應用，此難題得到了很好的解決。MCMC 方法被認為是解決複雜高維積分的理想方法。以 MCMC 模擬為基礎的貝葉斯推斷把貝葉斯理論、MCMC 方法以及非線性時間序列加以融合，過程包括確定先驗分佈、得到似然函數核、推斷后驗條件分佈、選擇 MCMC 抽樣方法和模型、診斷鏈的收斂性等。這裡每個過程的選擇結果均會在很大程度上決定模型的最終結果。下面對 MCMC 方法進行介紹。

（1）MCMC 模擬概述

基於貝葉斯推斷原理的 MCMC 方法是一種特殊的蒙特卡羅方法。它把馬爾科夫過程引入蒙特卡羅模擬中，通過提供待估參數后驗分佈的抽樣方法，產生后驗分佈的樣本，以得到邊緣分佈和后驗分佈的矩。其基本思想是假定有一個目標分佈 $\pi(x)$（Target Distribution），如果 $\pi(x)$ 足夠複雜而無法直接進行抽樣，可以採取一定的方法來間接獲取，即構造非週期性、不可約的馬爾科夫鏈（Markov Chains）樣本路徑，被估參數的值就是馬爾科夫鏈的狀態空間，被估

參數的后驗分佈就是馬爾科夫鏈的極限分佈。在通過充分迭代以至馬爾科夫鏈達到足夠長時，該鏈會不再依賴於原始狀態，收斂於某平穩的目標分佈。刪除初始測試期階段的 n 個狀態，剩餘的鏈可被視為來自目標后驗分佈的獨立樣本，后驗分佈的重要特徵即可推斷出。①

MCMC 模擬的具體過程為：令 u 是來自目標分佈 $\pi(u)$ 的隨機變量，$u^{(t)}$ 表示獨立的第 t 次抽樣點，由分佈 $f(u)$ 的抽樣均值可得到總體均值。均值用下式進行估算：

$$E[f(u)] \approx \frac{1}{n}\sum_{i=1}^{n} f(u^{(t)}) \qquad (3.43)$$

若需要產生 $\{u^{(0)}, u^{(1)}, u^{(2)}, \cdots, u^{(t)}\}$，那麼在任意 $t \geq 0$ 時，$u^{(t+1)}$ 會來自於對 $p(u^{(t+1)}|u^{(t)})$ 的抽樣。它不依賴於歷史狀態 $\{u^{(0)}, u^{(1)}, u^{(2)}, \cdots, u^{(t-1)}\}$，只依賴於當前狀態，若是如此，則稱 $P(\cdot|\cdot)$ 是轉移核。在給定初始狀態 $u^{(0)}$ 而沒有 $\{u^{(1)}, u^{(2)}, \cdots, u^{(t-1)}\}$ 信息的情況下，可令 $u^{(t)}$ 的分佈為 $p^{(t)}(u^{(t+1)}|u^{(0)})$。如果無論 $u^{(0)}$ 取何值，$P^{(t)}(u^{(t+1)}|u^{(0)})$ 都最終收斂於唯一的分佈，此分佈不依賴於初始狀態，那麼稱此分佈為平穩分佈。即雖然初始狀態 $u^{(0)}$ 不同，但經過充分迭代後皆處於收斂狀態，即形成了馬爾科夫鏈，那麼各時刻 $u^{(t)}$ 的邊際分佈可被視為平穩分佈 $\pi(u)$。表示如下：

$$p(u^{(t+1)} \in A | u^{(0)}, \cdots, u^{(t)}) = p(u^{(t+1)} \in A | u^{(t)}) \qquad (3.44)$$

其中 A 表示 $u^{(t)}$ 的狀態空間。

若經過 n 次迭代，發現在第 m 次迭代后才出現平穩分佈，則需要剔除非平穩的邊際分佈。用 $(n-m)$ 個迭代結果進行估計，公式（3.44）變成下式：

$$E[f(u)] \approx \frac{1}{n-m}\sum_{i=m+1}^{n} f(u^{(t)}) \qquad (3.45)$$

經過遍歷平均，可認為 $\hat{f} \to E[f(u)]$，轉移核 $P(\cdot|\cdot)$ 能夠使 $\pi(u)$ 為平穩分佈。

（2）Gibbs 抽樣

有很多種方法來構造不同的轉移核，大部分採用 Metropolis-Hastings 等的方法為模式。② 而這眾多方法中，最簡單也應用得最廣泛的就是 Gibbs 抽樣。通過對各個參數的邊緣分佈函數逐個取樣和估計，可以使模型的估計難度大幅降低。

具體算法如下：令 $u = (u_1, u_2, \cdots, u_n)$ 是 n 維隨機變量，各隨機變量的邊緣分佈分別為 $f_1, f_2, \cdots, f_n$。給定其他變量，

---

① CHIB NARDARI F, SHEPHARD N. Markov Chain Monte Carlo Methods for Stochastic Volatility Models [J]. Journal of Econometrics, 2002 (108): 24-35.

② METROPOLIS N, ROSENBLUTH A W, ROSENBLUTH M N. Equations of State Calculations by Fast Computing Machines [J]. Journal of Chemical Physics, 1953 (21): 105-134.

$f(u_j|u_1, \cdots, u_{j-1}, u_{j+1}, \cdots, u_n)$ 代表全條件分佈密度。給定初始向量 $u^{(0)}$ = $(u_1^{(0)}, \cdots, u_n^{(0)})$，在 $f(u_1|u_2^{(0)}, \cdots, u_n^{(0)})$ 中抽取樣本 $u_1^{(1)}$；在 $f(u_2|u_1^{(0)}, u_3^{(0)}, \cdots, u_n^{(0)})$ 中抽取樣本 $u_2^{(1)}$；在 $f(u_j|u_1^{(0)}, \cdots, u_{j-1}^{(0)}, u_{j+1}^{(0)}, \cdots, u_n^{(0)})$ 中抽取樣本 $u_j^{(1)}$；最終在 $f(u_n|u_1^{(1)}, u_2^{(1)}, \cdots, u_{n-1}^{(1)})$ 中抽取樣本 $u_n^{(1)}$。這樣就完成了一次迭代過程，實現從 $u^{(0)}$ 向 $u^{(1)} = (u_1^{(1)}, \cdots, u_n^{(1)})$ 的轉移。

經過 t 次迭代可以得到 $u^{(t)} = (u_1^{(t)}, \cdots, u_n^{(t)})$，最后得到 $u^{(1)}, u^{(2)}, \cdots, u^{(t)}$。這樣，當 $t \to \infty$ 時，馬爾科夫鏈經過了充分的迭代，在各時刻的邊際分佈成為平穩分佈時，它就是收斂的，收斂后的迭代值可被看作是樣本的仿真觀測點。若發現在第 m 次迭代后才出現平穩分佈，則對 $E[f(u)]$ 進行估計時需要把前 m 個迭代剔除，也可得到公式 3.45。

由上述說明可知，為解決直接通過多元分佈生成樣本帶來的潛在難題，Gibbs 抽樣是能夠將多元分佈的蒙特卡洛運算簡化至一元來運算的。

(3) WinBUGS 軟件

若採用 Gibbs 抽樣的 MCMC 方法模擬估計參數的后驗分佈，用手工計算是相當複雜的。但隨著 WinBUGS 軟件的應用，部分不足之處就得到瞭解決。WinBUGS（Bayesian Inference Using Gibbs Sampling）是英國劍橋公共衛生研究所的 MRC Biostatistics Unit 研發的，專門用 MCMC 方法來進行貝葉斯推斷的軟件。這款軟件能夠快捷地對複雜的模型以及分佈進行 Gibbs 抽樣。其可以用有向圖模型（Directed Graphical mModel）來直觀描述，得到參數的 Gibbs 抽樣動態圖；並用 Smoothing 方法估計出后驗分佈的核度估計圖、抽樣值的自相關圖、均數，以及置信區間的變化圖，從而使得抽樣結果會更加直觀和可靠。同時，當 Gibbs 抽樣收斂后，能夠輕鬆地得到參數后驗分佈的標準差、均數、中位數、置信區間和 DIC（Deviance Information Criterion）信息。

採用 WinBUGS 軟件來模擬時，需要進行以下五個步驟：

①編寫程序。程序的編寫過程包括構建模型、導入數據、設置參數的初始值三個步驟。具體為構建出貝葉斯推斷模型、設定好各參數的先驗分佈、確定各參數之間的關係、導入數據以及給定各參數的起始值。

②執行程序。執行程序包括檢查語法、編譯模型、載入初始值。

③監控參數，是指設定所需要的參數。

④迭代，是指設置足夠大的迭代次數，以使馬爾科夫鏈能夠達到平穩狀態。

⑤得到結果，是指剔除不穩定的部分而選擇穩定的結果，以得到各參數的后驗分佈抽樣仿真結果。

綜上所述，基於 MCMC 模擬的貝葉斯推斷流程如圖 3.3 所示。

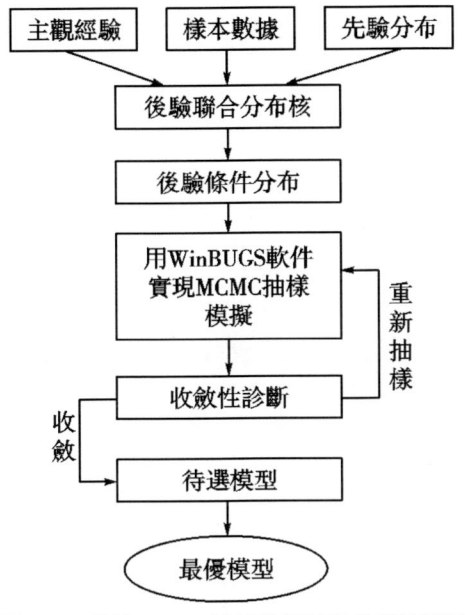

圖 3.3　基於 MCMC 模擬的貝葉斯推斷流程圖

3. 模型的假定與說明
（1）度量模型的構建
要對操作風險監管資本進行度量，需要用離散分佈來對頻率維度進行評估，同時要用連續分佈來對強度維度進行評估，從而獲得操作風險總和的損失分佈（Alexander, 2003）。因而在一定的置信水平下，最大可能的損失就是操作風險的在險價值（VaR）。若操作風險損失事件發生的強度是來自總體分佈為 $f(x_t|\alpha)$ 的簡單隨機樣本，若發生的頻率是來自總體分佈 $f(n_t|\beta)$ 的簡單隨機樣本，那麼操作風險總和損失分佈的似然函數可表示如下：

$$L(x, n|\alpha, \beta) = \prod [\prod f(x|\alpha)] f(n|\beta) \quad (3.46)$$

Pareto 分佈是具有遞減規律的失效率函數，在個人收入（收入越高，未來取得更高收入的可能性就越大）、保險風險以及自然國家現象方面有較為廣泛的應用。因此，我們選擇兩參數帕累托分佈來描述操作風險損失事件的發生強度。

當損失事件同質時，其發生次數就服從泊松分佈，均值恒等於方差。但實際上損失事件都或多或少地存在一定的非同質性。這種非同質性和分佈厚尾的特徵，使發生次數並不完全遵守泊松分佈。這就為負二項分佈的應用創造了條件，因為負二項分佈的方差大於均值，且方差越大於其均值，表明損失事件的非同質性越嚴重。鑒於負二項分佈是相對更為保守的頻率分佈模型，更能刻畫出方差與均值的偏離程度，因此我們選擇負二項分佈來描述操作風險損失事件

的發生頻率。

若操作風險損失事件發生的強度是來自兩參數 Pareto 分佈總體的簡單隨機樣本，若操作風險損失事件發生的頻率是來自負二項分佈總體 $f(n|p, r)$ 的簡單隨機樣本，那麼操作風險總和損失分佈的似然函數可表示如下：

$$L(x, n|\alpha, \beta, p, r) = \prod_{t=1}^{M}\left\{\left[\prod_{j=1}^{n_t}\alpha\beta^{\alpha}x_j^{-(\alpha+1)}\right]\cdot p^r \cdot (1-p)^{n_t}\binom{n_t+r-1}{r-1}\right\}$$
(3.47)

無疑，求得此分佈的關鍵是得到參數 α, β, p 和 r 的估計值。

在得到操作風險的損失強度和頻率的統計分佈后，把根據損失頻率分佈產生的隨機數作為下一次迭代的次數，再將根據損失強度分佈產生的隨機數加總，就可以得到操作風險的損失值；把以上步驟重複足夠多次，然后連接計算所得的損失值，就形成一條能夠較好描述潛在損失的曲線，即得到操作風險總損失值的分佈；將得到的總損失值按升序排列，可得到 VaR 值，監管資本為 VaR 與預期損失的差。

(2) 基於貝葉斯推斷的模型構建

在貝葉斯推斷法中，起到舉足輕重的作用的是參數先驗分佈的選擇。由於通常要求先驗分佈和后驗分佈達到共軛[①]，因此我們取帕累托分佈參數 α 和 β 的先驗共軛分佈為 Gamma 分佈。由於負二項分佈參數 p 在 (0, 1) 之間取值，且 Beta 分佈能夠為負二項分佈等提供有效的先驗概率分佈，因此我們取 Beta 分佈為共軛先驗分佈。同時，負二項分佈參數 r 是個正整數，因此設 r 服從泊松分佈。即：

$\alpha \sim Ga(h, f)$, $\beta \sim Ga(c, d)$, $p \sim Beta(a, b)$, $r \sim Poisson(g)$

先驗分佈裡未確定的參數（即 a, b, c, d, h, f, g）就是超參數。採用先驗矩法來確定超參數，就是先根據參數 u 的 N 個估計 $(u_1, u_2, \cdots, u_n)$ 計算得到先驗均值 $\left(\bar{u} = \frac{1}{n}\sum_{i=1}^{n}u_i\right)$ 與先驗方差 $\left(S_u^2 = \frac{1}{n-1}\sum_{i=1}^{n}(u_i-\bar{u})^2\right)$，然后將其視同為先驗分佈的期望與方差即可。

為在已收集樣本數據基礎上求得參數的后驗分佈 $f(\alpha, \beta, p, r|x, n)$，根據 Bayes 理論得：

$$f(\alpha, \beta, p, r|x, n) \propto f(\alpha, \beta, p, r, x, n)$$
$$= L(x, n|\alpha, \beta, p, r) \cdot f(p|a, b) \cdot f(\beta|c, d) \cdot f(\alpha|h, f) \cdot f(r|g)$$
(3.48)

這個複雜的后驗分佈實際上是相當難得到的。因此，我們採用基於 Gibbs 抽樣的 MCMC 模擬方法將所有未知參數視為未知變量，通過邊緣分佈的迭代進行 Markov 鏈的 Monte Carlo 模擬，當鏈達到穩態時求得的值即為參數的后驗

[①] HOWARD RAIFFA, ROBERT SCHLAIFER. Applied Statistical Decision Theory, Division of Research, Graduate School of Business Administration [M]. Boston: Harvard University, 1961.

估計值。邊緣分佈如下：

$$\pi(p|x, n_t, r, \alpha, \beta) = p^{Mr+a-1} \cdot (1-p)^{\sum_{t=1}^{M} n_t + b - 1}$$

$$\cdot \frac{\Gamma(Mr + a + \sum_{t=1}^{M} n_t + b)}{\Gamma(Mr + a)\Gamma(\sum_{t=1}^{M} n_t + b)}$$

$$\sim Beta(Mr + a, \sum_{t=1}^{M} n_t + b) \qquad (3.49)$$

$$\pi(\beta|x, n_t, \alpha, r, p) = \frac{\beta^{\alpha \sum_{t=1}^{M} n_t + c - 1} d^{\alpha \sum_{t=1}^{M} n_t + c} e^{-d\beta}}{\Gamma(\alpha \sum_{t=1}^{M} n_t + c)} \sim \Gamma(\alpha \sum_{t=1}^{M} n_t + c, d) \qquad (3.50)$$

$$\pi(\alpha|x, n_t, \beta, r, p) = \frac{\alpha^{h + \sum_{t=1}^{M} n_t - 1} (T+f)^{h + \sum_{t=1}^{M} n_t} e^{-(T+f)\alpha}}{\Gamma(h + \sum_{t=1}^{M} n_t)}$$

$$\sim \Gamma(h + \sum_{t=1}^{M} n_t, T+f) \qquad (3.51)$$

其中，$T = \sum_{t=1}^{M} \sum_{j=1}^{n_t} (Lnx_j - Lnh)$。

由於參數 r 的條件后驗不方便用標準形式表示出來，且 MCMC 方法大多建立在建議分佈（Proposal Distribution）的基礎上，因此參數 r 的建議分佈為：

$$q(\cdot|r) \sim Possion(g) \qquad (3.52)$$

給定任意初始值 ($\alpha^{(0)}, \beta^{(0)}, r^{(0)}, p^{(0)}$)，經 Gibbs 抽樣迭代后，得到 ($\alpha^{(1)}, \beta^{(1)}, r^{(1)}, p^{(1)}$)，…，($\alpha^{(n)}, \beta^{(n)}, r^{(n)}, p^{(n)}$)，取來自后驗分佈的獨立樣本為達到穩態后的 Markov 鏈，可將生成分佈的均值視為參數的后驗估計值。

（三）基於 MCMC 模擬的信度模型對操作風險的度量

前面研究了用損失分佈法和貝葉斯法對投資銀行操作風險的監管資本進行度量。如果操作風險損失數據匱乏，單個投資銀行就較難預測本機構下一年操作風險的發生強度、頻率以及損失總金額。但 Bühlamann-Straub 模型能夠在數據不足的情況下實現上述預測。因此本小節提出可以採用信度模型的方法度量投資銀行操作風險所需經濟資本。

1. 信度模型

（1）信度模型的適用性

雖然損失分佈法和極值理論是目前的研究熱點，但損失分佈法中對分佈的選取和參數的估計、極值理論中對閾值的確定這些問題仍值得繼續探討。同時，為滿足數據充足性，上述方法一般是直接把披露出來的金融行業內、外部操作風險損失數據混合在一起來建模。這樣的數據處理方法雖然取得了寶貴的

實際經驗和理論成果，但 Fontnouvelle（2006）等用 SAS OpRisk 和 Fitch OpVar 的數據做研究時，發現外部數據具有明顯的報告選擇偏差。Rachev（2003）等利用歐洲公開報導的操作損失數據對穩健統計理論進行了分析，發現操作損失數據極端值嚴重，有 5% 的數據屬於局外數據，不適合大數據模型，同時這些局外數據卻占到置信區間的 99% 和 VaR 的 70%。因此，把內、外部數據簡單地合併在一起使用這種處理方法存在一定問題。畢竟不同金融機構的產品線、業務流程、風險偏好及風控體系是各異的，不同機構的損失數據完全可能服從不同的分佈。將它們簡單地混合在一起會改變原有數據的分佈特徵，在此基礎上所建立的數學模型無疑會降低度量結果的精確性。鑒於此，部分學者提出將外部數據混合進來時對其進行調整的思路：Shih（2000）等運用收入指標進行調整，但這種調整方法的有效性受到了一些學者的質疑；Cagan（2005）指出，受損失的業務部門通常不是該銀行的核心業務部門或者銀行沒有投入足夠的資源進行控制，對外部損失數據的調整需要考慮到更多因素。

在保險領域，保險公司早已廣泛採用比較成熟的信度理論來補充自身數據不足的問題。鑒於問題的相似性，本章把信度理論應用於操作風險的度量上：先採用 MCMC 方法通過構造損失事件發生次數模型來隨機模擬出損失事件的次數，在補充好缺失次數數據的情況下，再以 Bühlmann-Straub 信度模型為基礎，通過 MCMC 方法隨機模擬得到各金融機構損失金額均值的估計值、總體均值的估計值、信度因子的估計值，最後通過信度風險暴露量還原出操作風險的損失總額。也就是通過信度模型在金融機構自身損失數據和行業損失數據之間進行加權處理，以解決數據合併問題，達到對計算結果優化的目的，以期能為此領域的后續研究與實踐提供方法上的參考。

（2）信度模型概述

保險精算學中的信度理論（Credibility Theory）出現於 20 世紀 20 年代，在非壽險精算理論和實務中具有里程碑的意義①。信度建模是一種費率厘定的過程，基於信度理論來厘定保費是非壽險保費計算的重要方法之一。為確定某保險對象次年合理的保費水平，我們不但要考慮該保險對象的理賠數據，還要考慮該類保險對象的整體理賠數據。因此信度理論是研究如何合理利用本保單組合近期損失數據和主觀選擇的類似險種同期損失數據來估計和預測后驗保費的。

信度模型的基本思路是採取自上而下的方法，也就是先保證整個保單組合的收支平衡，再把保單組合的保費公平地分攤至各個保單。可令 x（x 為隨機變量）為某種非壽險的保費，則前期繳納的歷史保費可寫為 $x_1, x_2, \cdots, x_n$。這其中既包括某保險人自己過去繳納的保費，也包括具有類似風險的其他保險人繳納的同類保費。也就是說歷史保費數據可分為個體風險保費數據和集體風險保費數據。信度理論認為下一年的保費取決於滿足特定條件的分佈函數，可用

---

① 王靜龍，湯鳴，韓天雄. 非壽險精算 [M]. 北京：中國人民大學出版社，2004.

個體以往的歷史保費和被保險人所處環境（被相同風險影響）的集體歷史保費的加權平均值來表示，即：

信度保費 = Z × 個體風險保費 + $(1 - Z)$ × 集體風險保費

這裡面的 $Z(Z \in [0, 1])$ 是信度因子，它可看作是權重。因此，預測下一年的保費是在個體風險保費和集體風險保費之間來尋求平衡。

（3）Bühlmann-Straub 模型概述

Bühlmann-Straub 模型是瑞士精算學家 Bühlmann（1967）在對貝葉斯估計改進的基礎上提出的迄今應用最廣泛、具有最大精度的信度模型。該模型允許在保單組合存在非同質性和在觀測數據不完全的情況下對未來的保費進行估計。由於 Bühlmann-Straub 模型的計算方法與《巴塞爾新資本協議》倡導的將內、外數據融合起來度量操作風險損失的思路相符，且考慮到金融機構操作風險損失數據匱乏和缺失的現狀，因此我們完全可以將此模型引入到操作風險的量化管理之中。下面對此模型進行介紹。

若一個保單組合有 k 個合同，每個合同有 n 年的歷史數據。合同 j 第 t 年的索賠量為 x_{jt}，參數為 $\lambda_j (j = 1, \cdots, k; t = 1, \cdots, n)$。若 $x_j = (x_{j1}, \cdots, x_{jn})$，每個合同均有隨機向量 (λ_j, x_j)。現有下述假設：

在 λ_j 已知的情況下 $x_{jt}, t = 1, \cdots, n$ 互不相關且有相同的一階和二階矩，也就是相同的合同在不同年度的索賠量是互不相關且一階和二階矩是相同的。同時，$\lambda_1, \cdots, \lambda_k$ 是獨立同分佈且 (λ_j, x_j) 相互獨立，即這 k 個合同對保險方來說無質量差別且合同之間相互獨立。

根據歷史數據 $x_{jt}, j = 1, \cdots, k; t = 1, \cdots, n$ 估計各個合同的索賠金額的均值 $\mu(\lambda_j)$。Bühlmann-Straub 模型是基於觀測數據的線性函數來比較找到最小均方誤差的估計量的。通過優化問題的求解獲得：

$$\min_{c_j, c_{jt}} E\left\{[\mu(\lambda_j) - c_j - \sum_{i=1}^{k} \sum_{t=1}^{n} c_{jit} x_{it}]^2\right\} \quad (3.53)$$

下面求解 c_j 和 c_{jit} 以使（3.53）取得最小值，即：

$$Q = [\mu(\lambda_j) - c_j - \sum_{i=1}^{k} \sum_{t=1}^{n} c_{jit} x_{it}]^2 \quad (3.54)$$

通過對公式（3.54）求導，得公式（3.55）：

$$c_j = E[\mu(\lambda_j)] - \sum_{i=1}^{k} \sum_{t=1}^{n} c_{jit} E(x_{it}) \quad (3.55)$$

將公式（3.55）代入公式（3.54），得：

$$Q = E\left\{[\mu(\lambda_j) - E[\mu(\lambda_j)] - \sum_{i=1}^{k} \sum_{t=1}^{n} c_{jit}(x_{it} - E(x_{it}))]^2\right\} \quad (3.56)$$

對 c_{jrw} 求導，得：

$$E\left\{[\mu(\lambda_j) - E[\mu(\lambda_j)] - \sum_{i=1}^{k} \sum_{t=1}^{n} c_{jit}(x_{it} - E(x_{it}))](x_{rw} - E(x_{rw}))\right\} = 0$$

$$(3.57)$$

其中 $r = 1, \cdots, k; w = 1, \cdots, n$。

根據上述假設，得：

$$\text{cov}[\mu(\lambda_j), x_{it}] = a, \quad t = 1, \cdots, n \qquad (3.58)$$

$$\text{cov}[x_{rw}, x_{rw}] = a + \delta_{wt}s^2, \quad r = 1, \cdots, w; \quad t = 1, \cdots, n; \quad w = 1, \cdots, n \qquad (3.59)$$

$$\text{cov}[x_{rw}, x_{it}] = 0, \quad 當 i \neq r \qquad (3.60)$$

$$\text{cov}[\mu(\lambda_j), x_{it}] = 0, \quad 當 i \neq j \qquad (3.61)$$

這裡，a 和 s^2 是結構參數，a 反應不同保單之間索賠量的方差，s^2 反應同一保單內索賠量的方差。當 $w = t$ 時 $\delta_{wt} = 1$，反之取零。

結合公式（3.57）至公式（3.61），當 $r \neq j$ 時，得：

$$\sum_{t=1}^{n} c_{jrt}\text{cov}(x_{rt}, x_{rw}) = 0, \quad r = 1, \cdots, t; \quad w = 1, \cdots, n \qquad (3.62)$$

$$(a + s^2)c_{jrw} + a\sum_{t \neq w} c_{jrt} = 0, \quad r = 1, \cdots, t; \quad w = 1, \cdots, n \qquad (3.63)$$

$$(a + s^2)c_{jrw} + a\sum_{t \neq w} c_{jrt} = ac_{jrw} \qquad (3.64)$$

$$c_{jrw} = -\frac{a}{s^2}\sum_{t=1}^{n} c_{jrt} \qquad (3.65)$$

從公式（3.65）可看到右邊與 w 沒有關係，因此得到：

$$c_{jr1} = \cdots = c_{jrn} = 0 \qquad (3.66)$$

結合公式（3.57）至公式（3.61），當 $r = j$ 時，得：

$$a - \sum_{t=1}^{n} c_{jjt}\text{cov}(x_{jt}, x_{jw}) = 0 \qquad (3.67)$$

類似於公式（3.66），從公式（3.67）可得到：

$$c_{jj1} = \cdots = c_{jjn} = c_{jj} \qquad (3.68)$$

將上式代入公式（3.67），結合公式（3.59），得：

$$a - (a + s^2)c_{jj} - a\sum_{t \neq w} c_{jj} = 0 \qquad (3.69)$$

其中 $c_{jj} = \dfrac{a}{na + s^2}$。把公式（3.66）和公式（3.69）代入公式（3.55），得：

$$c_j = m - \frac{na}{na + s^2}m = (1 - z)m \qquad (3.70)$$

這裡 $z = \dfrac{n}{n + s^2/a}$，即為信度因子。m 是結構參數，是集體風險保費，即為保單組合的平均淨風險保費。則模型的最優解是：

$$\hat{\mu}(\lambda_j) = c_j + \sum_{i=1}^{k}\sum_{t=1}^{n} c_{jit}x_{it} = (1 - z)m + \sum_{t=1}^{n} c_{jj}x_{jt}$$

$$= (1 - z)m + z\frac{1}{n}\sum_{t=1}^{n} x_{jt} = z\bar{x}_j + (1 - z)m \qquad (3.71)$$

公式（3.71）表示保單 j 的淨風險保費是在個體風險保費和集體風險保費之間通過信度因子加權得到的。結構參數 a，s^2 和 m 的無偏估計量可通過下面的公式得到：

$$\hat{m} = \frac{1}{k}\sum_{i=1}^{k}\bar{x}_j = \bar{x} \tag{3.72}$$

$$\hat{s}^2 = \frac{1}{k(n-1)}\sum_{i=1}^{k}\sum_{i=1}^{n}(x_{it} - \bar{x}_i)^2 \tag{3.73}$$

$$\hat{a} = \frac{1}{k}\sum_{i=1}^{k}(\bar{x}_i - \bar{x})^2 - \frac{1}{n}\hat{s}^2 \tag{3.74}$$

（4）對 Bühlmann-Straub 模型的解讀

鑒於本章是對操作風險度量問題的研究，可對 Bühlmann-Straub 信度模型作如下假設：第 $i(i=1,\cdots,n)$ 家金融機構第 $j(j=1,\cdots,m)$ 年操作風險損失事件的平均金額為 x_{ij}，它們獨立同分佈；第 i 家金融機構第 j 年操作風險損失事件的次數為 w_{ij}。Bühlmann-Straub 信度模型把第 i 家金融機構於第 j 年的操作風險損失總額分解為行業風險水平損失額的總平均值 μ、第 i 家金融機構的損失額和 μ 的隨機偏差 α_i 以及在第 j 年的損失額和 μ 的偏差 ε_{ij} 這三個分量。在此風險結構下對 x_{ij} 作如下分解：

$$x_{ij} = \mu + \alpha_i + \varepsilon_{ij} \tag{3.75}$$

假定 α_i 和 ε_{ij} 相互獨立，$E(\alpha_i)=0$，$Var(\alpha_i)=\sigma_\alpha^2$，$E(\varepsilon_{ij})=0$，$Var(\varepsilon_{ij})=\sigma_\varepsilon^2/w_{ij}$，其中 σ_α^2 是異質方差，σ_ε^2 是同質方差，w_{ij} 是數據 x_{ij} 的權，代表各個觀測數據的相對精度。則第 i 家金融機構次年信度風險暴露量的最優無偏估計量為：

$$\hat{L}_{i,j+1} = z_i\bar{x}_i + (1-z_i)\hat{\mu} \tag{3.76}$$

其中，$z_i = \dfrac{\sum_{j=1}^{m}w_{ij}}{\sum_{j=1}^{m}w_{ij} + \hat{\sigma}_\varepsilon^2/\hat{\sigma}_\alpha^2}$（$\hat{\sigma}_\alpha^2$ 和 $\hat{\sigma}_\varepsilon^2$ 分別為 σ_α^2 和 σ_ε^2 的估計量），$\bar{x}_i = \sum_{j=1}^{m}\dfrac{w_{ij}}{\sum_{j=1}^{m}w_{ij}} \cdot x_{ij}$；$\hat{\mu}$ 為通過合理推測和判斷得到的先驗值；$z_i \in [0,1]$ 是信度因子，表示 $\bar{x}_i$ 在 $\hat{x}_{i,j+1}$（表示第 i 家金融機構於第 $j+1$ 年的操作風險損失估計量）中的可信程度，反應出不同的風險特徵。預測操作風險損失金額的關鍵是估計出 μ，σ_α^2 和 σ_ε^2。

從模型中可看出 $\hat{x}_{i,j+1}$ 具有良好的漸近性質，因為當 $\hat{\sigma}_\alpha^2 \to \infty$，完全可信條件成立，$z_i \to 1$，表明金融機構次年的操作風險損失金額完全可以根據本機構前期的歷史損失金額推算出。當 $\hat{\sigma}_\varepsilon^2 \to \infty$，則 $z_i \to 0$，表明金融機構次年的操作風險損失金額完全可以參考其他金融機構的歷史數據進行推斷，就是把行業內金融機構損失金額進行平均分攤。因此，可以認為 Bühlmann-Straub 是相對比較穩健的風險損失估計方法，特別當單個金融機構的損失數據較少時，信度理論

所起的作用應當最為顯著。

(5) 基於 Gibbs 抽樣的 MCMC 模擬

正如前文所描述的，Bühlmann-Straub 模型雖然在某種意義上是一種最接近真實風險保費的估計，但也存在一些困難，就是當密度函數比較複雜時直接計算高維數值的后驗分佈具有很大難度。本章仍然運用 WinBUGS 軟件通過 MCMC 模擬來解決這些問題。

MCMC 採用的是貝葉斯分析方法：先對參數構建先驗分佈並利用實際觀測到的數據對先驗分佈進行調整，然后通過隨機模擬的方法生成隨機變量或參數，最后不斷地進行迭代運算以通過大量的迭代運算來模擬出變量的邊緣分佈以及后驗分佈的矩。簡言之，MCMC 的基本思想是假定有一個目標分佈，並對非週期、不可約的馬爾科夫鏈樣本路徑進行定義，被估參數的值即是鏈的狀態空間，被估參數的后驗分佈即為鏈的極限分佈。若馬爾可夫鏈在被進行充分迭代以至足夠長后，能夠不依賴於原始的狀態而收斂於某平穩目標分佈，那麼去除之前測試期階段的狀態數據，剩餘的鏈可被視作是來自目標后驗分佈的獨立樣本數據，后驗分佈的重要特徵即可推斷出。

WinBUGS 軟件採用 Gibbs 抽樣，具體算法為：令 $u = (u_1, u_2, \cdots, u_n)$ 是 n 維隨機變量，隨機變量的邊緣分佈為 $f(x)$。給定初始向量 $u^{(0)} = (u_1^{(0)}, \cdots, u_n^{(0)})$，在 $f(u_1|u_2^{(0)}, \cdots, u_n^{(0)})$ 中抽取樣本 $u_1^{(1)}$；在 $f(u_2|u_1^{(1)}, u_3^{(0)}, \cdots, u_n^{(0)})$ 中抽取樣本 $u_2^{(1)}$；最終在 $f(u_n|u_1^{(1)}, u_2^{(1)}, \cdots, u_{n-1}^{(1)})$ 中抽取樣本 $u_n^{(1)}$；經過 t 次迭代可以得到 $u^{(t)}$。這樣，Gibbs 抽樣保證了 $f(x)$ 是馬爾可夫鏈的唯一分佈。當 $t \to \infty$，邊緣分佈收斂時，可認為邊緣分佈處於平穩狀態，收斂后的迭代值可被看作是樣本的仿真觀測點，以減少初始值對模擬的影響。

2. 模型的構建

部分損失事件發生次數及金額數據的缺失，使得人們難以得到每家金融機構操作風險損失發生事件的總頻率，這會使得估計有偏。因此，本章先利用貝葉斯 MCMC 方法在數據不完備的情況下求出損失次數參數的后驗分佈和相關參數估計，以對損失次數逐年進行校正；再根據校正好的損失次數數據，利用以貝葉斯 MCMC 方法為基礎構建的 Bühlmann-Straub 模型，求出損失金額的后驗分佈，以得到每家金融機構下一年信度風險暴露量的最優無偏估計。

(1) 損失次數的模型構建

採用參數的無信息先驗分佈，假設如下：$w_{ij} \sim possion(\lambda)$，其中 $\lambda = x_{ij}\theta_i$，$x_{ij} \sim \Gamma(a, b)$，$\theta_i \sim \Gamma(c, d)$。參數 a, b, c, d 服從的分佈分別為：$a_i \sim U(0, e)$，$b_i \sim U(0, f)$，$c \sim \Gamma(g, h)$，$d \sim \Gamma(k, l)$。根據 Bayes 理論，參數的后驗分佈為：

$$\pi(\theta_i, c, d \mid w) \propto \pi(\theta_i, c, d, w_{ij})$$
$$= \prod_{i=1}^{n} \prod_{j=1}^{m} \pi(w_{ij}/x_{ij}\theta_i) \cdot \prod_{j=1}^{m} \pi(\theta_i/c, d) \cdot \pi(c) \cdot \pi(d) \quad (3.77)$$

由公式（3.77）可看出，高維數值積分的方法很難得出參數的后驗分佈。因此，我們採用基於 Gibbs 抽樣的 MCMC 模擬方法將所有未知參數視為未知變量，通過邊緣分佈的迭代進行 Markov 鏈的 Monte Carlo 模擬。各參數的邊緣分佈見公式（3.78）至公式（3.80）：

$$\pi(\theta_i | c, d, w) \sim \Gamma(c + \sum_{j=1}^{m} w_{ij}, d + \sum_{j=1}^{m} x_{ij}) \quad (3.78)$$

$$\pi(c | \theta, d, w) \propto \left[\frac{d^c}{\Gamma(c)}\right]^n \left[\prod_{i=1}^{n} \theta_i\right]^c c^{g-1} \exp(-hc) \quad (3.79)$$

$$\pi(d | \theta, c, w) \propto d^{nc+k-1} \exp\left[-(\sum_{i=1}^{n} \theta_i + l)\right] \quad (3.80)$$

給定 (θ_i, c, d) 的任意初始值，經過 Gibbs 抽樣迭代后取達到穩態后的 Markov 鏈為來自后驗分佈的獨立樣本，生成分佈的均值可視為某金融機構操作風險損失次數的后驗估計值。

（2）損失金額模型的構建

假設參數的無信息先驗分佈為：

$$x_{ij} \sim N(u_i, \sigma_\varepsilon^2 / w_{ij}) \quad (3.81)$$

其中 $\mu_i = \mu + \alpha_i$，$\alpha_i \sim N(0, \sigma_\alpha^2)$。

根據 Bayes 理論，參數的后驗分佈為：

$$\pi(\alpha_i, \mu, \sigma_\alpha^2, \sigma_\varepsilon^2 | x) \propto \pi(\alpha_i, \mu, \sigma_\alpha^2, \sigma_\varepsilon^2, x_{ij})$$
$$= L(x_{ij} | \alpha, \mu, \sigma_\alpha^2, \sigma_\varepsilon^2) \cdot \pi(\alpha_i) \cdot \pi(\mu) \cdot \pi(\sigma_\alpha^2) \cdot \pi(\sigma_\varepsilon^2) \quad (3.82)$$

各參數的邊緣分佈見公式（3.83）至公式（3.86）：

$$\pi(\mu | \alpha, \sigma_\alpha^2, \sigma_\varepsilon^2, x) \propto \exp\left[-\frac{1}{2\sigma_\varepsilon^2} \sum_{i=1}^{n} \sum_{j=1}^{m} (x_{ij} - \mu - \alpha_i)^2\right] \quad (3.83)$$

$$\pi(\alpha_i | \mu, \sigma_\alpha^2, \sigma_\varepsilon^2, x) \propto \exp\left(-\frac{1}{2\sigma_\alpha^2} \alpha_i^2\right) \exp\left[-\frac{1}{2\sigma_\varepsilon^2} \sum_{j=1}^{m} (x_{ij} - \mu - \alpha_i)^2\right]$$
$$(3.84)$$

$$\pi(\sigma_\alpha^2 | \alpha, \mu, \sigma_\varepsilon^2, x) \propto \frac{1}{\sigma_\alpha^2} \cdot \frac{1}{\sqrt{2\pi}(\sigma_\alpha^2)^{n/2}} \exp\left(-\frac{1}{2\sigma_\alpha^2} \sum_{i=1}^{n} \alpha_i^2\right) \quad (3.85)$$

$$\pi(\sigma_\varepsilon^2 | \alpha, \sigma_\alpha^2, \mu, x) \propto \frac{1}{(\sigma_\varepsilon^2)^{\sum_{i=1}^{\hat{s}} m/2+1}} \exp\left[-\frac{1}{2\sigma_\varepsilon^2} \sum_{i=1}^{n} \sum_{j=1}^{m} (x_{ij} - \mu - \alpha_i)^2\right]$$
$$(3.86)$$

給定 e, f, g, h, k, l 的任意初始值，經過 Gibbs 抽樣迭代后穩態分佈的均值可視為某金融機構操作風險損失金額的后驗估計值。

第三章 投資銀行經濟資本管理的基本理論

第三節　投資銀行市場風險經濟資本度量

一、自下而上的市場風險經濟資本計量方法

(一) 基本思想

自下而上的路線是：投資銀行先對每一個業務單元的市場風險進行風險計量，確定相應的經濟資本需求，再將這些經濟資本由底層向上逐級匯總，形成公司的必要經濟資本總額。可見，自下而上的方法包括業務單元的風險計量、各個業務相關度的計算、資本匯總等。目前，主要的自下而上的市場經濟資本計量模型包括 VaR 模型、CVaR 模型等。

(二) 基於 VaR 模型的市場風險經濟資本計算

前面給出了基於 VaR 的經濟資本計算公式。由於該方法下的經濟資本只需要在 VaR 值基礎上扣除預期損失，因此其關鍵便是如何計算 VaR 值。目前，有三種方法計算 VaR 的值，歷史模擬法、方差—協方差方法和蒙特卡羅模擬 (Monte Carlo) 方法。

1. 歷史模擬法

歷史模擬法的主要思路是利用資產或者資產組合的歷史收益率的經驗分佈來估計經濟資本的值。其計算步驟如下：

第一步，確定資產組合中的所有單個資產及其權重，並採集過去一定時期內的收益率數據。

第二步，用收益率樣本和權重產生資產組合的收益率，得到資產組合收益率的經驗分佈；

第三步，直接從經驗分佈中估計出分佈的相應選定分位數，這便是 VaR 值。

第四步，利用收集到的歷史損失樣本，計算期望損失，再用 VaR 值相減，便得到了經濟資本的值。

可見，歷史模擬法的優點是不需要對資產的收益率做任何假定，利用經驗分佈，避免了模型假定、參數估計的誤差，規避了模型風險。

但是，由於市場未來的變化未必與歷史變化完全一樣，即歷史模擬法這種「未來會重複過去」的假設，往往不符合實際。同時，歷史模擬法也依賴於人們對歷史數據的收集。

2. 方差—協方差方法

該方法是計算 VaR 的標準方法，被許多金融機構採用。J. P. Morgan 開發的風險管理產品 Risk Metrics 就是基於這種方法。該方法的計算步驟包括：

第一步，利用歷史數據求出資產組合收益率的方差、標準差和協方差等統計值。

第二步，假定資產組合的收益率 Y 服從參數為 (μ, δ^2) 的正態分佈，結合特定置信水平 α 下的分位數計算可能發生的最大損失為 $\mu + \delta\Phi^{-1}(\alpha)$，此值即為 VaR 的大小。

第三步，根據經濟資本定義，可知代表非預期損失的經濟資本應為 $\delta\Phi^{-1}(\alpha)$。

第四步，對於資產組合來說，組合的 VaR 值為：

$$VaR_\alpha = V\delta\Phi^{-1}(\alpha)$$

其中，$\Phi^{-1}(\alpha)$ 表示標準正態分佈的 α 分位數，V 則是資產的市場價值。

第五步，若持有期為 t，則收益率的均值為 μt，方差為 $\delta^2 t$，這樣資產組合在 t 時間內的 VaR 值為：

$$VaR_{\alpha,\,t} = V\delta\Phi^{-1}(\alpha)\sqrt{t}$$

對於具有不同分佈的資產，各資產組合間的相關性還需要考慮協方差，更加複雜。總體上說，該方法在正態假定下，簡單易理解。但通常可以發現，金融資產並非服從正態分佈，而呈現尖峰厚尾特徵，此時該方法會低估經濟資本的大小。后面章節將對這類方法進行改進。

3. 蒙特卡羅模擬法

該方法與歷史模擬法的思路類似，只是由於歷史數據較少，因此借助於隨機模擬方法來產生計算所需的大量數據，再按歷史模擬法思路計算經濟資本的值。該方法的主要步驟如下：

第一步，根據經驗假設資產價格的生成過程，並確定生成過程的分佈、參數等關鍵信息。

第二步，借助於計算機軟件，按假定的生成過程模擬資產的價格序列。

第三步，根據上述得到的價格計算資產組合的收益率。

第四步，按確定的分佈計算出 VaR 值及相應的經濟資本值。

顯然，該方法解決了歷史樣本不足的問題，並且可以模擬極端市場等情形。但由於數據的生產過程依賴於假定的參數，有較大的主觀性。

4. VaR 模型計量經濟資本的優點

（1）滿足單調性

如果 $x \leq y$，則 $VaR_\alpha(x) \geq VaR_\alpha(y)$，單調性意味著當資產 y 在各種情況下優於資產 x，那麼其風險也小於 x。

（2）滿足正齊次性

對於任意的 $\lambda > 0$，都有 $VaR_\alpha(\lambda y) = VaR_\alpha(\lambda y)$。正齊次性意味著：相同資產組合，不可能導致風險的分散；度量單位的變換，對 VaR 值不產生實質影響，即 VaR 值對度量函數呈線性關係。這兩點與資產管理實踐相符。

（3）滿足平移的不變性

對常數 c，有 $VaR_\alpha(x + c) = VaR_\alpha(x) - c$，這表示如果組合的收益增加 c（或者成本減少 c），則 VaR 對該組合所度量出來的風險也相應減少 c。

（4）滿足分佈不變性

如果資產 x，y 存在如下關係：$p(x \leq t) = p(y \leq t)$，則 $VaR_\alpha(x) \geq VaR_\alpha(y)$，該性質表明可以通過已知樣本的分佈函數來測度風險，實際上方差—協方差方法隱含這一結論。

5. VaR 模型計量經濟資本的缺點

第一，從覆蓋範圍上講，VaR 模型只是覆蓋了分位數以內的損失，忽略了分位數外的尾部風險狀況，尤其是當損失分佈為厚尾分佈時，這種計量方法將低估風險。

第二，從分散化效果來看，VaR（除非兩收益率變量的聯合分別服從橢圓分佈）模型不滿足次可加性質。直觀上理解，VaR 不能準確反應組合投資可以分散風險的這一實際。

然而，儘管如此，由於 VaR 具有直觀、容易理解的優點，目前常常與極值理論、情景分析、壓力測試相結合，仍被金融機構廣泛用於金融風險尤其是市場風險的度量和管理。

（三）基於 CVaR 模型的市場風險經濟資本計算

經過 CVaR 模型計算出來的經濟資本，與 VaR 模型所計算出的經濟資本，在數量上的關係已在前面做了比較。除此之外，CVaR 還滿足一致性風險測度公理（Artzner etc.，1999）。具備如下四個條件的風險度量方法就屬於一致性風險測度：

公理一：測度具有次可加性（Subadditivity）

兩個資產 x，y，總有 $M(x+y) \leq M(x) + M(y)$，直觀含義便是資產組合可以分散風險，這一點是 VaR 模型無法滿足的。

公理二：測度具有正齊次性（Positive Homogeneity）

對於任意的 $\lambda > 0$，都有 $M(\lambda y) = M(\lambda y)$，與前面 VaR 滿足正齊次性具有相同含義。

公理三：測度具有單調性（Monotonicity）

如果 $x \leq y$，則 $M(\lambda x) \geq M(\lambda y)$，與前面 VaR 滿足的單調性具有相同含義。

公理四：測度具有平移不變性（Translation Invariance）

對常數 c，有 $M(x+c) = M(x) - c$，這與前面 VaR 所滿足的平移不變性一致。

由於一般情況下 VaR 模型不滿足次可加性，因此常常不能作為一致性風險測度方法，用來計算經濟資本受到較大限制。而與 VaR 不同，CVaR 屬於一致性風險度量方法，在任何條件下都滿足次可加性，Acerbi 和 Tasche（2002）均給出了 CVaR 滿足次可加性的證明。也就是說，CVaR 模型比 VaR 模型更能真實反應資產組合的風險大小，從而基於 CVaR 的經濟資本也更充分測度了非預期損失。

（四）對自下而上方法的總體評價

（1）優點

該種方法能夠直接計算出每種資產的非預期損失大小，並滿足了一致性風

險測度公理。

（2）缺點

第一，不同的資產會面臨各種風險，如市場風險、信用風險甚至操作風險等兼而有之，難以窮盡每種資產所面臨的全部風險，因而難以精確刻畫風險。

第二，不同資產的風險存在相關性，簡單加總不同資產所需要的經濟資本又未考慮資產分散化效應帶來的好處，但相關性的估計又需要大量的歷史數據，而且容易產生模型風險。

第三，對投資銀行來說，較多的業務部門和眾多的資產數量，難以進行全面的度量。而且投資銀行直接服務於資本市場，資本市場價格的快速變化導致投資銀行自身風險及其頭寸頻繁調整。因此，經濟資本度量頻率過低又脫離實際，過高又產生較大的風險管理成本。

二、自上而下的經濟資本計算方法

（一）基於在線收益的經濟資本度量

1. 基本思想

該方法通過計算不同業務單元收益的波動性與相關性，來計算金融機構的總體必要經濟資本。

2. 計算公式

該方法計算經濟資本主要分兩步進行：首先，計算投資銀行的總體和各業務單元的在險收益（Earning at Risk）；其次，將在險收益轉化為經濟資本。其基本公式為：

經濟資本＝風險盈利×無風險利率

風險盈利＝盈利標準差×經濟資本乘數×時間折算系數

其中：經濟資本可以表述為「用於彌補潛在的盈利下跌所需要的以無風險利率投資的資金數額」。風險盈利可以根據需要被定義為收入、邊際貢獻（如收入減去直接成本）、淨利潤等變量。投資銀行採用哪一種變量，取決於分析的目的以及獲得有關數據的便利性、準確性。無風險利率可以引用資本資產模型中無風險利率同一概念。時間的折算系數，主要是如按月收益獲得的數據，計算時採用根號法將月換算為年。

3. 評價

該方法直接從收益的波動來測度經濟資本，不需要從單個業務、單個資產來逐筆加總，簡化了經濟資本總量的計算環節。同時，收益本身是投資績效評估的重要內容，這類方法有利於金融機構進行業績考核。

但是，上述計算過程中，對無風險利率的選擇、歷史收入數據、成本、利潤等財務信息有較大的依賴性，而且這些數據一般難以從金融機構報表中得到，因此不宜將各種業務或產品的成本、利潤指標細化。對這種情況，金融機構一般簡單測算每個部門收入的相關性，並按總體情況進行調整。這樣得到的風險往往會低估多元化的好處，即高估經濟資本的總體需求。

除此之外，財務數據方法也屬於歷史數據估計法範疇，對未來的異常變化無法提供預測。比如極端的事件帶來的金融機構收益波動急遽變化，該方法無法進行測度。

（二）基於期權思想的經濟資本度量

該方法把投資銀行的資產價值視為一個變量，股東享受剩餘權益。也就是說，如果資產價值波動導致投資銀行的市場價值（A）低於負債的市場價值（L），股東權益（E）為0；如果資產的市場價值大於負債的市場價值，則權益 E＝A－L。因此，從另外一個角度來看，投資銀行的債權人實際上持有的資產收益函數為 max [0, A－L]，這種收益結構可以視為標的資產為 A、執行價格為 L 的歐式看漲期權，見圖3.4。進一步利用期權定價原理，便可以得到投資銀行整體風險所需要的經濟資本數額。有關利用該方法進行的投資銀行經濟資本配置，見后文。

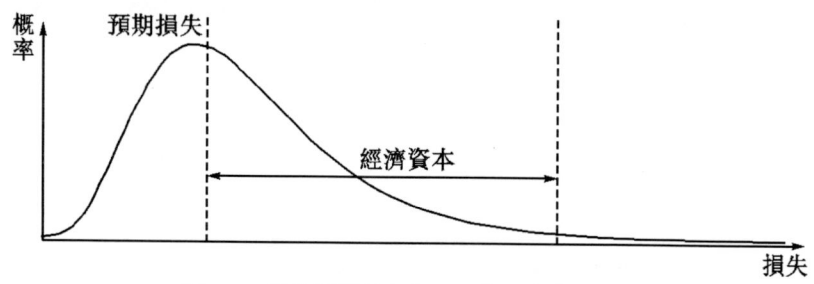

圖 3.4　基於期權的自上而下的經濟資本度量

（三）對自上而下方法的總體評價

優點：避免了自下而上方法難以窮盡各類風險以及匯總的困難；相對自下而上方法往往只能專注於某類風險或某幾類資產，該方法能夠形成對投資銀行總體風險的認識。

缺點：需要抽象、模型化投資銀行的總體資產分佈特徵，也容易產生模型假設風險；由於沒有結合具體的業務結構、資產結構，沒有從微觀風險入手進行風險的測度，該方法所度量出來的經濟資本主要用於總體風險的判斷，難以用於資產配置、各個業務部門績效考核等微觀的風險管理與內部控制。

三、兩種方法在投資銀行經濟資本配置中的選擇

（一）經濟資本配置的方向與原則

經濟資本計量可以有上述的自上而下和自下而上兩種不同路徑，但經濟資本配置面臨如下問題：①如果風險管理者僅對單個資產（或業務）配置經濟資本，此時，需要確定該資產所必須配置的必要經濟資本與該業務部門或機構層面可用的剩餘經濟資本即可用經濟資本進行比較，權衡是否進行該項資產的投資。而可用經濟資本的確定需要在機構層面（至少是業務部門）進行測度。所以，儘管此時是針對單個資產進行最底層的經濟資本配置，但仍需要「自上而下」進行配置。②如果風險管理者面臨的是資產組合（或多個業務）的

經濟資本配置問題，就需要考慮組合投資的分散化效應，以保證組合資產的總體必要經濟資本需求小於單個資產的經濟資本需求之和。而這種分散效應只有通過在「自上而下」條件下進行全面、通盤考慮。也就是說，當需要對資產組合甚至部門之間進行經濟資本配置時，也需要採取自上而下的配置方式。結合以上兩個方面來看，經濟資本度量可以根據風險管理目的的需要，選擇自上而下和自下而上兩種方式，但經濟資本配置需要採用自上而下的方式開展。另外，Denault（2001）、Kalkbrener（2005）針對經濟資本配置原則問題進行了研究。前者認為經濟資本配置需要考慮四個方面：全面配置、無縮減配置、對稱配置、無風險對沖配置，這樣的配置才是一致性配置。后者認為，風險測度滿足了線性測度、多樣性測度和連續性測度這三個方面，就實現了完全配置和無縮減配置。可見，配置的分散化可以在單個資產經濟資本度量的加總階段解決，也可以在經濟資本配置階段之初再考慮，並沒有明確的界限。

（二）投資銀行經濟資本配置目的與度量方法的選擇

通過前面的分析，實際上，上述兩種相反路徑的經濟資本度量方法，可以相互補充、互為檢驗。理想狀態下，由下而上的經濟資本度量所得到的匯總值應該和由上而下得到的經濟資本總量保持一致。但實際上，面臨如此複雜的風險世界，自下而上所進行的度量，不可能也沒有必要包羅萬象，將所有業務、各種風險考慮進來，往往只是在風險管理者定性認識的基礎上，對重要業務的主要風險進行測度；而自上而下方法沒有對微觀風險進行仔細解剖，並進行了苛刻的模型抽象，對經濟資本度量的準確性降低。因此，從現實來看，對兩種不同方向下所測度出的經濟資本總量進行比較，缺乏可操作性。

於是，經濟資本度量方法的選擇問題，需要根據風險管理者的配置目的來決定。如果投資銀行需要在業務部門範圍內，進行單個資產或組合資產的經濟資本配置，需要採用自下而上的經濟資本度量方法，此時可用經濟資本問題需要結合機構層面對該部門風險承擔的總體限額來確定。如果投資銀行需要從機構層面分析權益資本能否覆蓋整體風險即槓桿率水平是否合理，解決資本結構如何優化問題，此時可採用自上而下的經濟資本度量方法。[①]

[①] 嚴格上說，自下而上的經濟資本度量可以針對市場風險進行單獨計量，但自上而下的經濟資本度量所覆蓋的風險不僅僅包括市場風險，源於股價波動的原因不僅僅局限於所持有的資產的市場風險因子。

第四章 基於經濟資本的投資銀行資產配置理論與實證

本章首先分析中國94家投資銀行的資產配置特徵；其次在梳理資產配置傳統理論方法的基礎上，構建面臨淨資本和經濟資本雙重約束下的投資銀行資產配置模型；最後，我們利用中國上市投資銀行的自營資產配置數據[1]，應用GARCH-VaR和GARCH-CVaR兩類方法進行資產配置的實證研究與比較分析。

第一節 中國投資銀行資產配置現狀

一、資產規模容易受到市場行情影響

中國投資銀行的資產對資本市場環境反應極為敏感。從表4.1可以看出，2008年94家投資銀行的平均資產余額為132億元，相對2007年年末191億元的資產余額，縮水比例達30.7%。

表4.1　　　　94家投資銀行年末資產情況（均值）　　　單位：億元

項目	2007年	2008年	2009年	2010年
貨幣資金	139.82	93.15	174.09	126.42
其中：客戶資金存款	128.41	73.54	154.28	111.60
結算備付金	20.21	10.80	19.62	40.46
其中：客戶備付金	18.62	10.18	17.86	39.73

---

[1] 如前文分析的，目前中國投資銀行的收入主要以服務收入為主。投資銀行的風險主要包括操作風險、市場風險和信用風險。其中，投資銀行與商業銀行的操作風險在產生根源、風險度量、管理上無本質區別；信用風險是商業銀行的主要風險，因而對商業銀行風險管理的研究也主要集中在信用風險上，但對投資銀行來說，信用風險是次要風險；相比較而言，投資銀行與商業銀行在市場風險的表現形式上存在差異，前者主要是證券價格波動風險，而後者主要是利率風險。因此，相對來說，市場風險對投資銀行具有特殊性，在兼顧數據可獲得性的同時，本章第四節以自營業務的市場風險為例，對投資銀行的經濟資本配置進行實證研究。

表4.1(續)

項目	2007年	2008年	2009年	2010年
拆出資金	7.90	0.01	1.77	3.52
交易性金融資產	12.24	15.51	24.32	25.34
衍生金融資產	14.26	3.75	0.62	2.05
買入返售金融資產	10.96	9.97	8.79	9.16
應收利息	3.10	0.29	0.22	0.42
存出保證金	6.28	4.94	4.56	5.82
可供出售金融資產	9.71	5.58	17.17	19.65
持有至到期投資	0.95	2.97	2.14	2.54
長期股權投資	1.41	1.50	2.90	4.31
投資性房地產	0.65	0.60	0.39	0.50
固定資產	1.97	2.11	2.50	4.39
無形資產	0.29	0.43	0.46	0.73
其中：交易席位費	1.45	0.70	0.33	0.13
遞延所得稅資產	0.29	0.52	12.42	0.90
其他資產	1.83	1.64	12.40	4.83
資產總額	190.62	132.11	228.27	219.56

資料來源：根據94家投資銀行資產負債表（2007—2010年）資料整理。

二、資產規模總體偏小，抗風險能力有限

同時，中國投資銀行的總體資產規模很小，2010年年末的均值為219億元，目前19家上市券商的資產規模平均為403億元，最大為中信證券的1,500億元，最小的太平洋證券的資產規模46億元。[①] 摩根士丹利2011年末的資產規模達到7,499億美元。

三、貨幣資金占比高

貨幣資金占總資產比重從2007—2010年分別為73.3%、70.5%、76.2%和57.6%，如果加上結算備付金，這一比重更高。但受監管約束，投資銀行對該類資產的配置主動性較弱。此外，交易性金融資產在2010年占比11.5%，而

---

① 相比上市投資銀行，目前上市的16家商業銀行的平均資產規模為5.23萬億，最小的南京銀行的資產規模為3,326億。

持有至到期投資僅占1.2%，投資銀行自營資產有明顯的短期特徵。94家投資銀行年末資產結構如表4.2所示。

表4.2　　　　　　　　94家投資銀行年末資產結構（%）

項目	2007年	2008年	2009年	2010年
貨幣資金	0.733	0.705	0.763	0.576
其中：客戶資金存款	0.674	0.557	0.676	0.508
結算備付金	0.106	0.082	0.086	0.184
其中：客戶備付金	0.098	0.077	0.078	0.181
拆出資金	0.041	0.000	0.008	0.016
交易性金融資產	0.064	0.117	0.107	0.115
衍生金融資產	0.075	0.028	0.003	0.009
買入返售金融資產	0.058	0.075	0.039	0.042
應收利息	0.016	0.002	0.001	0.002
存出保證金	0.033	0.037	0.020	0.027
可供出售金融資產	0.051	0.042	0.075	0.089
持有至到期投資	0.005	0.022	0.009	0.012
長期股權投資	0.007	0.011	0.013	0.020
投資性房地產	0.003	0.005	0.002	0.002
固定資產	0.010	0.016	0.011	0.020
無形資產	0.002	0.003	0.002	0.003
其中：交易席位費	0.008	0.005	0.001	0.001
遞延所得稅資產	0.002	0.004	0.054	0.004
其他資產	0.010	0.012	0.054	0.022

資料來源：根據94家投資銀行資產負債表（2007—2010年）資料整理。

第二節　投資銀行資產配置的一般分析

本節分析在未引入經濟資本配置的情形下，投資銀行的資產配置方式。在此基礎上，再加入經濟資本約束，其資產配置在本章第四節介紹。

一、資產配置的基本思想

從資產負債表來看，投資銀行的資金（權益資金和負債資金）最終通過資產得以體現，因此資產配置的狀況在相當大程度上決定了投資銀行的風險和收益大小。對投資銀行來說，資產配置需要解決如下幾個方面的問題：

（1）確定可被用於配置的資金額度，這是資產配置工作的邏輯起點。但需要注意，不同的資金來源結構，有不同的要求權，會直接影響資產配置的風險特徵。

（2）確定現有監管政策、市場條件下，投資銀行可以用於配置的產品，並對產品的風險、收益特徵進行充分計量。這一步工作是資產配置的關鍵環節，資產配置的有效性，離不開對單個可選資產的風險—收益匹配特徵的科學度量。而且，投資銀行還需要充分考慮不同資產收益率的相關性，為資產組合權重提供決策依據。

（3）根據股東、高管的風險偏好，進行資產組合決策。在此階段，投資銀行需要借助於后面的資產配置模型。但無論何種模型，都需要兼顧風險管理者的風險態度。

（4）實施資產配置方案，並進行動態評估、資產組合再調整。一個好的資產配置方案，一定是根據環境變化，在考慮資產配置再調整的成本基礎上，進行動態的資產配置優化。

二、投資銀行資產配置的約束條件

（1）資本金約束

本質上，資本約束也就是風險約束，因為資本金反應了投資銀行在資產配置中可承受風險的總體程度。因此，投資銀行在制定資產配置策略時，不僅要考慮投資組合內部的收益與風險的平衡關係，還要考慮資本的約束。

（2）監管約束

以自營業務為例，按照中國《證券公司風險控制指標管理辦法》（2008年修訂）的相關要求，如果投資銀行要從事證券自營業務，需要滿足下列淨資本要求：

自營權益類證券及證券衍生品的合計額≤淨資本；

自營固定收益類證券的合計額≤5倍淨資本；

持有一種權益類證券的成本≤3倍淨資本；

持有一種權益類證券的市值/該權益的總市值≤5%（包銷除外）。

同時，《關於證券公司證券自營業務投資範圍及有關事項的規定》（2012

年徵求意見稿）對自營業務品種投資①、非自營品種投資②進行了重新規定。

三、資產配置方法的比較與選擇

（一）基於方差的馬克維茨資產配置模型

在組合理論之前，風險管理實踐大多依靠投資者的主觀、定性分析，沒有進行風險量化管理的工具。1952年，馬克維茨的《投資組合選擇》一文開創了風險量化管理的先河。馬克維茨將投資者持有的資產所產生的收益的不確定性定義為風險，並且對這種不確定性用數學工具進行了準確刻畫——方差（或標準差）。從此開始，風險管理實踐步入了量化管理階段，風險管理的技術進步也體現在量化模型的不斷改進上。

馬克維茨的方差理論非常直觀，認為風險管理者主要是在風險—收益之間尋求最佳的平衡點，可以有兩個層面的涵義：

（1）風險管理者追求風險特定條件下的資產投資收益最大化；

（2）在收益一定的情況下，風險管理者應盡量使得資產風險最小。

於是，該理論假定用期望值代表收益，用方差大小來代表風險，構建均值—方差框架下的資產配置模型（如下）。於是風險管理問題變為了對單目標規劃的求解，所求出的結果便是該理論所認為的最佳資產配置方案。

$$目標函數：\min\delta^2(p) = \sum_{i=1}^{n}\sum_{j=1}^{n}x_i x_j \text{cov}(r_i, r_j)$$

$$約束條件：\begin{cases} E(R_p) = \sum_{i=1}^{n} x_i E(R_i) \\ \sum_{i=1}^{n} x_i = 1, x_i \geq 0（不允許賣空）\\ \sum_{i=1}^{n} x_i = 1（不允許賣空） \end{cases}$$

優點：首次進行了風險的量化；其次，所使用的工具——方差有較好的統計特性，表現在對組合方差的求解上，即對組合中的單個資產收益率的方差、各個資產收益率之間的協方差進行加權求解，便於該配置模型在風險管理實踐中的應用。

缺點：①資產收益率波動可以有兩種不同的情況，一是在高於期望收益率的上方波動，二是在低於期望收益率的下方波動，顯然方差方法並未對此加以區分，這與投資者的風險感受不一致（僅僅厭惡資產收益率出現在期望收益率下方的情況）。②為了計算簡便，組合方差的計算往往依賴於對資產收益率

---

① 比如，規定證券自營投資品種主要包括已上市證券、銀行間證券等。同時，規定證券公司將自有資金投資，當規模不超過淨資本的80%時，不需要辦理自營資格。

② 規定證券公司可以通過設立子公司的形式，從事自營品種以外的金融產品。

的正態性假設，因為這樣保證了聯合分佈也為正態分佈，組合方差的求解才變成可能。但是，從現有的研究來看，資本市場的金融資產收益率（尤其是高頻數據）往往具有偏峰后尾的分佈特徵，方差方法在此情況下難以適用。

(二) 基於半方差的哈洛資產配置模型

鑒於前面所述的方差度量風險存在的不足，半方差方法引入風險基準或參照水平來代替方差法中的均值 μ，以重點測度收益分佈的左側波動情況，即低於期望收益時才構成風險。因此，基於該風險度量方法，哈洛（W. V. Harlow）提出了如下資產配置模型：

目標函數：$\min LPM_n = \sum_{R_p = -\infty}^{T} P_p (T - R_p)^n$

約束條件：

$$\begin{cases} E(R_p) = \sum_{i=1}^{n} x_i E(R_i) \\ \sum_{i=1}^{n} x_i = 1, \ x_i \geq 0 (\text{不允許賣空}) \\ \sum_{i=1}^{n} x_i = 1 (\text{不允許賣空}) \end{cases}$$

其中，P_p 代表收益 R_p 的發生概率。$n = 1, 2, n$ 的取值不同，LPM 的含義不一樣：當 n=0 時，LPM_0 為小於目標收益的概率；當 n=1 時，LPM_1 為單邊離差的期望值；當 n=2 時，LPM_2 為目標半方差。

(三) 基於 VaR（或 CVaR）模型的資產配置方法

有關 VaR 與 CVaR 模型已經在前一章進行了介紹。實際上，資產配置方法的演變主要以人們對風險的認識觀念、風險測度方法的不斷改進為主要內容。

一方面，如果說半方差方法對風險的界定使風險理論開始接近人們的心理真實感受的話，VaR（包括 CVaR）模型則通過風險管理者主動設置置信水平、持有期等參數而將人們的風險心理真實感受度進一步強化。另一方面，風險測度方法的改進也使得資產配置模型的適用條件逐步被放寬，從局限於服從標準正態分佈的資產組合到非正態的資產組合選擇。

但是，無論風險概念、測度方法如何變化，投資者資產配置的基本原則始終是風險—收益的權衡問題[1]。這也就是馬克維茨提出的：要麼是在一定風險下，希望資產的收益最大化；要麼是在一定收益下，資產所暴露的風險最小。

---

[1] 本書沒有對「收益」測度方法的變遷進行分析，實際上在經濟資本配置中，還需要將預期損失作為成本從收益裡面扣減。

第三節　雙重資本約束下的投資銀行資產配置理論

在前面分析的基礎上，本節加入經濟資本約束，這樣投資銀行的資產配置行為將面臨淨資本和 EC 的雙重約束，相應的目標函數也有所不同。

一、投資銀行資產配置模型

從前面對 CVaR 和 VaR 模型測度經濟資本的優缺點比較來看，本書採用 CVaR 約束破產損失。對於給定的置信水平 $\beta \in (0, 1)$，假設投資者的最低淨資產要求為 A^*，則有：

$$VaR_\beta = \inf\{\alpha \in i \mid \Pr(\tilde{A} < \alpha) < \beta\}$$

監管部門對投資銀行實施了一系列約束，如前所述。

假定投資銀行期初資本金為 E，負債水平為 L，並且資本結構在考察期內保持不變。投資銀行需要將資產 A（=E+L）投資於 N 種資產，其中第 i 種資產的收益率為 r_i，投資比重為 α_i。則期末資產 $\tilde{A}$ 為：

$$\tilde{A} = (E + L) \sum_{i=1}^{N} \alpha_i (1 + r_i) - L_\alpha$$

其中，L_α 為融資成本。

於是，僅考慮淨資本約束條件下的投資銀行資產配置基本模型如下：
目標函數：$\min \delta_p^2 = X'\Sigma X$ 或 $\max E[r_p] = X'(R - kI)$
約束條件：

$$\begin{cases} \sum_{i=1}^{n} x_i = 1, \ x_i \geq 0 (\text{不允許賣空}) \\ \sum_{i=1}^{n} x_i = 1 (\text{不允許賣空}) \\ f(A) \geq NE_i (\text{淨資本監管約束}) \end{cases}$$

如果引進經濟資本配置進行投資銀行資產管理，收益率指標可以採用基於經濟資本 EC 的 RAROC。該方法最初由美國信孚銀行提出。假定投資銀行測度出來的經濟資本為 EC，則：

$$RAROC = \frac{\text{風險調整后的淨收益}}{\text{經濟資本}} = \frac{\text{收益} - \text{資金成本} - \text{營運成本} - \text{預期損失}}{\text{經濟資本}}$$

如果用 CVaR 來度量經濟資本，則上式表示為：

$$RAROC = \frac{\text{風險調整后的淨收益}}{CVaR - \text{預期損失}} = \frac{\text{收益} - \text{資金成本} - \text{營運成本} - \text{預期損失}}{CVaR - \text{預期損失}}$$

可見，一方面 RAROC 並不把預期損失作為真正的風險，因而需要在 CVaR 值裡扣除，同時預期損失因為計提了損失準備，也應該從收益裡面扣

除。該方法對風險、收益以及風險—收益相適應的這三個概念進行重新理解，其本質是真正的風險是非預期損失。因此預期損失是業務的必要成本。

下面是引入經濟資本後，投資銀行在經濟資本和淨資本雙重目標約束下的資產配置模型：

目標函數：$\min(\delta_p^2, -RAROC)$ 或 $\max EVA$

約束條件：

$$\begin{cases} \sum_{i=1}^{n} x_i = 1, \ x_i \geq 0(不允許賣空) \\ \sum_{i=1}^{n} x_i = 1(不允許賣空) \\ f(A) \geq NE_i(淨資本監管約束) \\ CVaR_\beta(\tilde{A}) \leq A^*(基於 CVaR 模型測度經濟資本) \\ VaR_\beta(\tilde{A}) \leq A^*(基於 VaR 模型測度經濟資本) \end{cases}$$

其中，EVA 為絕對值形式的經濟資本增加值。

二、配置步驟

(一) 自下而上的經濟資本度量

資產配置的第一步是測度投資銀行的預期損失和非預期損失，然後才能計算出經濟資本。由於自上而下的度量方法過於宏觀，難以對微觀的資產結構配置提供多少信息，因此我們需要採用自下而上的經濟資本度量方法。

實際上，投資銀行風險的測度相當複雜。如果從投資銀行的各個業務視角進行測度，就得將其劃分為經紀業務、自營業務、資產管理業務等，然後對每個業務的各種風險進行分別度量並加總得到該業務的經濟資本需求。以投資銀行的經紀業務為例，其風險不僅包括員工操作風險，還包括交易網路故障的技術風險、違反監管規定的法律風險等。另外，即使估計出了經紀業務、自營業務等各業務的經濟資本需求（如各個業務的經濟資本需求為 EC1，EC2 等），我們同樣面臨如何將這些不同業務的風險加總的問題。

而反過來，如果我們從不同風險形態出發度量投資銀行的經濟資本，問題是否變得更容易了？問題似乎沒有得到多大改善。投資銀行的風險形態包括市場風險、信用風險、操作風險、法律風險等。而單就市場風險而言，還得有承擔風險的具體載體——業務或者某個資產，這就又回到上面的問題。

因此，實踐中並不存在完美的、窮盡每個業務與每種風險形態的自下而上的經濟資本度量方法。猶如商業銀行的經濟資本管理，目前也主要集中在對信貸資產（或業務）、信用風險的管理上。本書認為，投資銀行的經濟資本度量需要抓住主要業務的主要風險：針對經紀業務，則主要以操作風險作為其風險

度量及經濟資本配置的主要對象①；針對自營業務，則主要度量市場風險的非預期損失，並以此來配置經濟資本；等等。然后，結合對不同風險相關性的考察，比如借助於 Copula 連接函數，匯總經濟資本總量。

(二) 機構層面向各業務部門分配經濟資本

投資銀行機構層面根據實際可用的資本金規模和匯總的必要經濟資本總量的比較，確定各業務部門的經濟資本額度，用以控制各個業務部門的資本預算分配量。可見，經濟資本分配的路徑是自上而下進行的。同時，對不需要占用資金如以服務為主的經紀業務來說，該資金並不是要真正分配到經紀部門，而是結構層面以預留形式進行虛擬分配。

(三) 各業務部門向業務單元進行分配

各業務部門根據本業務部門的經濟資本限額，也就是其所對應的風險承擔能力，重新調整自身的業務規模、資產結構。如果限額大於第一步所測度出來的本部門所需要的必要經濟資本，則意味著本部門可以按照 RAROC 最大的原則提高相應的資產規模，反之則需要減少本部門 RAROC 最小的資產規模直至滿足所分配的限額。

往往按照上述步驟對所有業務都進行經濟資本度量，然后再從上而下分配，不具有現實性。因此，投資銀行可以在某個業務部門內部，獨立進行經濟資本的測算，然后以該業務的淨資本監管為限額，進行資產的次優配置。這就是下一節所研究的內容。

第四節　雙重約束下中國投資銀行資產配置實證

美國淨資本監管始於 1934 年的《證券交易法》，比 1988 年的《巴塞爾協議》還早了半個世紀。但此次危機表明以淨資本為核心的投資銀行監管模式並不能替代自我約束機制，其在面臨流動性風險時顯得無能為力。因此，如何在淨資本監管的外部風險管理框架下，實證研究經濟資本管理這一內部管理方法的適用性，具有實際意義。

中國淨資本監管體系的建立不過近十年時間。監管者通過不斷細化、精確

---

① 由於經紀業務不消耗資本或屬於低資本消耗型業務，對其的經濟資本配置實際上只是虛擬地在機構層面進行配置。

化的淨資本計算方法和監管指標①，以期提高風險監管的有效性、改善券商資本配置效率。雖然因目前中國投資銀行還處於以傳統服務業務為主的階段，前面所分析的美國現代投資銀行所具有的風險特徵在中國尚不明顯，但是隨著融資融券、股指期貨等的推出和混業經營趨勢逐漸顯現所帶來的競爭，券商現有業務結構中高資金占用型的新興業務將逐步增加，其風險特徵也將與發達市場投資銀行趨同。下面基於 GARCH 模型，用 VaR 和 CVaR 分別來度量並比較中國投資銀行所需的必要經濟資本與淨資本的關係，實證分析淨資本監管的有效性和券商的資本配置效率。考慮到數據可獲得性，本書僅以上市投資銀行的自營業務為例。

一、中國投資銀行自營資產配置的一般分析

（一）自營業務特徵分析

由於投資銀行在經紀、承銷等業務領域面臨激烈的競爭，通過這些傳統業務來提高收入顯得極為有限。以 2007 年為例，如果經紀業務按 0.2% 的平均佣金率計算收入，全國 3,000 多家投資銀行營業部的平均收入也不足 214 萬元；對於投資銀行的承銷業務來說，若按 3% 的上限費率計算佣金，擁有主承銷資格的投資銀行的承銷業務收益也只有 3,092 萬元。因此，在這種情況下，投資銀行為了獲得更多的利潤，紛紛將業務重心轉向收益高、風險大的自營業務，造成投資銀行的業務高度雷同。

同時，由於自營業務受到市場條件約束，目前中國債券市場總體規模小，存在多頭監管、市場分割等情況。加上金融衍生產品的種類和數量也有限，投資銀行的自營業務長期以來主要集中於二級市場股票交易，投資品種中對股票的配置占了很大比重。這種以股票為主要配置內容的投資模式，也容易導致各家投資銀行的自營業務高度雷同。在這種投資方式下，投資銀行自營業務的盈利模式單一，主要通過對市場行情的趨勢判斷來獲利，因此特別易受制於市場行情。業務規模雖然不大，但風險暴露程度較高，業績波動幅度卻很大。投資的趨勢判斷往往使得盈利情況依賴於個人能力，業務的核心競爭力缺乏。加上中國證券市場本身發育不完善，其他投資者的投資理念也尚不成熟，在整體上上市公司的獲利能力普遍較弱、股票價格波動較大、市場相關的基礎設施建設不到位、市場監管也不健全的狀況下，投資銀行的自營業務風險就更大。

---

① 淨資本計算方法方面，中國先後發布了《關於調整證券公司淨資本計算規則的通知》（2001）、《關於發布證券公司淨資本計算標準的通知》（2006）、《關於調整證券公司淨資本計算標準的通知》（2007）、《關於調整證券公司淨資本計算標準的規定》（2008）等；淨資本監管指標設計方面，中國先後發布了《證券公司管理辦法》（2001）、《證券公司風險控制指標管理辦法》（2006）、《關於修改〈證券公司風險控制指標管理辦法〉的決定》（2008）、《關於證券公司風險資本準備計算標準的規定》（2008）、《證券公司分類監管規定》（2009）、《關於修改〈證券公司分類監管規定〉的決定》（2010）等。

從自營業務的收入來看，其波動特徵明顯。歷史比較，2001年行業收入中，自營業務占比13%，2011年，自營業務占比11%，自營業務以股票和債券投資收益為主，自營業務的盈利模式並未發生明顯變革。而摩根士丹利2011年的自營業務收入占比達39.5%。中國投資銀行自營業務收入占比變化如表4.3所示。

表4.3　　　　中國投資銀行自營業務收入占比變化分析（%）

年份	2001	2007	2008	2009	2010	2011	2012年1~6月
自營業務	11	29.72	3.68	11.81	15.40	13.49	27.67

註：自營業務收入包括投資收益和公允價值變動。

長期以來，中國投資銀行的自營業務主要以方向性投資為主。股指期貨推出後，創造了投資銀行自營業務從傳統高風險的投機、單向盈利方式轉化到雙方向對沖投資盈利形式，有了套期保值的交易機制。同時，監管者也逐步放開約束。2011年6月，中國證監會發布相關規定，進一步明確了券商自營業務的投資範圍，指出證券公司可以設立子公司，從事《證券公司證券自營投資品種清單》所列品種以外的金融產品等投資。這有利於改善自營投資的品種結構和風險屬性，對於投資銀行加大力度發展自營業務、增加業績增長點具有積極作用。《關於證券公司證券自營業務投資範圍及有關事項的規定》（2012年10月）進一步將投資銀行的自營品種增加一類、擴大兩類，將銀行理財計劃、集合資金信託計劃等納入自營投資範圍。

（二）自營業務風險分析

（1）自營業務的市場風險。投資銀行市場風險主要存在於自營業務，它是指其持有的股票、債券、基金等金融資產頭寸因為股價、利率等金融價格波動給其帶來潛在損失的可能性。同時，市場風險也是投資銀行自營業務面臨的主要風險，自營業務的高風險特點也主要由它引起。資本市場上的宏微觀因素，都有可能引起金融資產價格的波動。比如宏觀層面的緊縮性政策往往對資本市場帶來不利影響，引起資產價格下跌；中觀層面的產業政策，也對投資銀行所持股票或債券的公司帶來影響，進而引起其資產價格變化；微觀層面的公司經營政策調整、高管異動等對資產價格也會產生影響。宏觀層面的原因，投資銀行無法通過組合投資的形式來規避。但就微觀和中觀因素引起的非系統性風險，投資銀行則一般運用風險管理技術（如VaR方法）進行組合投資，可以降低風險的程度。

（2）自營業務的經營風險。投資銀行在自營業務過程中，可能由於資產組合選擇的偏差、投資方向的誤判等原因，使自營業務收益遭受損失。從成因上講，經營風險可能是由於內部控制不嚴導致決策失誤而引起；也可能是由於員工與部門經理、部門經理與投資銀行高管之間存在委託代理問題，致使操作風險甚至道德風險頻發所引起。除此之外，投資銀行既進行自營投資，又提供

資產管理業務、諮詢服務。這種道德風險甚至法律風險，可能會給自營部門甚至整個投資銀行帶來不利影響。

（3）自營業務的監管風險。中國證券監管以合規管理為重點。自營業務的監管風險（又稱為合規風險）指的是投資銀行工作人員在自營投資中，有意識或無意違反監管部門的相關規定，導致投資銀行可能因此受到行政處罰、罰金、禁入市場等損失，而且這類損失往往會有連帶的聲譽影響。在中國，監管部門對自營業務的品種、規模、交易制度、信息披露等都做了嚴格規定。

（三）自營資產配置的一般思路

從上面來看，中國投資銀行的自營投資品種主要限於上市的股票、債券、基金等少數幾種監管部門許可的範圍，並受到債市規模不大、基礎資產及其衍生品較少等環境約束。投資銀行的自營資產配置以合規為主要特徵，價值投資和量化風險約束下的資產配置能力仍處於較低水平，風險控制的能力也有待提升。

但隨著監管部門對投資品種的相關政策規定放寬、股指期貨推出、直接金融市場的比重擴大等外部環境的改善，投資銀行的自營資產配置逐步具備了投資結構優化、能防範系統性風險的外部條件和相應機制。這將有利於投資銀行對自營業務的風險進行更好的管理。自營資產配置也進入數量化和技術化配置的新階段，資產配置專業化程度和技術將成為各家投資銀行競爭的關鍵。具體來說，投資銀行在資產配置時需要兼顧以下幾個目標：

第一，在資產配置理念上，不僅要重視策略投資，也需要進行以較長投資期限為目的的價值投資。這反應在風險管理技術上，就是對資產配置的持有期的考察。相對其他投資者來說，投資銀行在自營業務上擁有信息、人才等優勢，具有價值評估和價值投資的基礎。從前面對中國投資銀行的資產配置的情況來看，中國投資銀行還處於以短期投資、價差收益為目的的投機性或技術性投資階段，市場風險巨大。因此，投資銀行需要兼顧不同的投資期限，並在滿足考慮流動性管理的需要條件下，更加注重策略的研究和運用，並通過不同的組合和配置分散風險，通過衍生工具對沖風險，從而實現與可承受風險相匹配的投資收益。

第二，在資產配置品種上，兼顧固定收益、權益類證券不同的風險、收益特徵，進行合理化搭配。隨著債券市場的縱深發展，投資銀行應加大債券等相對低風險產品的配置，達到整體上平滑組合資產的收益波動。同時，從擴大品種的條件上看，中國投資銀行的融資機制、負債業務等相關的制度性規定被逐步放鬆，也為投資銀行適度擴大配置規模以增加絕對收益創造了外部條件。

第三，在資產配置的具體技術上，創新投資方式，如引進對沖機制等。隨著自營業務在範圍、品種選擇上的逐步擴大，自營投資的收入來源可能會逐步增加。如套利交易機制所帶來的低風險收益、信託產品投資、資產證券化產品、銀行理財產品等收入渠道，緩解了來自銀行競爭的壓力。同時，這也要求投資銀行要根據不同產品的性質、不同風險特徵選擇相適應的資產組合，並採

取相應的投資形式，通過投資品種多樣化、投資方式的多元化實現自營資產價值的增值、投資風險的分散。

第四，加強各個業務部門、人員在不同類型資產配置業務單元的整體協同能力，提高配置的總體效率。在資本金總體規模有限的條件下，投資銀行需要降低內部的代理問題產生的額外成本，通過進行股票約定式購回業務、債券質押購回業務等進行業務聯動，為進一步提高其自有資金的使用效率、更好地創造股東價值提供保障。

無論是上述投資品種的優化，還是資金使用效率的提升，在既定外部約束下，投資銀行自營資產配置的關鍵還是在於對資產配置方法、風險管理技術的掌握上。下面結合經濟資本配置方法，實證研究中國上市投資銀行的自營資產配置。

二、數據選取與描述性分析

證券類資產分為權益類、固定收益類和基金類。相應地根據數據可獲得性，我們選取了2008—2009年[1]的滬深300指數、債券指數（上證國債指數、上證企業債指數）、上證基金指數（預處理為日收益率形式）。各序列共得到樣本490個。

首先進行變量的正態性、平穩性檢驗，結果見表4.4。4個指數收益率的峰度係數都大於3，具有明顯尖峰厚尾的特徵，由JB統計量可判定它們皆不符合正態分佈，ADF統計量表明各序列在1%的顯著水平下平穩。

表4.4　4個指數收益率序列的描述性統計量和單位根檢驗

	滬深300指數	上證國債指數	上證企業債指數	上證基金指數
均值	-0.047,281	0.020,164	0.033,813	0.013,976
標準差	2.624,902	0.104,687	0.198,035	2.313,982
偏度係數	-0.055,409	1.033,877	2.150,717	0.262,172
峰度係數	3.921,277	14.202,28	21.369,21	4.890,529
JB統計量	17.579,41	2,649.403	7,266.906	78.584,47
ADF統計量[2]	-21.465,19	-17.152,37	-14.567,44	-21.510,56

---

[1] 目前執行的淨資本計算標準從2008年12月1日開始，同時后文計算的是月VaR值，故為保證連貫性和樣本量，實證使用2008—2009年的樣本數據。另外，由於滬深綜合債券及基金指數的數據可獲得性問題，債指和基金指數用上交所數據。

[2] 1%的臨界值為-3.443,496。

三、基於 GARCH-VaR 模型的投資銀行資產配置實證

1. GARCH-VaR 模型

GARCH 模型常用的分佈有正態分佈、學生 t-分佈和廣義誤差分佈（GED）等。徐煒和黃炎龍（2008）、陳林奮和王德全（2009）等學者實證發現，對具有尖峰厚尾特徵的時間序列數據，GED 分佈能較好刻畫這些風險特徵，而且殘差分佈選擇也不會對模型結果產生很大差異。本書假設 GARCH 模型殘差服從 GED。根據 AIC 準則，確定均值方程採用無常數項的 AR（1）形式，GARCH 模型採用 GARCH（1，1），其均值方程和方差方程分別為：

$$\gamma_t = \mu_{t-1} + \varepsilon_t$$
$$h_t = \omega + \alpha \varepsilon_{t-1}^2 + \beta h_{t-1}$$

其中 y_t 為指數日收益率，h_t 為條件方差，$\varepsilon_t \sim GED(0, h_t, r)$，其概率密度函數為：

$$f(\varepsilon) = \frac{r \exp(-|\varepsilon/\lambda h|^r / 2)}{\lambda 2^{1+1/r} \Gamma(1/r) h}$$

$$\lambda = \left[\frac{2^{-2/r} \Gamma(1/r)}{\Gamma(3/r)} \right]^{1/2}$$

其中 Γ 為 Gamma 函數，r 是尾部厚度參數。當 0<r<2 時，GED 分佈為厚尾分佈，當 r=2 時，GED 為正態分佈，當 r>2 時，GED 則為瘦尾分佈。

然后，將上面 GARCH 模型估計出來的方差和均值，帶入前面所介紹的 VaR 的公式：$VaR_{\alpha, t} = V\delta\Phi^{-1}(\alpha)\sqrt{t}$，便可得到 VaR 值。

2. 計算指數 VaR

根據上述步驟，首先檢驗 GARCH 方程的系數項之和小於 1，滿足寬平穩性；ARCH-LM 檢驗表明消除殘差序列中的自迴歸條件異方差成分；GARCH（1，1）-GED 的尾部厚度指標 r 為 1.434,904，呈現厚尾分佈。由 Eviews7.2 軟件計算可得 99% 置信水平下 GARCH（1，1）-GED 的分位數為 2.526,348。從而，預測下一交易日（t）滬深 300 指數收益率的波動率公式為：

$$\hat{\delta}_t^2 = 0.205,092 + 0.088,384 \, (hs\,300_{t-1} - 0.045,997 hs\,300_{t-2})^2 + 0.886,144 \delta_{t-1}^2$$
(4.1)

根據 GARCH（1，1）自動生成的條件方差序列，可知 $\hat{\delta}_{t-1}^2 = 3.968,992$。將 2009 年前和 2009 年第一交易日的指數收益率（$hs300_{t-2} = 1.660,220$，$hs300_{t-1} = 0.472,623$）代入式（4.1），可得：$\hat{\delta}_t^2 = 3.748,828$。這就是 2010 年第一個交易日（t）滬深 300 指數收益率的方差預測值。

最後，計算 VaR 值。淨資本計算表是每月進行一次計算並上報證監會，相應的持有期 T 也按月計算。2010 年 1 月有 20 個交易日，從而可計算出滬深 300 指數在 99% 置信水平下的月 VaR 值（採用百分比的相對形式）為 21.875,397。限於篇幅，其他 3 個指數的 VaR 計算過程不復述，計算結果見表 4.5。

表 4.5　　　　　　　　4 個指數的月 VaR 計算結果

	滬深 300 指數	上證國債指數	上證企業債指數	上證基金指數
VaR（%）	21.875,397	1.146,083	0.941,316	19.890,935

3. 經濟資本的計算

本書以 11 家上市投資銀行作為對象，原始數據見附錄二。為方便，我們把 11 家公司 2009 年年末持有的自營證券相應地分為權益類、債券類和基金類，結合其投資規模和表 4.5，可計算出各投資銀行每類資產的 VaR 值（見表 4.6），但因其還未剔除預期損失，故還不是經濟資本。我們知道，投資銀行是通過計提損失準備來應付預期損失的。為此，我們簡化地用損失準備作為預期損失，將上述 VaR 值減去公司所計提的該項資產的損失準備，差額便可以用於度量該類資產的非預期損失——經濟資本。結果見表 4.6。

表 4.6　　　11 家上市投資銀行自營證券的 VaR 與經濟資本　　單位：百萬元

序號	公司名稱	VaR 權益類證券	VaR 固定收益類證券	VaR 基金類證券	經濟資本 權益類證券	經濟資本 固定收益類證券	經濟資本 基金類證券	總額
1	宏源證券	274.89	32.01	237.74	165.12	32.01	237.74	434.88
2	東北證券	278.29	0.00	208.96	278.29	0.00	208.96	487.26
3	國元證券	186.78	4.28	142.01	186.78	4.28	142.01	333.07
4	長江證券	467.09	51.36	271.40	440.49	51.36	271.40	763.24
5	中信證券	3,810.49	377.21	0.00	—	—	—	3,772.37
6	國金證券	28.25	0.54	110.84	28.25	0.54	110.84	139.63
7	西南證券	303.72	2.22	258.47	303.72	2.22	258.47	564.42
8	海通證券	1,733.03	66.88	916.23	1,732.83	66.88	916.23	2,715.94
9	招商證券	681.96	165.74	0.00	681.96	165.74	0.00	847.71
10	太平洋	111.27	5.66	19.21	111.27	5.66	19.21	136.15
11	光大證券	185.34	20.03	1,051.13				1,256.40

註：①數據來源：各家投資銀行 2009 年年報。②中信證券和光大證券 2009 年年報未將相應的損失準備細分，故無法計算出各類投資的經濟資本。

4. 淨資本的計算及比較

按照相關監管規定①，分別計算各類投資對應的淨資本要求②。再結合表4.6，便可計算出淨資本要求與經濟資本要求的差額，見表4.7。

表4.7　11家上市投資銀行自營證券的淨資本與經濟資本比較

單位：百萬元

序號	公司名稱	淨資本-經濟資本			
		權益類證券	固定收益類證券	基金類證券	總額
1	宏源證券	1,091.51	581.43	0.00	1,672.94
2	東北證券	993.89	—	0.00	993.89
3	國元證券	667.07	77.71	0.00	744.78
4	長江證券	1,694.74	932.76	0.00	2,627.50
5	中信證券	—	—	—	20,874.92
6	國金證券	100.89	9.90	0.00	110.78
7	西南證券	1,084.70	40.38	0.00	1,125.08
8	海通證券	6,189.46	1,214.80	0.00	7,404.26
9	招商證券	2,435.53	3,010.34	—	5,445.87
10	太平洋	397.39	102.86	0.00	500.25
11	光大證券	—	—	—	1,025.78

註：①東北證券和招商證券2009年報表披露的固定收益類證券和基金類證券為0；②中信證券和光大證券的經濟資本要求因數據可獲得性無法細分，因此差額只能計算出總值。

四、基於 GARCH-CVaR 模型的投資銀行資產配置實證

1. 不同分佈下的 CVaR 模型

根據 CVaR 的定義，其計算的是大於 VaR 的極端值的平均值，即條件期望值。用 α 表示對應於置信水平 c 的分位數，q 表示大於 α 的分位數，則有：

$$\begin{aligned} CVaR &= E[\,p_{t-1}q\delta_t \mid p_{t-1}q\delta_t > p_{t-1}\alpha\delta_t\,] \\ &= p_{t-1}\delta_t E[\,q > \alpha\,] \\ &= p_{t-1}\delta_t E[\,-q \mid -q < -\alpha\,] \end{aligned}$$

---

① 《關於修改〈證券公司風險控制指標管理辦法〉的決定》（2008）第二十二條對投資銀行經營證券自營業務的相關規定：自營權益類證券及證券衍生品的合計額≤淨資本；自營固定收益類證券的合計額≤5倍淨資本。

② 《證券公司風險控制指標管理辦法》第四十一條規定，股票類基金計入權益類證券，債券類基金計入固定收益類證券。考慮到數據可獲得性，本書將基金類債券視為權益類證券，其淨資本要求按照權益類的淨資本要求計算方法進行計算。

$$= p_{t-1}\delta_t \frac{\int_{-\infty}^{-\alpha} -qf(q)dq}{\int_{-\infty}^{-\alpha} f(q)dq}$$

$$= \frac{p_{t-1}\delta_t}{1-c}\int_{-\infty}^{-\alpha} qf(q)dq$$

(1) 正態分佈下的 CVaR 值

將正態分佈的密度函數 f（q）帶入上式，有：

$$CVaR = \frac{p_{t-1}\delta_t}{1-c}\int_{-\infty}^{-\alpha} q \frac{1}{\sqrt{2\pi}} e^{-q^2/2} dq = \frac{p_{t-1}\delta_t}{1-c} \frac{1}{\sqrt{2\pi}} e^{-\alpha^2/2}$$

(2) t 分佈下的 CVaR 值

$$CVaR = \frac{p_{t-1}\delta_t}{1-c}\int_{-\infty}^{-\alpha} q \frac{\Gamma((d+1)/2)}{\sqrt{d\pi}\Gamma(d/2)} \left(1+\frac{q^2}{d}\right)^{-\frac{d+1}{2}} dq$$

$$= \frac{p_{t-1}\delta_t}{1-c} \frac{\sqrt{d}}{(d-1)\sqrt{\pi}} \frac{\Gamma((d+1)/2)}{\Gamma(d/2)}(^{1}+)^{-\frac{d-1}{2}}$$

(3) 在 GED 分佈條件下的 CVaR 值

$$CVaR = \frac{p_{t-1}\delta_t}{1-c}\int_{-\infty}^{-\alpha} q \frac{d\exp[-\frac{1}{2}|q/\lambda|^d]}{\lambda 2^{[d+1/d]}\Gamma(1/d)} dq$$

GED 分佈下 CVaR 的計算更加複雜，採用 Matlab 軟件求解。

2. 指數 CVaR 計算

按照上述方法，指數的月 CVaR 計算結果見表 4.8。

表 4.8　　　　　4 個指數的月 CVaR 計算結果

	滬深 300 指數	上證國債指數	上證企業債指數	上證基金指數
CVaR（%）	74.82	4.34	4.38	48.97

3. 基於 CVaR 的經濟資本計算

利用 Matlab 軟件，基於 CVaR 的經濟資本計算結果見表 4.9。

表 4.9　　　　11 家上市投資銀行自營證券的 CVaR 與經濟資本

單位：百萬元

序號	公司名稱	CVaR 權益類證券	CVaR 固定收益類證券	CVaR 基金類證券	經濟資本 權益類證券	經濟資本 固定收益類證券	經濟資本 基金類證券	總額
1	宏源證券	940.21	133.73	585.30	830.44	133.73	585.30	1,549.47
2	東北證券	951.85	0.00	514.45	951.85	0.00	514.45	1,466.30

表4.6(續)

序號	公司名稱	CVaR 權益類證券	CVaR 固定收益類證券	CVaR 基金類證券	經濟資本 權益類證券	經濟資本 固定收益類證券	經濟資本 基金類證券	總額
3	國元證券	638.85	17.87	349.61	638.85	17.87	349.61	1,006.33
4	長江證券	1,597.58	214.54	668.16	1,570.98	214.54	668.16	2,453.67
5	中信證券	13,032.94	1,575.76	0.00	—	—	—	14,193.37
6	國金證券	96.62	2.28	272.88	96.62	2.28	272.88	371.78
7	西南證券	1,038.82	9.29	636.33	1,038.82	9.29	636.33	1,684.44
8	海通證券	5,927.46	279.41	2,255.68	5,927.26	279.41	2,255.68	8,462.35
9	招商證券	2,332.50	692.39	0.00	2,332.50	692.39	0.00	3,024.89
10	太平洋	380.58	23.66	47.30	380.58	23.66	47.30	451.54
11	光大證券	633.91	83.67	2,587.80	—	—	—	3,305.28

註：①數據來源：各家投資銀行2009年年報。整理后的數據見附表。②中信證券和光大證券2009年年報未將相應的損失準備細分，故無法計算出各類投資的經濟資本。

11家上市投行自營證券淨資本與基於CVaR方法的經濟資本比較見表4.10。

表4.10 11家上市投行自營證券淨資本與基於CVaR方法的經濟資本比較

單位：百萬元

序號	公司名稱	淨資本-經濟資本 權益類證券	固定收益類證券	基金類證券	總額
1	宏源證券	426.19	479.72	-347.56	558.35
2	東北證券	320.34	0.00	-305.49	14.85
3	國元證券	215.00	64.12	-207.60	71.52
4	長江證券	564.25	769.58	-396.76	937.07
5	中信證券	—	—	—	10,453.92
6	國金證券	32.52	8.16	-162.04	-121.36
7	西南證券	349.61	33.31	-377.86	5.05
8	海通證券	1,995.03	1,002.58	-1,339.45	1,657.86
9	招商證券	784.98	2,483.70	0.00	3,268.68
10	太平洋	128.08	84.87	-28.09	184.86
11	光大證券	—	—	—	-1,023.10

五、兩種模型的實證結論與比較

基於 CVaR 的方法比 VaR 方法對經濟資本的要求更高。同時，11 家券商的總監管資本要求大於經濟資本要求，其中權益類和固定收益類證券投資的監管資本要求均大於經濟資本要求，而基金類證券投資的監管資本要求與經濟資本要求相等。① 這一實證結論，與宋永明（2009）對商業銀行的研究和田玲、張岳（2010）對保險公司的實證相一致。出於審慎監管的考慮，監管者一般要求被監管者持有超過其意願的資本金水平。實證說明，中國券商的淨資本監管體系在風險防範上是有效的，但投資銀行自身的資本配置效率有待提高。這為中國投資銀行開展 ECM 提供了依據。

首先，淨資本與經濟資本之差為券商實施監管資本套利提供了空間。上述差額為正，可以被視為券商被迫繳納的監管稅。因此，券商總是希望差額越小越好，就傾向於調整資產配置，持有監管資本要求更低的資產以節約監管稅。這樣，淨資本監管套利所引起的資產重新配置問題，就需要考察這一差額的動態變化，而基於經濟資本的資產配置戰略為此提供了技術方案。

其次，經濟資本為中國券商業績評估提供了新思路。通過查找 2010 年 2 月 1 日各指數的收盤價，我們計算出 11 家券商三類投資的會計利潤和經濟利潤（見表 4.11）。如果按照傳統的業績考核方法，固定收益部門獲得了正的會計利潤，可以獲得較高的薪酬獎勵。但從經濟資本角度，固定收益部門所實現的利潤占用了較高的經濟資本，在剔除其給機構總體帶來的非預期損失風險即經濟資本後，其經濟利潤亦為負（基於 CVaR 的情況會更低）。因此過高的薪酬激勵並不恰當，反而會鼓勵部門主管的冒險行為。

表 4.11　11 家上市投資銀行自營證券的會計利潤與經濟利潤的比較

單位：百萬元

序號	公司名稱	會計利潤			經濟利潤（以 VaR 為例）		
		權益類證券	固定收益類證券	基金類證券	權益類證券	固定收益類證券	基金類證券
1	宏源證券	−148.65	30.29	−95.62	−313.77	−1.72	−333.36
2	東北證券	−150.49	0.00	−84.05	−428.78	0.00	−293.01
3	國元證券	−101.00	4.05	−57.12	−287.79	−0.23	−199.12
4	長江證券	−252.58	48.59	−109.16	−693.07	−2.77	−380.56
5	中信證券	−2,060.51	356.88	0.00	−5,476.00*		

---

① 上證基金 VaR 值為 19.9%，而這幾乎等於基金類債券的淨資本要求比例 20%，加上各家券商對基金類證券都未提取損失準備，因此基金類證券兩者的差額幾乎為零。

表4.11(續)

序號	公司名稱	會計利潤			經濟利潤（以 VaR 為例）		
		權益類證券	固定收益類證券	基金類證券	權益類證券	固定收益類證券	基金類證券
6	國金證券	-15.28	0.52	-44.58	-43.53	-0.03	-155.42
7	西南證券	-164.24	2.10	-103.96	-467.96	-0.12	-362.43
8	海通證券	-937.13	63.28	-368.53	-2,669.97	-3.60	-1,284.75
9	招商證券	-368.77	156.81	0.00	-1,050.73	-8.93	0.00
10	太平洋	-60.17	5.36	-7.73	-171.44	-0.31	-26.94
11	光大證券	-100.22	18.95	-422.79	-1,760.45**		

註：因公司財報中數據未細分，* 和 ** 指該數值為中信證券和光大證券三類投資的經濟利潤總額。

第五節　小結

本部分遵循「資產配置現狀—資產配置傳統方法—引入經濟資本的資產配置模型—中國投資銀行配置實證」這樣的思路展開研究。首先，通過對中國 94 家投資銀行的研究發現，投資銀行的資產規模總體偏小，抗風險能力有限。從資產結構上看，貨幣資金是其最大資產，其中以客戶資金存款為主，市場風險大。其次，建立了雙重約束下投資銀行資產配置模型，並利用中國上市投資銀行的自營資產配置數據進行了實證研究。研究發現自營部分的淨資本要求大於經濟資本要求、會計利潤大於經濟利潤、基於 GARCH-CVaR 模型的配置方法比 GARCH-VaR 模型更為有效等。這驗證了理論分析得出的經濟資本配置可以在一定程度上抑制投資銀行激進的風險文化的結論。

第五章　基於經濟資本的投資銀行資本結構優化理論與實證

本章先運用面板數據對中國投資銀行資本結構的影響因素進行實證分析，並研究投資銀行資本結構優化的必要性。然後，本章從理論上建立投資銀行如何運用期權方法建立基於經濟資本的資本結構優化模型。最後，本章運用中國券商數據進行實證研究與討論。

第一節　投資銀行的資本結構、影響因素與優化問題

一、資本結構的定義

資本結構是企業在過去的籌資過程中所有融資決策以及經營活動最后形成的結果，是基於財務數據得到的權益與負債的相對比值，因此是個靜態、存量概念。簡單地講，槓桿率就是公司的資本結構。但就資本結構是否重要這一問題，自從 Modigliani 和 Miller（1958）提出資本結構無關論以來，一直是公司金融研究的經典問題，也形成了豐碩的研究成果。

二、投資銀行資本結構的影響因素

資本結構受到投資銀行的規模、業績、監管情況等因素影響。本節我們通過建立實證模型，對中國投資銀行資本結構的影響因素進行分析。

（一）數據來源及樣本選擇

本書所使用的樣本為 2007—2010 年中國 94 家投資銀行的財務數據，並剔除了數據不完整或不連續的樣本。

（二）變量選擇與描述性分析

變量設置情況見表 5.1。限於本書的研究目標，以資本結構變量為被解釋變量，用 CS 表示，界定為 CS＝資產/權益，即槓桿倍數。

解釋變量包括：

（1）投資銀行的資產規模（SIZE）。資產規模大的投資銀行，抗風險能力更強，更容易進行負債融資，在理論上與槓桿倍數成正比。

（2）投資銀行的盈利能力（EP），用「淨利潤/總資產」衡量。一方面，

財務槓桿可以增加投資銀行的盈利能力，兩者存在正比因素；另一方面，對不同的投資銀行而言，盈利能力高的投資銀行也可能有較充裕的現金流，因而對外部融資需求不強烈，槓桿率較低，兩者有可能存在反比情況。

（3）淨資本情況（NC），用投資銀行的淨資本值代替。一般來說，淨資本充裕的投資銀行，槓桿倍數可以更高。但由於淨資本數據不完全可獲得，本書根據《關於發布證券公司淨資本計算標準的通知》（2006）提供的淨資本計算方法，再結合數據情況，按以下式子計算：淨資本＝淨資產－0.1×交易性金融資產－0.1×可供出售金融資產－0.5×投資性地產。

表 5.1　　　　　　　　　　　　　變量選擇

	變量	符號	說明
被解釋變量	資本結構	CS	資產/權益
解釋變量	資產規模	SIZE	總資產；可間接計算
	盈利能力	EP	「淨利潤/總資產」的對數
	淨資本情況	NC	淨資本的對數值

各變量的描述性分析見表 5.2。2007—2010 年 94 家投資銀行的平均槓桿率為 4.7。

表 5.2　　　　　　　　　　　各變量的描述統計

統計量	CS	SIZE	EP	NC
均值	4.737,846	22.901,86	0.044,521	21.405,82
中值	4.420,000	22.925,00	0.040,000	21.485,00
最大值	16.250,00	26.060,00	1.190,000	24.910,00
最小值	1.010,000	19.560,00	-0.180,000	18.410,00
標準差	2.140,404	1.291,306	0.068,708	1.254,340
偏度	1.250,893	-0.113,392	12.292,54	0.058,781
峰度	5.806,598	2.944,636	207.192,5	3.148,458

（三）實證結果

本書建立面板模型。由於數據的時間較短，本書進行面板最小二乘迴歸。迴歸結果如下：

$$C\hat{S}_{it} = 1.786,669 + 4.284,542 SIZE_{it} - 0.881,694 EP_{it} - 4.444,284 NC_{it}$$
$$(2.601,785)\ (50.829,46)\ \ \ \ (-1.555,657)\ \ \ (-51.456,22)$$

$R^2 = 0.880,149$　　F-statistic＝910.616,8

從上面的結論可以看出，資產規模與投資銀行的槓桿倍數成正比，這與預

期一致；但投資銀行的盈利能力、淨資本情況與投資銀行的槓桿倍數成反比，這或許從側面說明中國投資銀行的槓桿受到嚴格監管，沒有實施與自身風險狀況相適應的資本結構戰略。

三、投資銀行資本結構調整的理論比較：動態與靜態

（一）靜態資本結構理論

企業是否存在著最優的資本結構？1958 年 Modigliani 和 Miller 提出 MM 理論，認為公司的價值和資本成本與資本結構無關，但考慮到所得稅因素、破產成本，資本結構將受到負債水平影響。

權衡理論認為，最優的資本結構是在負債的節稅效果與破產的成本之間進行取捨的。該理論從是否考慮資本結構的調整成本角度，分為靜態資本結構理論與動態資本結構理論。靜態資本結構理論認為資本結構的調整成本很小，因此無須特別考慮。靜態優化分析部分地解釋了資本結構靜態優化的一些特點，例如多數靜態優化理論認為公司存在固定不變的債務股權比例。但靜態分析的重要前提是：外界環境保持不變，這越來越不適合現實經濟狀況，最終導致它能夠解釋的內容遠小於不能解釋的部分。

（二）動態資本結構理論

該理論的基本觀點是：最優的資本結構不是固定在某個水平上一成不變，而是需要根據企業的外部環境變化做相應調整。相對於靜態資本結構理論，該理論更符合企業實際。因為企業尤其是金融機構面臨複雜多變的外部環境，其資產風險狀況、負債成本等都可能在短期內發生較大變化。資產方的變化在前面已經做了較多論述。就金融機構負債融資的條件變化來說，同樣受到市場總體資金供求情況、國家貨幣政策走向等干擾，出現融資成本的波動。

但是，需要注意的是，動態資本結構理論儘管認為需要不斷優化資本結構以適應外界環境變化，但也要考慮資本結構調整的成本，尤其是在外部信息不對稱和監管約束條件下，投資銀行的資本成本調整需要兼顧調整成本。正因為如此，該理論認為金融機構的實際資本結構是動態波動的，甚至常態下是偏離了合意的資本結構水平的，但長期來看以合意水平為波動的均值點或接近它。

該理論對我們進行投資銀行的資本結構優化提供了啟示：投資銀行的資本結構需要根據其資產、負債的波動特徵，同時兼顧淨資本監管進行動態調整，但這種調整成本的存在使得實際資本結構並非長期處於最優水平。同時，前面所介紹的自上而下的經濟資本度量可用以動態反應投資銀行整體風險，有利於這種動態優化資本結構的實現。

第二節　基於經濟資本的投資銀行資本結構優化模型

目前在金融機構風險管理領域廣泛應用的經濟資本管理，主要有以下幾個方面：風險度量、配置、績效評估等，其中整體風險度量實際上就是公司資本結構問題。投資銀行要為股東創造價值，就需要在有效的風險管理條件下提高投資銀行的槓桿水平，並維持較低的投資銀行違約概率。

一、投資銀行資本結構優化的步驟

資本結構問題主要是關於投資銀行應該用多少債務和多少股權為其資產融資的問題。確定資本結構的過程主要包括以下幾個步驟：

（1）確定最低的目標清償標準和債務成本

確定資本結構的主要目標是將投資銀行的違約率降低到能夠保證其經濟生存能力並且使投行資本成本最小化的水平。為了達到這個目標，投資銀行必須制定一個最小的償付能力標準，並且使投資者的投資收益率與每個投資者所承受的風險聯繫起來。

在決定一個可接受償付能力標準的時候，應該將資本總額標準設定為某個特定時段破產概率的函數。例如，標準普爾信用評級為 AA 的公司一年期的歷史違約率為 0.03%。如果一個公司制定了一個 AA 級的目標償付能力標準，那麼經濟資本應被確定為在一年內能夠使公司的償付能力保持在 99.97% 的必要緩衝水平。

投資銀行應該選擇一個目標償付能力標準，在這個標準上，最大違約概率能夠被敏感客戶所接受。然後，投資銀行應該尋找到一種通過產生最低加權平均資本成本使得股東價值最大化的債權和股權的融資組合。

（2）選擇違約模型

投資銀行應擁有足夠的可支配經濟資本，以此吸收其在無違約責任情況下的組合中因風險的實現而造成的最糟糕的財務損失。給定現行淨資產價值分佈，投資銀行在決定能夠將其違約概率降低到目標水平的必要經濟資本量的時候，需要使用違約風險模型。

（3）確定必要經濟資本的測量方法和數量

必要經濟資本是理論上需要用來覆蓋潛在的未預期損失的資本量。也就是說，必要經濟資本是一種最小股權數量的估計值。投資銀行必須持有該數額以使債務持有人確信，其淨資產價值絕對不可能降低到這一點：股票的持有者不會行使對自身資產的看漲期權，從而導致公司違約，以及由於破產使得流向債務持有人的現金流減少。必要經濟資本是測算出來的達到違約臨界值的風險資本，它是在給定投資銀行淨資產波動率、資產價值和負債水平下，能夠將違約概率降低到特定違約模型所確定的目標水平的必要股權數量。

（4）確定可用經濟資本的數額

David（2009）認為，用於可用經濟資本代理指標的可支配資本指標有：第一，即監管資本，監管者計算的，可以符合他們最低監管標準的資本；第二，調整后的帳面資本，即當前可對違約起緩衝作用的資本，是指帳面資本加有形町市調整額，再加上有可能保值的「硬」的無形資產；第三，內部經濟資本，即資產負債表內與表外資產的市場價值或模型價值減去表內與表外負債的市場價值或模型價值。顯然，投資銀行的可用經濟資本可以選擇調整后的帳面資本與淨資本作比較。

（5）評估可用經濟資本數額與必要數額之間的差額，確定資本結構

如果可用經濟資本少於必要經濟資本，投資銀行處於資本不足狀態。這時投資銀行應該發行額外股票或次級債務，或者降低資產的風險並減少那些風險回報不能達到或超過必要股權收益率的業務。反之，如果可支配經濟資本高於必要經濟資本，可在那些能夠獲得較高風險調整收益的領域拓展風險業務，或者進行股權回購。上述資本結構調整都會使投資銀行在目標違約概率範圍內，最大化地創造股東價值。

可見，經濟資本用於優化資本結構，需要先測度必要經濟資本。下面先給出基於自上而下期權的總體必要經濟資本測度模型，再分析其影響因素及資本結構優化戰略。

二、投資銀行總體必要經濟資本的測度模型與影響因素

張仕英（2008）從理論上闡釋了保險公司可以通過經濟資本模型來優化資本結構，但沒有給出具體的計算模型。楊繼光（2009）則從理論和實證兩個方面，根據期權定價原理提出了商業銀行在無存款保險、部分存款保險和完全存款保險三種情形下總體必要經濟資本測度方法，並應用中國 14 家上市銀行 2000—2007 年度數據進行了實證研究。但該方法存在以下方面的不足：①由於經濟資本是非預期損失所需要的最低資本金，因此期權方法直接計算出來的「經濟資本」並不是真正的「經濟資本」，即沒有扣除預期損失部分；②沒有考慮紅利分配對經濟資本測度的影響；③只是給出了初始時刻的經濟資本測度模型，沒有考慮資本預算的動態調整。

下面在修正楊繼光（2009）提出的測度模型基礎上，扣除非預期損失，研究了三種不同條件下投資銀行的經濟資本測度模型：未考慮紅利分配的投資銀行總體必要經濟資本測度模型、考慮紅利分配的投資銀行總體必要經濟資本測度模型、投資銀行總體必要經濟資本測度靜態模型。然後，我們分析了投資銀行總體必要經濟資本的影響因素。

（一）不同情形下的投資銀行總體必要經濟資本測度模型

1. 不考慮紅利的投資銀行總體必要經濟資本測度模型

如果不考慮紅利分配的影響，在未來任意時刻 t（$0<t<T$），投資銀行的總體必要經濟資本 EC_t 為：

$$EC_t = V_t \Phi(d_1) - ML_T e^{-r(T-t)} \Phi(d_2) - EL_t \tag{1}$$

其中：$d_1 = \dfrac{\ln[\dfrac{V_t}{ML_T}] + (r + \dfrac{\sigma^2}{2})(T-t)}{\sigma\sqrt{T-t}}$，$d_2 = \dfrac{\ln[\dfrac{V_t}{ML_T}] + (r - \dfrac{\sigma^2}{2})(T-t)}{\sigma\sqrt{T-t}} = d_1 - \sigma\sqrt{T-t}$，$EL_t$ 為資產的期望損失。

證明：

公司的股東實際上擁有資產減去負債后的淨剩余要求權。這一要求權具有如下特徵：當公司資產價值小於負債價值時，出現違約，在破產保護下，股東收益為零；反之，股東的收益等於資產價值減去負債價值的差額。這樣的收益結構類似於期權。投資銀行可以通過期權定價思想，求得給定置信水平下投資銀行出現不違約所需要的總體必要經濟資本金額，從而與資本金作比較，判斷資本結構的優化方向。

設 v_t 為投資銀行的資產價值，並且服從幾何布朗運動：

$$dV_t = \mu V_t d_t + \sigma V_t dw$$

其中，μ、δ 是常數，指投資銀行資產的瞬間期望收益率（簡稱資產收益率）、投資銀行資產收益率波動的標準差（常簡稱資產波動率）；w 為標準維納過程；$t \in [0, T]$，0 為決策期初，T 為決策期末；v_t 表示 t 時刻投資銀行資產的價值。

進而，根據伊藤引理（Ito's Lemma），我們可以將投資銀行的資產價值調整過程表述為如下形式：

$$V_t = V_0 \exp[(\mu - \dfrac{\sigma^2}{2})t + \sigma\sqrt{t}\, dw]$$

如果令 ML_T 為其發生償付風險的臨界點，則我們可以計算出投資銀行在 T 時刻的違約概率 p_d 大小，具體為：

$$\begin{aligned}
p_d &= p[V_T \leqslant ML_T] = p[V_0 \exp[(\mu - \dfrac{\sigma^2}{2})T + \sigma\sqrt{T}\, dw] \leqslant ML_T] \\
&= p[-dw \geqslant \dfrac{\ln(\dfrac{V_0}{ML_T}) + (\mu - \dfrac{\sigma^2}{2})T}{\sigma\sqrt{T}}] \\
&= p[dw \leqslant -f_2] \\
&= \Phi(-f_2)
\end{aligned} \tag{5.2}$$

其中：$dw \sim \Phi(0, 1)$；$f_2 = \dfrac{\ln(\dfrac{V_0}{ML_T}) + (\mu - \dfrac{\sigma^2}{2})T}{\sigma\sqrt{T}}$；$\Phi(\cdot)$ 表示標準正態分佈的累積分佈函數。

反過來，如果確定了投資銀行的目標風險（目標評級），即假定投資銀行的違約置信水平為 p_d，然后，由前面的式（5.2）便可以計算出 p_d 概率下的償

付臨界點 ML_T：

$$\Phi^{-1}(p_d) = -f_2 = -\frac{\ln(\frac{V_0}{ML_T}) + (\mu - \frac{\sigma^2}{2})T}{\sigma\sqrt{T}}$$

進而可得：

$$ML_T = V_0 \exp\left[(\mu - \frac{\sigma^2}{2})T + \sigma\sqrt{T}\Phi^{-1}(p_d)\right] \qquad (5.3)$$

ML_T 表示在目標違約概率下，投資銀行 T 時刻的最大償付額（Maximum Liability）。如果 T 時刻投資銀行的實際負債額（Actual Liability）AL_T 大於最大負債額 ML_T，則意味著投資銀行的市場價值 V_T 將以大於 p_d 的概率小於 AL_T，即出現資不抵債的償付危機，陷入破產境地。

由式（5.3）可知，投資銀行在債務期末（或者下一階段的評級變動初期）T 時刻的最大負債額為 ML_T。投資銀行面臨兩種債務償還可能：①當投資銀行資產價值 $V_T > ML_T$ 時，此時投資銀行只需要償還 ML_T，並保持償付能力（即信用評級）不變；②當資產價值 $V_T < ML_T$ 時，投資銀行出現資不抵債的情況，需償還部分債務 V_T。於是，上述現金流類似於一筆歐式看跌期權：以 V_T 作為標的資產，以 ML_T 作為行權價的歐式看跌期權。因此，該負債額 ML_T 在 t 時刻（$0 \leq t < T$）的價格就可以根據期權的定價原理進行計算。具體來說：

首先，在期末 T 時刻最大負債額 ML_T 的期望價值為 $E\min[V_T, ML_T]$，連續複利情況下，該期望價值按無風險利率折現，在 t 時刻其折現值為 $e^{-r(T-t)}E\min[V_T, ML_T]$。

然后，t 時刻的總體必要經濟資本等於 t 時刻的資產期望價值 V_t 減去 t 時刻的負債價值 $e^{-r(T-t)}E\min[V_T, ML_T]$ 以及非預期損失 EL_t，即：

$$\begin{aligned}
EC_t &= E(V_t) - e^{-r(T-t)}E\min[V_T, ML_T] - EL_t \\
&= E(V_t) - e^{-r(T-t)}E\min[V_T - V_T + V_T, ML_T - V_T + V_T] - EL_t \\
&= E(V_t) - e^{-r(T-t)}E(V_T) - e^{-r(T-t)}E\min[V_T - V_T, ML_T - V_T] - EL_t \\
&= E(V_t) - e^{-r(T-t)}E(V_T) - e^{-r(T-t)}E\min[0, ML_T - V_T] - EL_t \\
&= E(V_t) - e^{-r(T-t)}E(V_T) + e^{-r(T-t)}E\max[0, V_T - ML_T] - EL_t \\
&= E[V_t - e^{-r(T-t)}V_T] + e^{-r(T-t)}E\max[0, V_T - ML_T] - EL_t \\
&= e^{-r(T-t)}E\max[0, V_T - ML_T] - EL_t
\end{aligned} \qquad (5.4)$$

其中，$E\max[0, V_T - ML_T]$ 為風險中性世界裡，標的資產為 V_T、執行價格為 ML_T 的歐式看漲期權到期日 T 的期望價值。其貼現值 $e^{-r(T-t)}E\max[0, V_T - ML_T]$ 為歐式看漲期權在 t 時刻的價格，減去非預期損失 EL_t 即對 t 時刻經濟資本總體需求的預測值。

最后，我們應用 Black and Scholes（1973）和 Merton（1974）的期權定價公式，有：

$$E\max[0, V_T - ML_T] = V_T\Phi(d_1) - ML_T\Phi(d_2) \qquad (5.5)$$

其中，$d_1 = \dfrac{\ln\left[\dfrac{V_t}{ML_T}\right] + \left(r + \dfrac{\sigma^2}{2}\right)(T-t)}{\sigma\sqrt{T-t}}$; $d_2 = \dfrac{\ln\left[\dfrac{V_t}{ML_T}\right] + \left(r - \dfrac{\sigma^2}{2}\right)(T-t)}{\sigma\sqrt{T-t}} = d_1 - \sigma\sqrt{T-t}$。

將式（5.5）代入式（5.4）可得：
$$EC_t = V_T e^{-r(T-t)} \Phi(d_1) - ML_T e^{-r(T-t)} \Phi(d_2) - EL_t$$

又因 $V_t = V_T e^{-r(T-t)}$，故：
$$EC_t = V_t \Phi(d_1) - ML_T e^{-r(T-t)} \Phi(d_2) - EL_t$$

可得總體必要經濟資本測度公式（5.1），證畢。

2. 考慮紅利的投資銀行總體必要經濟資本測度模型

在考慮分紅情況下，任意 t（$t<T$）時刻投資銀行的總體必要經濟資本額度 EC_t 根據紅利政策而不同。

① 如果紅利政策固定，t 時刻的紅利按 D 進行支付，則：
$$EC_t = (V_t - D)\Phi(d_1) - ML_T e^{-r(T-t)} \Phi(d_2) - EL_t \qquad (5.6)$$

② 如果按以連續複利計算的紅利率 q 進行紅利分配，則：
$$EC_t = V_t e^{-q(T-t)} \Phi(d_1) - ML_T e^{-r(T-t)} \Phi(d_2) - EL_t \qquad (5.7)$$

其中：$d_1 = \dfrac{\ln\left[\dfrac{V_t}{ML_T}\right] + \left(r + \dfrac{\sigma^2}{2}\right)(T-t)}{\sigma\sqrt{T-t}}$; $d_2 = \dfrac{\ln\left[\dfrac{V_t}{ML_T}\right] + \left(r - \dfrac{\sigma^2}{2}\right)(T-t)}{\sigma\sqrt{T-t}} = d_1 - \sigma\sqrt{T-t}$；$EL_t$ 為資產的期望損失。

證明從略。

3. 投資銀行總體必要經濟資本靜態測度模型

T 時刻投資銀行在承擔最大債務水平下所支付的債務為 $\min[V_T, ML_T]$，則 0 時刻投資銀行的必要經濟資本 EC 為：
$$EC_0 = V_0 N(d_1) - DP(p_d) e^{-rT} N(d_2) - EL_0$$

其中：$d_1 = \dfrac{\ln\left[\dfrac{V_0}{DP(p_d)}\right] + \left(r + \dfrac{\sigma^2}{2}\right)T}{\sigma\sqrt{T}}$; $d_2 = \dfrac{\ln\left[\dfrac{V_0}{DP(p_d)}\right] + \left(r - \dfrac{\sigma^2}{2}\right)T}{\sigma\sqrt{T}} = d_1 - \sigma\sqrt{T}$；$EL_0$ 為資產的期望損失。

證明從略。

(二) 投資銀行總體必要經濟資本的影響因素

（1）投資銀行總體必要經濟資本需求與資產價值成正比。

證明：

對公式（5.1）求微分，得：
$$\frac{\partial EC_t}{\partial V_t} = \Phi(d_1) + V_t \frac{\partial \Phi(d_1)}{\partial d_1} \frac{\partial d_1}{\partial V_t} - ML_T e^{-r(T-t)} \frac{\partial \Phi(d_2)}{\partial d_2} \frac{\partial d_2}{\partial V_t} \qquad (5.8)$$

因 $\dfrac{\partial \Phi(d_1)}{\partial d_1} = \dfrac{\partial \Phi(d_2)}{\partial d_2}$，$\dfrac{\partial d_1}{\partial V_t} = \dfrac{\partial d_2}{\partial V_t}$，所以式（5.8）變為：

$$\frac{\partial EC_t}{\partial V_t} = \Phi(d_1) + (V_t - ML_T e^{-r(T-t)}) \frac{\partial \Phi(d_2)}{\partial d_2} \frac{\partial d_2}{\partial V_t} \quad (5.9)$$

同理，由於企業存在破產保護制度，因此任何時刻企業資產均大於負債價值，即：

$$V_t - ML_T e^{-r(T-t)} > 0$$

從而式（5.9）中的兩項均大於0，即：

$$\frac{\partial EC_t}{\partial V_t} > 0$$

證畢。資產規模越大，在其波動率及收益率不變的假定下，相應損失發生時的絕對損失值越大，因而投資銀行需要提高必要經濟資本額度。

（2）總體必要經濟資本隨投資銀行資產的預期收益率的增加而減少。

證明：

因為：$\dfrac{\partial DP}{\partial \mu} = TV_0 \exp[(\mu - \dfrac{\sigma^2}{2})T + \sigma\sqrt{T} N^{-1}(p_d)] = TDP(p_d)$

所以：

$$\begin{aligned}\frac{\partial EC}{\partial \mu} &= V_0 \frac{\partial N(d_1)}{\partial d_1} \frac{\partial d_1}{\partial \mu} - \frac{\partial DP}{\partial \mu} e^{-rT} N(d_2) - DP(p_d) e^{-rT} \frac{\partial N(d_2)}{\partial d_2} \frac{\partial d_2}{\partial \mu} \\ &= V_0 \frac{\partial N(d_1)}{\partial d_1} \frac{\partial d_1}{\partial \mu} - TDP(p_d) e^{-rT} N(d_2) - DP(p_d) e^{-rT} \frac{\partial N(d_2)}{\partial d_2} \frac{\partial d_2}{\partial \mu}\end{aligned}$$

(5.10)

其中：

$$\begin{aligned}\frac{\partial d_1}{\partial \mu} &= \frac{\partial \left\{ \dfrac{\ln\left[\dfrac{V_0}{DP(p_d)}\right] + (\mu + \dfrac{\sigma^2}{2})T}{\sigma\sqrt{T}} \right\}}{\partial \mu} \\ &= \frac{DP(p_d)}{V_0} \frac{\partial \dfrac{V_0}{DP(p_d)}}{\partial \mu} \frac{1}{\sigma\sqrt{T}} + \frac{T}{\sigma\sqrt{T}} \\ &= \frac{DP(p_d)}{V_0}\left(-\frac{V_0}{DP(p_d)^2}\right) \frac{\partial DP(p_d)}{\partial \mu} \frac{1}{\sigma\sqrt{T}} + \frac{\sqrt{T}}{\sigma} \\ &= \frac{DP(p_d)}{V_0}\left(-\frac{V_0}{DP(p_d)^2}\right) TDP(p_d) \frac{1}{\sigma\sqrt{T}} + \frac{\sqrt{T}}{\sigma} \\ &= -\frac{\sqrt{T}}{\sigma} + \frac{\sqrt{T}}{\sigma}\end{aligned}$$

$$= 0 \qquad (5.11)$$

同理可得：

$$\frac{\partial d_2}{\partial \mu} = 0 \qquad (5.12)$$

將式（5.11）、式（5.12）代入式（5.10）可得：

$$\frac{\partial EC}{\partial \mu} = -TDP(p_d)e^{-rT}N(d_2) < 0 \qquad (5.13)$$

證畢。這說明當投資銀行資產的預期收益率 μ 增加時（資產規模及收益波動率均不變），投資銀行所需的經濟資本就會減少。

（3）總體必要經濟資本數額與資產收益率的波動率 $\frac{\partial EC}{\partial \sigma} = V_0 \frac{\partial N(d_1)}{\partial d_1}\frac{\partial d_1}{\partial \sigma} - \frac{\partial DP(p_d)}{\partial \sigma}e^{-rT}N(d_2) - DP(p_d)e^{-rT}\frac{\partial N(d_2)}{\partial d_2}\frac{\partial d_2}{\partial \sigma}$ 成正比例。

證明：

$$\begin{aligned}\frac{\partial EC}{\partial \sigma} = &V_0 \frac{\partial N(d_1)}{\partial d_1}\frac{\partial d_1}{\partial \sigma} - \frac{\partial DP(p_d)}{\partial \sigma}e^{-rT}N(d_2) \\ &- DP(p_d)e^{-rT}\frac{\partial N(d_2)}{\partial d_2}\frac{\partial d_2}{\partial \sigma}\end{aligned} \qquad (5.14)$$

其中，$\frac{\partial DP(p_d)}{\partial \sigma} = -\sigma TDP(p_d)$，$\frac{\partial d_1}{\partial \sigma} = \sqrt{T}$，$\frac{\partial d_2}{\partial \sigma} = 0$。

將上述等式代入式（5.13），可得：

$$\frac{\partial EC}{\partial \sigma} = V_0 \frac{\partial N(d_1)}{\partial d_1}\sqrt{T} + \sigma TDP(p_d)e^{-rT}N(d_2) > 0$$

證畢。這說明經濟資本與投資銀行的資產收益率的風險狀況成正比例。也就是說，資產風險越大，投資銀行更應提高經濟資本以覆蓋更大的非預期損失風險。

（4）總體必要經濟資本數額與投資銀行的目標違約概率 $\frac{\partial EC}{\partial p_d} = V_0 \frac{\partial N(d_1)}{\partial d_1}\frac{\partial d_1}{\partial p_d} - \frac{\partial DP(p_d)}{\partial p_d}e^{-rT}N(d_2) - DP(p_d)e^{-rT}\frac{\partial N(d_2)}{\partial d_2}\frac{\partial d_2}{\partial p_d}$ 成反比例，與 T 時刻最大負債額 $\frac{\partial EC}{\partial p_d} = V_0 \frac{\partial N(d_1)}{\partial d_1}\frac{\partial d_1}{\partial p_d} - \frac{\partial DP(p_d)}{\partial p_d}e^{-rT}N(d_2) - DP(p_d)e^{-rT}\frac{\partial N(d_2)}{\partial d_2}\frac{\partial d_2}{\partial p_d}$ 成正比。

證明：

$$\begin{aligned}\frac{\partial EC}{\partial p_d} = &V_0 \frac{\partial N(d_1)}{\partial d_1}\frac{\partial d_1}{\partial p_d} - \frac{\partial DP(p_d)}{\partial p_d}e^{-rT}N(d_2) \\ &- DP(p_d)e^{-rT}\frac{\partial N(d_2)}{\partial d_2}\frac{\partial d_2}{\partial p_d}\end{aligned} \qquad (5.15)$$

又：

$$d_1 = \frac{\ln\left[\dfrac{V_0}{DP(p_d)}\right] + (\mu + \dfrac{\sigma^2}{2})T}{\sigma\sqrt{T}}$$

$$= \frac{\ln\left[\dfrac{V_0}{V_0\exp\left[(\mu - \dfrac{\sigma^2}{2})T + \sigma\sqrt{T}N^{-1}(p_d)\right]}\right] + (\mu + \dfrac{\sigma^2}{2})T}{\sigma\sqrt{T}}$$

$$= \frac{-\left[(\mu - \dfrac{\sigma^2}{2})T + \sigma\sqrt{T}N^{-1}(p_d)\right] + (\mu + \dfrac{\sigma^2}{2})T}{\sigma\sqrt{T}}$$

$$= \frac{-(\mu - \dfrac{\sigma^2}{2})T - \sigma\sqrt{T}N^{-1}(p_d) + (\mu + \dfrac{\sigma^2}{2})T}{\sigma\sqrt{T}}$$

$$= \frac{\sigma^2 T - \sigma\sqrt{T}N^{-1}(p_d)}{\sigma\sqrt{T}}$$

$$= \sigma\sqrt{T} - N^{-1}(p_d)$$

$$d_2 = \frac{\ln\left[\dfrac{V_0}{DP(p_d)}\right] + (\mu - \dfrac{\sigma^2}{2})T}{\sigma\sqrt{T}} = d_1 - \sigma\sqrt{T} = -N^{-1}(p_d)$$

所以：

$$\frac{\partial d_1}{\partial p_d} = \frac{\partial d_2}{\partial p_d} = -\frac{\partial N^{-1}(p_d)}{\partial p_d} < 0$$

$$\frac{\partial DP(p_d)}{\partial p_d} = DP(p_d)\sigma\sqrt{T}\frac{\partial N^{-1}(p_d)}{\partial p_d} > 0$$

將其代入式（5.14）可得：

$$\frac{\partial EC}{\partial p_d} = V_0 \frac{\partial N(d_1)}{\partial d_1}\frac{\partial d_1}{\partial p_d} - \frac{\partial DP(p_d)}{\partial p_d}e^{-rT}N(d_2)$$

$$- DP(p_d)e^{-rT}\frac{\partial N(d_2)}{\partial d_2}\frac{\partial d_2}{\partial p_d}$$

$$= \left[V_0 - DP(p_d)e^{-rT}\right]\frac{\partial N(d_1)}{\partial d_1}\frac{\partial d_1}{\partial p_1} - \frac{\partial DP(p_d)}{\partial p_d}e^{-rT}N(d_2)$$

因在期初股權價值大於 0，即 $V_0 > DP(p_d)e^{-rT}$，所以上述兩項均小於 0，即：

$$\frac{\partial EC}{\partial p_d} < 0$$

又因 $\dfrac{\partial ML_T}{\partial p_d} > 0$，易得 $\dfrac{\partial EC_t}{\partial ML_T} < 0$。

證畢。該推論意味著，投資銀行的違約概率越小（有可能是追求更高的目標信用評級，或者管理者的風險厭惡程度越高），或者最大負債額越小，則投資銀行的總體必要經濟資本額度就越高。這間接反應了經濟資本與投資銀行風險偏好的關係。

（5）總體必要經濟資本需求隨無風險利率

$$\begin{aligned}\dfrac{\partial EC_t}{\partial r} &= \dfrac{\partial V_t}{\partial t}\Phi(d_1) + V_t\dfrac{\partial \Phi(d_1)}{\partial d_1}\dfrac{\partial d_1}{\partial r} - \dfrac{\partial ML_T}{\partial r}e^{-r(T-t)}\Phi(d_2) \\ &\quad + ML_T e^{-r(T-t)}(T-t)\Phi(d_2) - ML_T e^{-r(T-t)}\dfrac{\partial \Phi(d_2)}{\partial d_2}\dfrac{\partial d_2}{\partial r} \\ &= \dfrac{\partial V_t}{\partial t}\Phi(d_1) + V_t\dfrac{\partial \Phi(d_1)}{\partial d_1}\dfrac{\partial d_1}{\partial r} - \dfrac{\partial ML_T}{\partial r}e^{-r(T-t)}\Phi(d_2) \\ &\quad + ML_T e^{-r(T-t)}(T-t)\Phi(d_2) - ML_T e^{-r(T-t)}\dfrac{\partial \Phi(d_2)}{\partial d_2}\dfrac{\partial d_2}{\partial r} \\ &= \dfrac{\partial V_t}{\partial t}\Phi(d_1) + V_t\dfrac{\partial \Phi(d_1)}{\partial d_1}\dfrac{\sqrt{T}}{\sigma} - \dfrac{\partial ML_T}{\partial r}e^{-r(T-t)}\Phi(d_2) \\ &\quad + ML_T e^{-r(T-t)}(T-t)\Phi(d_2) - ML_T e^{-r(T-t)}\dfrac{\partial \Phi(d_2)}{\partial d_2}\dfrac{\sqrt{T}}{\sigma} \\ &= V_t\dfrac{\partial \Phi(d_1)}{\partial d_1}\dfrac{\sqrt{T}}{\sigma} + ML_T e^{-r(T-t)}(T-t)\Phi(d_2) - ML_T e^{-r(T-t)}\dfrac{\partial \Phi(d_2)}{\partial d_2}\dfrac{\sqrt{T}}{\sigma} \\ &= [V_t - ML_T e^{-r(T-t)}]\dfrac{\partial \Phi(d_1)}{\partial d_1}\dfrac{\sqrt{T}}{\sigma} + ML_T e^{-r(T-t)}(T-t)\Phi(d_2)\end{aligned}$$

上升而增加。

證明：

$$\begin{aligned}\dfrac{\partial EC_t}{\partial r} &= \dfrac{\partial V_t}{\partial t}\Phi(d_1) + V_t\dfrac{\partial \Phi(d_1)}{\partial d_1}\dfrac{\partial d_1}{\partial r} - \dfrac{\partial ML_T}{\partial r}e^{-r(T-t)}\Phi(d_2) \\ &\quad + ML_T e^{-r(T-t)}(T-t)\Phi(d_2) - ML_T e^{-r(T-t)}\dfrac{\partial \Phi(d_2)}{\partial d_2}\dfrac{\partial d_2}{\partial r} \\ &= \dfrac{\partial V_t}{\partial t}\Phi(d_1) + V_t\dfrac{\partial \Phi(d_1)}{\partial d_1}\dfrac{\partial d_1}{\partial r} - \dfrac{\partial ML_T}{\partial r}e^{-r(T-t)}\Phi(d_2) \\ &\quad + ML_T e^{-r(T-t)}(T-t)\Phi(d_2) - ML_T e^{-r(T-t)}\dfrac{\partial \Phi(d_2)}{\partial d_2}\dfrac{\partial d_2}{\partial r} \\ &= \dfrac{\partial V_t}{\partial t}\Phi(d_1) + V_t\dfrac{\partial \Phi(d_1)}{\partial d_1}\dfrac{\sqrt{T}}{\sigma} - \dfrac{\partial ML_T}{\partial r}e^{-r(T-t)}\Phi(d_2)\end{aligned}$$

$$+ ML_T e^{-r(T-t)}(T-t)\Phi(d_2) - ML_T e^{-r(T-t)}\frac{\partial \Phi(d_2)}{\partial d_2}\frac{\sqrt{T}}{\sigma}$$

$$= V_t \frac{\partial \Phi(d_1)}{\partial d_1}\frac{\sqrt{T}}{\sigma} + ML_T e^{-r(T-t)}(T-t)\Phi(d_2) - ML_T e^{-r(T-t)}\frac{\partial \Phi(d_2)}{\partial d_2}\frac{\sqrt{T}}{\sigma}$$

$$= [V_t - ML_T e^{-r(T-t)}]\frac{\partial \Phi(d_1)}{\partial d_1}\frac{\sqrt{T}}{\sigma} + ML_T e^{-r(T-t)}(T-t)\Phi(d_2) \qquad (5.16)$$

由於企業存在破產保護制度，因此任何時刻企業的資產均大於負債價值，即：

$$V_t - ML_T e^{-r(T-t)} > 0$$

又因 $\frac{\partial \Phi(d_1)}{\partial d_1} > 0$，從而式（5.15）的兩項均大於 0，即：

$$\frac{\partial EC_t}{\partial r} > 0$$

證畢。

（6）考慮存在紅利時，投資銀行總體必要經濟資本需求與紅利（絕對值或紅利率）大小成反比。

證明：

對式（5.6）、式（5.7）分別求微分易得：

$$\frac{\partial EC_t}{\partial D} = -\Phi(d_1) < 0$$

$$\frac{\partial EC_t}{\partial q} = -(T-t)V_t e^{-q(T-t)}\Phi(d_1) < 0$$

顯然，紅利分配導致可用資本金減少，因而從抵禦償債風險的角度，投資銀行需要增加經濟資本的持有額，即相應提高資本總額。

三、基於經濟資本的投資銀行資本結構優化戰略

投資銀行要進行資本結構優化，還需要將上面計算出來的總體必要經濟資本與可用經濟資本進行比較，得到投資銀行資本結構的優化方向。由於可用經濟資本並不能直接觀測出來，因此必須使用代理指標來測度。David（2009）在研究商業銀行可用經濟資本測度時，定義了可用經濟資本測度的特徵：①它計算了服從於任何存款保險人、債券持有人或其他機構債權人要求權的資本；②它計算了所有資金的穩定來源，這些資金不會在銀行發生危機或出現機構信用惡化時撤出；③它關注表內或者表外資產，這些資產可以很容易地轉化為現金來彌補損失；④它對資本和資產進行動態評估，因此當市場環境（特別是利率）變化時，能夠不斷進行調整；⑤它應當是一個保守的估計，這樣可以同謹慎的財務管理原則相一致。

在 David 研究的基礎上，本書採用調整后的帳面資本作為可用經濟資本的

代理變量，將其定義為帳面資本與無形資產價值之和。然后，將調整后的帳面資本進行比較：①如果必要經濟資本大於帳面資本，意味著投資銀行應該增加權益融資的占比，或者減少風險資產的數量；②如果必要經濟資本小於帳面資本，投資銀行槓桿過低，可以提高槓桿率，或者增加風險資產的數量。具體見圖5.1。

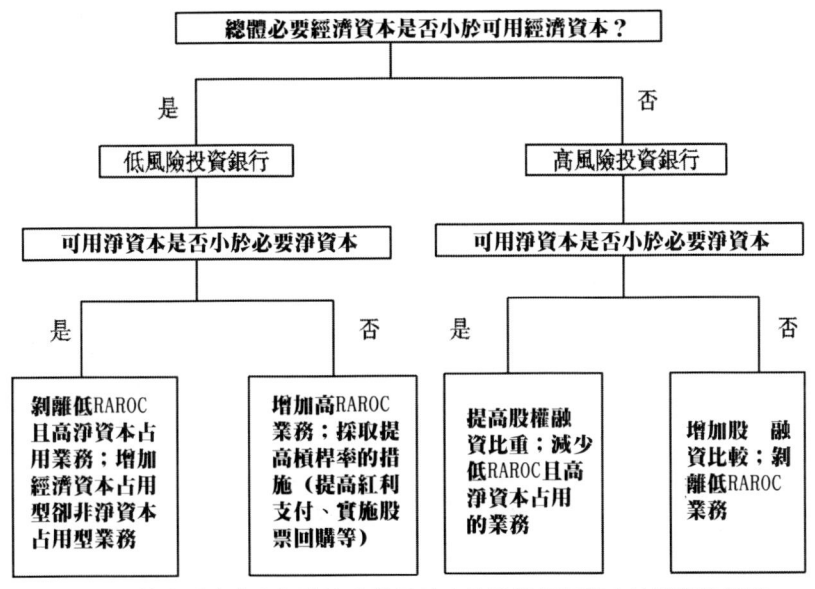

圖5.1 基於淨資本和經濟資本雙重約束的投資銀行資本結構優化戰略

第三節 基於經濟資本的中國投資銀行資本結構優化實證研究

一、相關參數的選擇與計算

總體必要經濟資本 EC 的測度需要確定 6 個變量，其中資產價值和資產收益率標準差不能從市場中直接得到。這 6 個變量如下：

r——無風險回報率，可由存款或國債利率近似替代；

p_d——目標違約概率或投資銀行的目標信用評級，可根據管理者的風險偏好來設定；

T——考察期限，由資產性質、負債期限和資本結構戰略綜合決定，不宜超過 1 年；

V_0——在 0 時刻投資銀行的資產價值，等於 0 時刻的負債價值與股權價值之和；

μ——投資銀行資產的期望收益率，不能直接觀察，需要估計；

σ——投資銀行資產收益率的波動率，不能直接觀察，需要估計。

具體來說，6個參數分別按以下方式確定：

1. 無風險利率

我們一般用國債收益率作為無風險利率的代理變量。但考慮到中國國債市場規模較小的現實情況，本書採用國內學者相對使用較多的中國人民銀行公布的銀行業一年期定期存款利率來代替無風險利率。2011年，人民銀行4次調整存款利率，為此本書採取了加權平均的方法計算無風險利率。其中權重等於該時間段內利率在2011年實際執行的天數占2011年的總天數之比，即無風險利率等於以時間為權重的一年期存款基準利率加權值。計算結果見表5.3。

表5.3　　2011年中國銀行業一年期定期存款執行利率

調整日期	2010.12.26	2011.02.09	2011.04.06	2011.07.07
利率（%）	2.75	3.00	3.25	3.50
執行天數（天）	39	56	92	178
權重	0.106,8	0.153,4	0.252,1	0.487,7
加權平均利率（%）	3.28			

資料來源：根據中國人民銀行網站數據計算整理。

2. 投資銀行的目標償付能力

我們用目標信用評級來反應其償付能力，償付能力越高，投資銀行的違約概率便越低，必要經濟資本應該越高。本書採用99.9%的支付概率[①]。

3. 時間T與t的選擇

投資銀行評級是一年一次，目標違約期的考察時間以年為單位，但資本結構優化以季度為單位，即T=1年，t=0.25年。

4. 資產收益率及其波動率

對投資銀行而言，其資產收益率及其波動率值無法直接獲得。但其上市投資銀行的股權價值與資產價值，以及股權的波動性與資產價值的波動性之間存在聯繫。我們可以利用股權以及股權的波動性來估計資產的價值和資產價值的波動性。聯立方程組（5.11）、（5.12），可以求解出μ，σ。本書利用KMV模型求解。KMV模型是由美國舊金山KMV公司於20世紀90年代建立的用來估計借款企業違約概率的方法。該模型借助於期權模型和資本市場的信息進行預測。該模型把違約債務看作企業的或有權益，把所有者權益視為看漲期權，將負債視為看跌期權，而把公司資產作為標的資產。

[①] 《巴塞爾協議Ⅲ》計算最低監管資本時採取的置信水平就是99.9%。

(1) 公司股價收益率預測模型選擇

波動率的估計模型已有了很大發展，其中包括自迴歸移動平均模型（ARMA）、自迴歸條件異方差族模型（ARCH）、隨機波動率模型（SV）、Switch-Regime 模型等。根據波動率的計算原理，上述波動率模型可以分為兩類：一是以歷史數據、歷史波動率為基礎，進行波動性的預測，這類模型有固定的函數形式，如 GARCH 類模型；二是以參數估計為基礎的波動率模型，如 SV 模型。由於 GARCH 模型需要進行 ARCH 效應檢驗，因此，本書以 GARCH 模型作為基本的預測模型，在不存在 ARCH 效應時，使用簡單的指數平滑預測模型。指數平滑公式如下：

$$\delta_t^2 = \lambda \delta_{t-1}^2 + (1-\lambda) r_{t-1}^2$$

其中 λ 為衰減因子，J. P. Morgan 建議日數據取值 0.94，月數據為 0.97。

(2) 股價波動率的預測過程

下面以中國 A 投資銀行為例，建立基於 GARCH 模型的股價波動率預測模型，所用收益率為對數收益率數據。我們以流通股股價的波動率來替代股權價值的波動率。

描述性統計見圖 5.2。可知，該公司股價序列均值（Mean）為 18.173,80；標準差（Std. Dev.）為 3.357,222；偏度（Scenes）為 0.469,886，大於 0 意味著左偏；峰度（Kurtosis）為 2.684,688，小於正態分佈的峰度值 3，說明價格序列比正態分佈平坦。再從 Jarque-Bera 統計量來看，其值為 29.232,16，P 值接近於 0，說明拒絕該對數收益率序列服從正態分佈的假設。

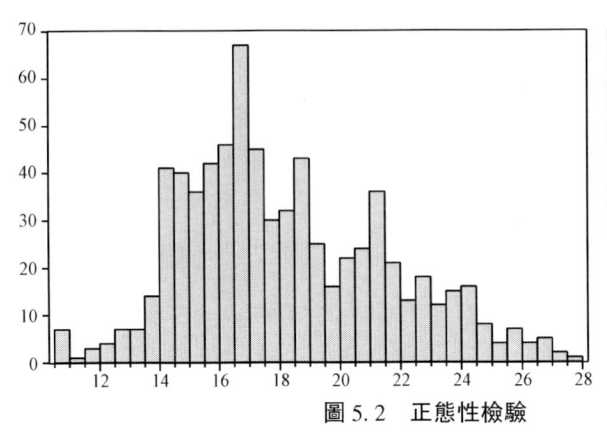

圖 5.2　正態性檢驗

由於股票價格通常呈現帶漂移的隨機遊走過程，本書先用最小二乘法估計，基本形式為：

$$p_t = \mu + \beta p_{t-1} + \varepsilon_t$$

估計結果如下：

$$\hat{p}_t = 0.183,869 + 0.989,754 p_{t-1} + \hat{\varepsilon}_t$$

$$(1.738, 611) \quad (173.039, 6)$$
$$R^2 = 0.976, 805 \quad F\text{-statistic} = 29, 942.69$$

然后，我們對殘差序列 $\{\hat{\varepsilon}_t\}$ 進行條件異方差的 ARCH LM 檢驗，得到了在滯后階數取 L=2 時的 ARCH LM 檢驗結果，見表 5.4。

表 5.4　　　　　　　　　　ARCH LM 檢驗結果

F-statistic	0.312, 435	Prob. F（2, 709）	0.731, 8
Obs * R-squared	0.627, 841	Prob. Chi-Square（2）	0.730, 6

此處 P 值顯著不為 0，說明殘差序列 $\{\hat{\varepsilon}_t\}$ 不存在 ARCH 效應，沒有必要建立 GARCH 模型預測其波動率，而可以採用指數平滑法預測股價波動率，預測結果見表 5.5。

表 5.5　　　　　　　　　　波動率預測結果

月方差	月標準差	季度方差	季度標準差
1.493, 6	1.222, 1	2.100, 9	1.449, 4

（3）利用 KMV 模型確定資產收益率及其波動率

Duan（1994）對 Merton 模型的發展主要體現在對銀行資產收益率的估算上。他運用極大似然法來估計銀行資產收益率的值。本書利用 Matlab 軟件，運用 KMV 模型計算得到季度標準差 σ 為 0.02、資產收益率 μ 等於 6%。

5. 投資銀行的公司價值

我們採用 2011 年的期末市場價值，該公司 2011 年年末的市場價值為 21,287,018,897 元。

二、計算結果

本書使用短期負債加 0.5 倍長期負債作為違約點[①]。A 投資銀行的違約點為 14,165,955,147 元。一方面，通過查找歷史數據，該投資銀行經規模調整后的歷史平均損失為 2,735,339,395 元，從而扣除預期損失后的總體必要經濟資本為 6,127,560,605 元。另一方面，根據調整后的帳面資本確定的該投資銀行可用經濟資本為 7,160,473,071 元。因此，總體必要經濟資本大於可用經濟資本，即槓桿率過低。實際上該投資銀行年末槓桿率僅為 3。

再結合該投資銀行淨資本監管的情況，可以發現當年該投資銀行被監管部門評為 A 級，間接表明其很好地滿足了淨資本監管要求。所以，結合圖 5.1，可以知道該投資銀行屬於低風險投資銀行。其資本結構戰略為：一方面可以增

---

① KMV 公司在對大量公司樣本進行分析時發現，違約臨界點大部分集中在流動負債與長期負債一半的和這一點上。

加高 RAROC 業務，提高投資銀行的總體風險承擔水平；另一方面，可以採取提高槓桿率的措施，比如，增加紅利支付水平，實施股票回購等方式。

第四節　小結與討論

本章對中國投資銀行資本結構的影響因素進行實證分析，發現投資銀行資產規模與投資銀行的槓桿倍數成正比。但投資銀行的盈利能力、淨資本情況與投資銀行槓桿倍數成反比。這間接表明中國投資銀行的槓桿受到嚴格監管。同時第三節的實證分析也證明了案例投資銀行的槓桿率偏低。

需要注意的是，儘管該方法避免了自下而上測度經濟資本的實際困難，相對簡單、可操作性強，但其也存在缺點。該方法有如下的缺點：第一，由於沒有對單個資產或者業務的風險進行測度，因此不能計算單個資產或業務所需要的經濟資本；第二，與所有風險測度模型一樣，存在模型誤差，這既產生於模型的假定與現實的不符，也可能是模型使用者所輸入的參數存在偏誤。具體來說，在該模型中，經濟資本的計算包括分紅情形下的經濟資本計算、無分紅情形下經濟資本的計算以及當期經濟資本計算。實際上，前兩種情形需要對時刻 t 的資產價值進行預測。在接下來的實證分析中，我們利用 KMV 模型對資產收益率及其波動率進行預測，計算了當期的經濟資本，用於評估資本結構現狀。同時，由於損失數據樣本量限制，本書使用經資產規模調整的歷史平均損失作為預期損失的代理變量。這實際上是基於以下嚴格的假設：投資銀行的歷史損失可以重演，且與資產規模成正比。否則，計算結果及相應的資本結構優化結論會受到影響。

實際上，基於當期的經濟資本測度模型始終是一種事後的評價方法，其結果告訴了管理者目前的資本結構水平相對所承擔的總體風險是否相適應，對未來的資本結構優化提供不了多少信息，因為未來的資本結構取決於將來的總體風險分佈。因此，基於任意時刻 t 的經濟資本預測有助於對資本結構的動態優化提供更多有用信息。在基本模型及兩個擴展模型中，需要注意三個時間點的區別：0，t，T。其中 T 是指債務到期時間，或者評級時間。由於中國使用的是分類管理的監管模式，而從 2010 年開始由證監會每年進行一次評級工作，並以此作為「獎懲」，設定不同的淨資本監管指標的標準，因此我們建議 T 取值 1 年。t 則是指資本結構優化的時間，其取值反應了資本結構調整的頻率，如果 t 值越小，優化頻率越高，可能越精確，但這沒有考慮資產負債的調整成本問題。結合中國投資銀行的實際，我們建議可以採用季度作為資本結構的動態調整週期。當然，其關鍵技術除了前面實證中如何對收益率、波動率的預測，還需要預測時刻 t 的資產價值和資本結構調整成本。

第六章 投資銀行風險對沖理論框架

第一節 投資銀行風險對沖的基本形式

對沖是投資銀行等金融機構發展最迅猛的風險管理方法之一，這可以從風險管理的發展階段得到證實。風險管理理論經歷了四次重大的發展（Steinherr, 2003），依次是：分散化及抵押，有限責任制和破產法，創造可交易的工具和有組織市場的流動性，衍生品與金融工程。其中，分散化是最為傳統的風險管理方法。20世紀50年代資產組合理論的出現為分散化奠定了定量化研究的理論基礎。而衍生品與金融工程的快速發展，為投資銀行等金融機構提供了風險轉移工具。如果說分散化是投資銀行利用不同業務或投資項目的風險不完全正相關這一統計特徵進行自然對沖的話，衍生品則為其積極利用衍生品對沖風險提供了更加廣闊的選擇空間。

通常，狹義的對沖是指投資銀行利用衍生產品來降低風險暴露，是一種表外風險管理方法。而廣義的投資銀行風險對沖除了包括衍生品對沖外，還包括表內的自然對沖，即針對投資銀行特有的一些風險在資產負債表上尋找可互相抵消的項目，以此控制相應的風險。本書所指的投資銀行風險對沖既包括表內自然對沖也包括表外的衍生品對沖。我們將前者稱為自然對沖而將后者稱為市場對沖。

自然對沖通過對投資銀行的業務結構（包括收入結構、地域結構等）進行調整，從風險產生的源頭改變風險的性質，是一種內生角度的風險管理。市場對沖則是在自身風險已經給定的情況下，使用市場工具來改變自身所承受的風險狀況，但並不會改變整體風險的產生和實現，因而是一種外生角度的風險管理。自然對沖需要重新安排業務、優化表內資產負債結構，面臨較高的決策時滯和調整成本。衍生品對沖則更加方便和快捷，而且衍生品交易的槓桿性具有低資金耗用特點，有助於投資銀行實現風險的動態管理，具有更高的準確性及時效性。長期來說，投資銀行可以通過自然對沖安排來獲得足夠穩健的經營表現，但短期風險的對沖則更加依賴於市場對沖。

第二節　投資銀行的自然對沖理論

一、自然對沖的定義及相關研究

　　注意到投資銀行不同業務的非線性相關性，可以考慮不同業務風險之間的對沖，我們將其定義為自然對沖，相關的說法還有「經營對沖」。這一定義同學術界對商業銀行風險對沖的相關研究類似。商業銀行存在的「自我對沖」是指商業銀行利用資產負債表或某些具有收益負相關性質的業務組合本身所具有的對沖特性進行風險對沖。我們這裡所談到的投資銀行業務自然對沖，更多的是考慮了企業業務之間的相互關係對企業經營風險的影響。

　　關於投資銀行風險的自然對沖，一個突出的現實證據就是多元化經營的風險分散效應。業務多元化發展是否帶來了金融企業經營的規模經濟效應？我們可以考慮金融企業在更大範圍內（商業銀行、證券、保險、信託等）提供金融產品及服務的成本與收益問題。這方面的研究自 20 世紀 60 年代中期便陸續出現，成果也較豐富，形成的結論較一致：銀行業經營存在一定的規模效應，業務多元化對商業銀行的經營行為產生深刻的影響。相關的研究見 Benston（1965，1972）、Humphrey（1990）、Berger 和 Humphrey（1991）、Lawrence（1989）、Ashton（1998）等。

　　業務多元化發展對金融機構的風險影響如何？這一問題可以從金融機構多元化經營與其經營風險之間關係的研究來得到答案。國外早期研究更多地支持多元化經營提高了銀行經營績效，降低了風險，如 Boyd 等（1980）、Kwast（1989）、Templeton 和 Severiens（1992）、Gallo 等（1996）的文獻。后期研究則顯示商業銀行同時經營利息業務和非利息收入業務不能產生分散化收益，甚至可能導致風險上升，詳見 Boyd 和 Graham（1986）、Demsetz 和 Strahan（1997）、Kwan（1998）、DeYoung 和 Roland（2001）、Stiroh（2004）、Stiroh 和 Rumble（2006）以及 Lepetit 等（2008）。

　　國內對商業銀行業務多元化及其風險關係的研究較多，結論也比較一致。如魏成龍和劉建莉（2007）、周開國和李琳（2011）等的文獻均發現中國商業銀行多元化經營未有效分散風險。國內單獨對證券公司業務結構或者業務風險進行分析的文獻較多，但將業務收入結構和證券公司風險結合起來的文獻相對較少，且主要以定性研究為主，如王聰和湯大杰（2000）、張向前（2001）、楊樹林和王曉明（2005）、祝玉斌（2007）等的研究。實證分析方面唯有馬琳琳（2010）參考 Lepetit 等（2008）研究歐洲銀行的迴歸模型，選擇中國 14 家資本較為雄厚的證券公司 2008 年的業務數據進行實證分析，但未能發現國內證券公司業務結構與風險之間的顯著關係。

　　國內外對證券公司業務多元化與經營風險之間關係的研究很少，主要有以

下原因：

第一，歐洲全能型銀行制度導致其證券業務主要作為銀行的非利息收入的部分進行研究，很少單獨就證券相關的業務多元化進行風險效應分析。美國、日本等傳統分業經營國家從20世紀80年代開始也逐步向混業經營發展，業務集團化、國際化趨勢不斷增強，證券業務經營環境的變化導致國外相關研究缺乏。

第二，國內證券公司研究數據的缺失導致國內定量研究無法展開，無數據支持的定性研究深度不夠。現有少量的關於證券公司業務結構和風險關係定量研究的文獻僅選取部分上市證券公司進行分析，樣本不足以及研究期間短是國內進行類似研究的主要問題。

二、基於 Copula 技術的投資銀行自然對沖模型

（一）Copula 技術與投資銀行的業務風險整合

Copula 理論的提出要追溯到1959年。Sklar 提出一個聯合分佈可以分解為多個邊緣分佈和一個 Copula 連接函數，這個 Copula 函數描述了變量間的相關性。較簡單的二元 Copula 函數 C 性質如下[①]：

(1) $C(x, y)$ 的定義域為 $(0 \leq x \leq 1, 0 \leq y \leq 1)$；

(2) $C(x, y)$ 有零基面，且為二維單調不減函數；

(3) 對 $\forall x$（或 y）$\in (0, 1)$，都有 $C(x, 1) = x$，$C(1, y) = y$。

設金融企業僅開展業務 A 和 B，受到相互聯繫的風險影響，業務的資產收益率分別為 r_A 和 r_B，兩者的邊際分佈函數分別為 $F_A(x)$ 和 $F_B(x)$，對應的概率密度函數分別為 $f_A(x)$ 和 $f_B(x)$。

根據 Sklar 定理，金融企業總體風險收益的聯合分佈函數及概率密度函數可由 Copula 函數（連接函數）C 表示如下：

$$F(x, y) = C(F_A(x), F_B(y)), f(x, y) = f_A(x) * f_B(y) * c(F_A(x), F_B(y))$$

其中 $c(F_A(x), F_B(y)) = \dfrac{\partial C(F_A(x), F_B(y))}{\partial F_A(x) * \partial F_B(y)}$。

設金融企業投入業務 A 和 B 的資產分別為 w_A 和 w_B，顯然這裡有 $w_A + w_B = 1$。金融企業總的收益率為 $r = w_A \times x_A + w_B \times x_B$。其分佈函數為：

$$\begin{aligned}F_r(z) = P(r \leq z) &= P(w_A \times x_A + w_B \times x_B \leq z)\\&= \iint_{w_A \times x_A + w_B \times x_B \leq z} f(x, y) dxdy\\&= \iint_{w_A \times x_A + w_B \times x_B \leq z} f_A(x) \times f_B(y) \times c(F_A(x), F_B(y)) dxdy\end{aligned}$$

[①] 韋艷華，張世英. Copula 理論及其在金融分析上的應用 [M]. 北京：清華大學出版社，2008.

顯著性為 α 的風險測度值 $VaR_\alpha = -F^{-1}(\alpha)$。

由以上步驟可知，計算金融企業的整合風險價值最主要有兩個問題：一是確定不同業務收益率的邊際分佈，二是選擇合適的 Copula 連接函數，求得整合的聯合分佈函數。

（二）投資銀行的業務收益率邊際分佈擬合

業務收益率主要受到業務風險影響，風險大小與業務收益率波動幅度密切相關。因此，投資銀行業內相同的業務收益率呈現相同的分佈特徵，可以用相同的統計分佈描述。

業界在擬合業務收益率的分佈主要有描述股票收益的正態分佈（趙桂芹，曾振宇，2002）、描述再保險業務收益特徵的指數分佈（楊旭，聶磊，2008）、描述金融資產收益的混合高斯分佈（張明恒，程乾生，2002）與廣義 Pareto 分佈（魏宇，2006；王新宇，宋學鋒，2006）、描述匯率業務收益的 Laplace 分佈（曾振宇，謝冰，2003）。

（三）Copula 函數性質及其選擇①

Copula 函數族主要包括橢圓族（Elliptical Copulas）連接函數和阿基米德族（Archimedean Copulas）連接函數兩類。橢圓族連接函數主要有正態分佈 Copula 與 t-Copula，阿基米德族函數主要有 Clayton Copula、Gumbel Copula 和 FrankCopula。

當業務收益率數據具有明顯的對稱性時，二元正態分佈 Copula 可以比較好地擬合樣本數據。與二元正態分佈 Copula 函數類似，二元 t-Copula 函數也具有對稱性，只能捕捉業務收益率之間對稱的相關關係；與二元正態 Copula 函數不同的是，二元 t-Copula 函數具有更厚的尾部，因此對收益率間尾部相關的變化更為敏感，能夠更好地捕捉其中的尾部相關關係。

Gumbel Copula 函數對變量在分佈上尾部的變化十分敏感，能夠快速捕捉到上尾部相關的變化。而在分佈的下尾部，由於變量是漸近獨立的，因此 Gumbel-Copula 函數對變量在下尾部的變化不敏感，不能捕捉到下尾部相關的變化。

Clayton Copula 函數也具有非對稱性，但與 Gumbel Copula 函數相反，其對變量在下尾部的變化敏感，能夠捕捉到下尾部相關的變化；其對變量在分佈上尾部的變化不敏感，不能夠快速捕捉到上尾部相關的變化。

Frank Copula 函數具有對稱性，它可以描述變量間負的相關關係，對變量間上下尾部的變化均不敏感，難以捕捉尾部相關的變化。

經過對比，Gumbel、Clayton 以及 Frank 三類阿基米德 Copula 函數對相關結構的描述涵蓋了尾部相關的三種典型情況，即上尾相關、下尾相關和上下尾對稱相關，這些分佈特點與風險業務收益之間相關性的變化特徵恰好相符。

---

① 韋豔華，張世英. Copula 理論及其在金融分析上的應用 [M]. 北京：清華大學出版社，2008.

三、投資銀行自然對沖的風險整合步驟

一個基於 VaR 模型的金融業務風險整合主要包括金融業務風險識別、整合以及總體風險計算三個步驟，如基於 Copula 的投資銀行業務風險整合研究主要有以下步驟：

1. 業務分佈及其風險測度

根據研究對象的差異，金融業務的風險測度有多種類型，如基於收入增長率、業務銷售利潤率以及業務資產收益率等的風險測度。以資產收益率為基礎的 VaR 測度，有著更大的實際應用價值。受內外部客觀因素限制，金融企業往往無法決定自己的收入增長、銷售利潤等指標，內部能夠控制的往往是不同業務的資源分配，即業務資產配置。使用以資產收益率為基礎的 VaR 測度，可以為后續通過調控業務資產配置進而控制企業總體風險奠定基礎。

2. 金融業務風險整合

本課題選擇以二元 copula 函數來測度業務之間的相關關係，主要是與現階段中國投資銀行業務現狀相對應。中國商業銀行主營的利息業務，與其非利息業務在業務本質上存在差異，前者主要受信用風險影響，而后者主要是服務收費。現階段中國投資銀行以經紀與承銷業務為主，其收入在財務報表上體現為手續費（佣金）收入，本質上屬於服務收費，而同自營等非手續費收入存在較大差異。

3. 總體風險計算

由於 Copula 函數特徵複雜，本章選擇 Montel Carlo 模擬方法來計算投資銀行的總體風險。

第三節 投資銀行的市場對沖

一、理論

《新帕爾格雷夫經濟學大辭典》[①] 將市場對沖定義為通過購買其他資產或者資產組合保護自己的財富，以免因為財富波動而遭受損失。根據這一定義，投資銀行市場對沖是投資銀行根據自己資產狀況和風險偏好主動進行的跨期資源安排。儘管隨著自身資產稟賦、風險偏好和可用對沖工具的變化，其對沖策略也會有所不同，但這些對沖策略都可以看作是資產定價理論的應用，能夠用一個統一的分析框架來表示。本節我們將在連續時間環境下展示對沖的這一理論基礎。

---

① 「Hedging is the purchasing of an asset or portfolio of assets in order to insure against wealth fluctuation from other sources.」——The New Palgrave Dictionary of Economics.

假設投資銀行持有某種市場價值依賴的資產組合（可以包括衍生產品），資產組合價值是隨時間變化的隨機過程。在時刻 t 資產價值為 $V_{(t)}$。投資銀行希望通過構建市場組合來完全對沖風險。對沖是指投資銀行以一定的初始投入，構建股票以及無風險資產的組合，維持自融資，使得這一資產組合在任意時刻以概率 1 等於其原本的資產價值 $V_{(t)}$。利用這樣的完全對沖組合對原有資產進行反向操作，投資銀行就完全（幾乎必然）避免資產價格波動帶來的風險。

（一）市場環境

假設市場上存在 m 種股票，股票價格由概率空間 (Ω, F, P) 上的 d 維布朗運動 $B_{(t)}$ 驅動，$B_{(t)}$ 對應的域流為 $\{F_{(t)}\}$，對於 $\forall 0 \leq s \leq t \leq T$，有 $F_{(s)} \in F_{(t)}$。每種股票價格過程 $S_{i,t}$ 符合廣義幾何布朗運動①，滿足隨機微分方程：

$$dS_{i,t} = a_{i,t} S_{i,t} dt + \sum_{j=1}^{d} \sigma_{ij,t} S_{i,t} dB_{j,t}, \quad 0 \leq t \leq T \tag{6.1}$$

其中 $a_{i,t}$ 為第 i 種股票 t 時間的瞬時漂移率，$\sigma_{ij,t}$ 為第 i 種股票在 t 時刻由第 j 種布朗運動驅動的瞬時波動率，$\sigma_{ij,t}$ 的取值幾乎必然為正。

投資者還可以在市場上買入或者賣出無風險債券。連續複利形式的無風險利率為適應隨機過程 $R_{(t)}$。因此，任意證券的貼現過程為 $D_{(t)} = e^{-\int_0^t R_{(s)} du}$，微分過程滿足：

$$dD_t = -R_t D_t dt \tag{6.2}$$

股票價格的貼現過程則為 $D_t S_{i,t}$，其微分過程（一階以上均方收斂為 0）為：

$$\begin{aligned} d[D_t S_{i,t}] &= S_{i,t} dD_t + D_t dS_{i,t} \\ &= -S_{i,t} D_t R_t dt + D_t \left[a_{i,t} S_{i,t} dt + \sum_{j=1}^{d} \sigma_{ij,t} S_{i,t} dB_{j,t} \right] \\ &= S_{i,t} D_t \left[(a_t - R_t) dt + \sum_{j=1}^{d} \sigma_{ij,t} dB_{j,t} \right] \\ &= S_{i,t} D_t \sum_{j=1}^{d} \sigma_{ij,t} [\Theta_{j,t} dt + dB_{j,t}] \end{aligned} \tag{6.3}$$

設 Radon – Nikodym 導數過程為 $Z_{(t)}$，$Z_{(t)} = e^{-\int_0^t \Theta_{(u)} dW_{(u)} - \frac{1}{2} \int_0^t ||\Theta_{(u)}||^2 du}$，$\Theta_t = (\Theta_{1,t}, \Theta_{2,t}, \ldots, \Theta_{d,t})^T$，$||\Theta_t||^2 = \Theta_t^T \Theta_t$，概率測度從真實概率 P 變為風險中性概率 Q，即 $Q_{(A)} = \int_A Z_t dP$，$\forall A \in F_{(t)}$。

設 $\tilde{B}_{j,t} = \int_0^t \Theta_{j,u} du + B_{j,t}$，其微分形式滿足 $d\tilde{B}_{j,t} = \Theta_{j,t} dt + dB_{j,t}$。根據 Girsanov 定理，在風險中性測度 Q 下 $\tilde{B}_{(t)}$ 是一個標準布朗運動。因此，股價貼現過程的微分形式變為：

---

① 事實上由布朗運動驅動的幾乎必然為正的連續適應隨機過程必為廣義幾何布朗運動。

$$d[D_t S_{i,t}] = S_{i,t} D_t \sigma_{i,t} d\tilde{B}_{j,t} \tag{6.4}$$

其伊藤積分形式為：

$$D_t S_{i,t} = S_{i,0} + \int_0^t S_{i,u} D_u \sigma_{ij,u} \cdot d\tilde{B}_{j,u}$$

由伊藤積分的性質可以得出，貼現股價過程在 Q 測度下是一個鞅。

（二）對沖組合構建

資產定價第一定理表明在風險中性概率 Q 下，資產價格貼現過程是由 d 維布朗運動驅動的鞅，即 $E^Q[D_s V_s | F_t] = D_t V_t$，$\forall s \geq t$。而根據鞅表示定理，在 d 維布朗運動 $\tilde{B}_{(t)}$ 生成的域流 $\{F_{(t)}\}$ 上的鞅可以表示為其初始值和一個 d 維伊藤積分的和：

$$D_t V_t = D_0 + \int_0^t \Gamma_u \cdot d\tilde{B}_u$$

其微分形式為：

$$d[D_t V_t] = \Gamma_t \cdot d\tilde{B}_t$$
$$= \sum_{j=1}^d \Gamma_{j,t} \cdot d\tilde{B}_{j,t} \tag{6.5}$$

對沖策略由初始投入 X_0 和動態資產組合構成，資產組合包括了股票以及無風險資產，整個對沖組合的價值隨機過程為 X_t。股票持有策略由 $F_{(t)}$ 可測的股票持有過程 $\Delta_t \in R^m$ 構成，其分量 $\Delta_{i,t}$ 指在 t 時刻持有的第 i 種股票的頭寸，無風險資產持有量為 $X_{(t)} - \Delta_{(t)} S_{(t)}$，無風險資產收益率過程為 $R_{(t)}$。初始投入和對沖策略構成的價值流滿足自融資過程，即：

$$dX_t = \sum_{i=1}^m \Delta_{i,t} dS_{i,t} + R_t(X_t - \sum_{i=1}^m \Delta_{i,t} S_{i,t}) dt$$

持有價值的貼現過程滿足隨機微分方程：

$$d[D_t X_t] = X_t dD_t + D_t dX_t$$
$$= -R_t D_t X_t dt + D_t [\sum_{i=1}^m \Delta_{i,t} dS_{i,t} + R_t (X_t - \sum_{i=1}^m \Delta_{i,t} S_{i,t}) dt]$$
$$= \sum_{i=1}^m \Delta_{i,t} [D_t dS_{i,t} - D_t R_t S_{i,t} dt]$$
$$= \sum_{i=1}^m \Delta_{i,t} d[D_t S_{i,t}] \tag{6.6}$$

結合式（6.3）和式（6.6）可以得到：

$$d[D_t X_t] = \sum_{i=1}^m \Delta_{i,t} S_{i,t} D_t \sum_{j=1}^d \sigma_{ij,t} [\Theta_{j,t} dt + d\tilde{B}_{j,t}]$$
$$= \sum_{j=1}^d \sum_{i=1}^m \Delta_{i,t} S_{i,t} D_t \sigma_{ij,t} d\tilde{B}_{j,t} \tag{6.7}$$

如果對沖組合完全對沖了原有資產價值過程，則有：

$$\sum_{j=1}^d \Gamma_{j,t} d\tilde{B}_{j,t} = \sum_{j=1}^d \sum_{i=1}^m \Delta_{i,t} S_{i,t} D_t \sigma_{ij,t} d\tilde{B}_{j,t}, \quad \forall t, a.s$$

即：

$$\Gamma_{j,\,t} = \sum_{i=1}^{m} \Delta_{i,\,t} S_{i,\,t} D_t \sigma_{ij,\,t},\ a.\ s \qquad (6.8)$$

等式（6.8）構成了對沖方程，該方程是關於 m 維變量 $\Delta_{i,\,t}$ 的 d 個方程，初始投入 V_0 結合任意滿足該方程的策略過程 $\Delta_{i,\,t}$，都能夠對投資銀行持有的風險資產進行完全對沖。

方程（6.8）可以重寫為矩陣形式 $Ax = b$，其中：

$$A = \begin{pmatrix} S_{1,\,t}\sigma_{11,\,t} & \cdots & S_{m,\,t}\sigma_{m1,\,t} \\ \vdots & \ddots & \vdots \\ S_{1,\,t}\sigma_{1d,\,t} & \cdots & S_{m,\,t}\sigma_{md,\,t} \end{pmatrix},\ x = \begin{bmatrix} \Delta_{1,\,t} \\ \Delta_{2,\,t} \\ \cdots \\ \Delta_{m,\,t} \end{bmatrix},\ b = \begin{bmatrix} \dfrac{\Gamma_{1,\,t}}{D_t} \\ \dfrac{\Gamma_{2,\,t}}{D_t} \\ \cdots \\ \dfrac{\Gamma_{d,\,t}}{D_t} \end{bmatrix}$$

求解該方程就得到了對沖策略 $x = A^{-1}b$，A^{-1} 為 A 的廣義左逆。

我們並沒有對可交易金融資產和自然狀態施加限制，分析既適合市場是完全的情況也適合市場不完全的情況。如果市場是完全的，投資者理論上總可以通過資產組合合成任何一種支付，因此可以完全鎖定風險。如果市場不完全，則總存在一些證券無法得到完全對沖。金融衍生品（包括場內交易的標準化衍生品和場外非標準的衍生品）的靈活性極大豐富了可交易金融資產的種類，使得完全市場（完全對沖）成為可能。此外，不同投資者對不確定性還存在不同的預期，通常僅僅利用原生資產構造對沖策略並不容易。衍生品為投資者構造對沖組合提供了極大的便利。投資者可以利用衍生品輕鬆構造出各種需要的投資組合，甚至不需要太多其他原生資產的分析。正是出於這兩方面的原因，金融衍生品在市場對沖中扮演了重要的角色，市場對沖在很大程度上就是衍生品對沖。

（三）常用對沖策略

對沖理論表明市場對沖是一個不斷調整的動態過程。投資銀行需要通過連續調整自己的資產組合來實現風險的完全對沖。但是這樣連續調整的方式將會帶來巨大的交易成本，甚至使得完全對沖不可能實現。在現實中，風險管理人員往往採用了某些指標中性的方式對市場風險進行管理。

1. Delta 中性

Delta 是指市場變量的微小變化帶來的資產組合價值變化，定義為 $\Delta = \dfrac{\partial p}{\partial s}$。投資者可以運用主成分分析等方法計算出資產組合中對應於特定風險因素的 Delta 值，然後反向買入相應的資產，使得 Delta 值為零，保持 Delta 中性，從而避免風險因素變化帶來的資產價值損失。

2. Gamma 中性

Gamma 值定義為 $\Gamma = \frac{\partial^2 p}{\partial s^2}$，是資產組合價值對相應基礎因素的二階偏導，測量了 Delta 值對特定風險因素變動的反應程度。根據 Delta 的定義，Delta 中性的對沖組合只能避免市場變量微小變化帶來的損失。而對已經 Delta 中性的資產組合進行 Gamma 中性化則保證了資產組合價值不會受到風險因素較大變化的影響。

3. Vega 中性

一個交易組合的 Vega 是指交易價值組合變化對標底資產價格波動率變化的比率，定義為 $\nu = \frac{\partial p}{\partial \sigma}$。一些資產組合（尤其是期權類的資產）對標的資產價格的波動性十分敏感，構建 Vega 中性的組合避免了因為基礎資產波動性變化帶來的損失。

二、市場對沖的內在風險

儘管合理利用衍生品市場對沖能夠降低投資銀行所面臨的風險，但如果衍生品使用不合理也會帶來不小的風險。衍生品帶來的風險包括兩個方面：其一是單個投資銀行對沖策略不當導致的企業個體風險，其二是對整個經濟的宏觀風險。

（一）個體風險

表 6.1 列出了近年來比較著名的衍生品交易虧損案例。這些事件都給參與衍生品交易的企業帶來了巨額虧損，一些資產負債狀況原本非常良好的企業（如巴林銀行）甚至僅僅因為衍生品交易虧損就陷入了破產境地。

市場對沖對參與企業的個體風險主要緣於衍生品高槓桿特性。金融衍生品往往是通過槓桿交易，如果投資銀行又使用了保證金回購這樣的槓桿融資方式的話，其投資槓桿率將會變得非常大。以美國五大投行為例，在 2008 年次貸危機之前，它們的槓桿率全部都超過了 25 倍。在這樣的高槓桿率條件下，原生資產的小幅度波動就會引起投資銀行資產價值的極大變動。由於衍生品具有高槓桿性，如果投資銀行衍生品頭寸過大，資產價格向不利方向變動就可能給投資銀行帶來巨大損失。巴林銀行、法興銀行、J. P. 摩根在衍生品上的巨虧（見表 6.1）都是這方面的著名案例。此外，在槓桿融資的環境中，即使原生資產價格僅僅只是在短期內向不利方向變動，也會因為流動性約束而給參與衍生品交易的企業造成實虧，長期資本管理公司（LTCM）的倒閉就是這方面的例子。因此，投資銀行使用衍生品對沖風險必須使得衍生品規模與原生資產持有規模相適應，而且必須與自己的融資方式相適應。

衍生品交易的高槓桿特性還會放大投資銀行的操作風險。在缺少良好的內控措施的情況下，衍生品對沖還可能會演化成為單方面的投機行為，可能給投資銀行帶來很大的虧損。表 6.1 所列的國外企業失敗案例幾乎全部（僅有摩根大通的虧損是由於策略失敗所造成）都是由於內控存在問題引起的。著名的

巴林銀行、大和銀行以及法興銀行衍生品交易巨虧都是由於交易員的不當行為導致企業持有了太多的衍生品單方面頭寸而沒有相應的對沖措施，企業持有了太多的衍生品單方面頭寸而沒有相應的對沖措施。薄弱的內控制度使得企業沒有能夠及時發現並阻止交易員的冒險行為，使得原本的對沖策略變成了純粹的投機行為，價格的不利波動最終帶來了巨額虧損。

表 6.1　　　　　　　　　近年來衍生品失敗著名案例

公司	時間	涉及衍生品	事件原因	后果
巴林銀行	1995 年	日經指數期貨	巴林銀行新加坡衍生品交易員超額交易投機失敗	巴林銀行巨虧 14 億美元倒閉，后以 1 英鎊的象徵價格出售
大和銀行	1983—1995 年	美國國債期貨	紐約分行交易員違規操作國債衍生品	大和銀行虧損 11 億美元，被 Fed 重罰並撤出美國市場
法興銀行	2008 年	歐洲股票指數期貨	交易員未經許可多次交易歐洲股票指數期貨	法興銀行損失超過 49 億歐元
摩根大通公司（J. P. Morgan）	2012 年	信用違約掉期（CDS）	衍生品持倉量過大，風險控制不當	摩根大通已宣稱的損失超過 20 億美元，最終損失最多可能達到 75 億美元
中國航空油料集團公司	2004 年	原油期權	中航油出售了大量看漲期權而未做對沖，在原油價格上漲的情況下資金鏈斷裂導致帳面虧損變為實際虧損	中航油當期虧損超過 5.5 億美元
中國國家物資儲備局	2005 年	銅期貨	建立了大量的銅期貨空頭頭寸而未做相應對沖	國家物資儲備局損失超過兩億美元
中信泰富集團	2008 年	外匯期權	對澳大利亞元單邊看多，賣出大量的累積看跌期權	虧損超過 150 億元港幣

（二）宏觀風險

單個投資銀行合理利用衍生品進行對沖能夠有效降低企業所面對的風險，但對單個企業足夠穩健的衍生品對沖策略卻可能增加整個宏觀經濟所面對的風險。長期資本管理公司危機和次貸危機就是衍生品宏觀風險的一個具體體現。

通過分散化的風險管理策略，不同金融資產之間的相互擔保能夠規避非系統性風險，而衍生品的靈活性可以讓單個投資銀行實現風險的完全對沖，即使是系統性風險也能夠通過各種衍生品加以規避。但金融衍生品實現的是風險在不同投資人之間的不同分配。從整個宏觀層面而言，衍生品不能規避系統性風險，而只是改變了系統性風險最終的承擔者。如果最終系統性風險落到了少數企業，系統性風險承擔者就會在整個風險對沖中承擔極其重要的角色，如果系統性衝擊讓這些企業陷入困境則風險很容易傳染到整個經濟體系。次貸危機之前，美國國際集團（AIG）和花旗集團等保險巨頭為 CDS 等信用衍生品提供了大量的擔保，成了最終的系統性風險承擔者。當次級貸款違約率上升，這些保險巨頭陷入了困境，美國聯邦政府被迫投入超過千億資金（其中 AIG 的救助資金為 850 億美元，花旗集團的救助資金為 150 億美元）救助這些公司以避免市場崩潰對經濟帶來的巨大衝擊。

對沖策略的相似性是衍生品宏觀風險的第二個來源。現實中同類衍生品對沖交易很多都使用了類似的對沖策略。在這樣的情況下某些不利於對沖策略的小概率事件一旦出現，便會給整個市場帶來很大的震動，長期資本管理公司（LTCM）危機就是這樣的例子。長期資本管理公司在 20 世紀 90 年代中期利用七大工業國政府債券之間的利差進行套利。該公司採用了槓桿融資的方式累積了巨大的頭寸並取得了豐厚的回報。這一策略被大量的對沖基金模仿。1998 年 7 月俄羅斯主權債務發生違約，大量的資金為了避險而湧向美國國債，因而擴大了七大工業國國債之間的利差導致了長期資本管理公司巨額虧損。由於其他對沖基金和長期資本管理公司之間的策略相似性，如果長期資本公司被迫清盤拋售資產的話，其巨大的資產頭寸可能會導致金融市場崩潰，將整個經濟拖入金融危機。紐約聯邦儲備局統籌了 LTCM 的主要債權人（包括高盛、摩根士丹利、J. P. 摩根等幾乎所有華爾街的主要金融機構）對債務進行了重組，進行了一筆 36.25 億美元的援助，最終避免了市場崩潰。

第七章　基於 Copula 的投資銀行業務自然對沖

　　考慮到投資銀行各個業務之間的複雜聯繫，本章嘗試利用第六章的連接函數（Copula）方法整合投資銀行業務風險。我們提出了從業務角度研究投資銀行風險整合的基本框架、研究模型和分析步驟，並以中國投資銀行財務數據為數據基礎，採用二元 Copula 連接投資銀行服務業務與投資業務兩大風險，整合得到投資銀行的風險，並進行業務自然對沖效果的實證分析。以上研究試圖從業務風險整合的角度回答為什麼投資銀行業務結構會影響投資銀行風險這一核心問題，同時為后續的從業務角度探討投資銀行自然對沖策略提供了理論基礎。

第一節　固定業務資產比例下的投資銀行風險對沖效應測度

　　為了直觀檢驗投資銀行業務的風險對沖效應，本節設定投資銀行業務的資產比例固定，通過實證研究測度風險對沖效應。本節首先通過樣本數據估計業務的邊際分佈，然後選取多個 Copula 函數並估計其參數，採用 Monte Carlo 方法模擬產生業務組合收益率數據，進而計算不同 Copula 函數下的業務組合 VaR，與完全正相關假設下以及真實的業務 VaR 進行對比分析。

一、邊際分佈的估計

　　投資銀行服務類業務與投資類業務具有顯著不同的收入來源。服務類業務以提供勞務服務為主，收入來源主要屬於佣金及手續費收入；投資類業務主要以用自有資產進行投資為主，收入來源主要屬於投資收益。

　　投資銀行兩大類業務在收入性質上的差異也體現在業務收益率的分佈上。圖 7.1 和圖 7.2 分別為投資銀行服務類業務以及投資類業務收益率分佈情況。服務類業務收益率呈右偏，收益率分佈更為均勻；投資類業務收益率呈左右對稱情況，收益率分佈更加集中。

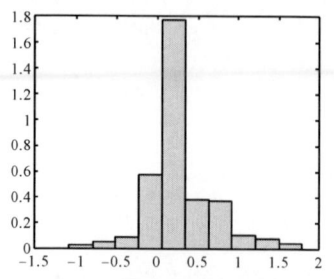

圖 7.1　投資銀行服務類業務收益率分佈 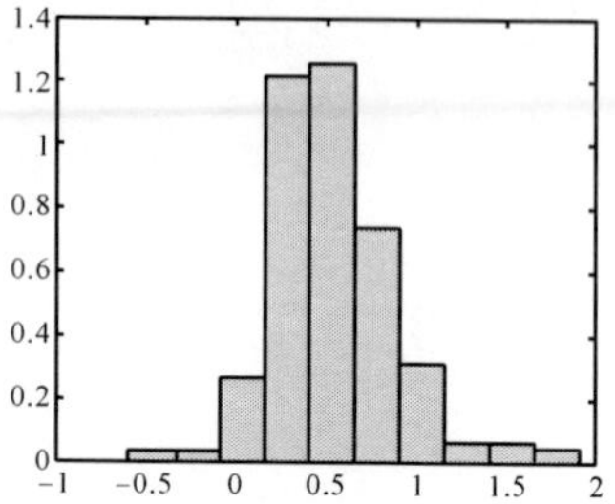　　圖 7.2　投資銀行投資類業務收益率分佈

邊際分佈的估計首先可以用現有的分佈形式去擬合業務收益分佈，然后利用數據估計分佈參數。這種參數判別分析中，需要假定作為判別依據的、隨機取值的數據樣本在各個可能的類別中都服從特定的分佈。但經驗和理論說明，參數模型的這種基本假定與實際模型之間常常存在較大的差距，所得結果也往往不令人滿意。

由於上述缺陷，Rosenblatt（1955）提出了非參數估計方法。核密度估計方法不利用有關數據分佈的先驗知識，對數據分佈不附加任何假定，是一種從數據樣本本身出發研究數據分佈特徵的方法，因而，在統計學理論和應用領域均受到高度的重視。本章直接對邊際分佈進行核密度估計，避免出現先驗分佈假設錯誤。

二、Copula 函數的選取

不同 Copula 函數能夠表述邊際分佈的不同分佈特徵。為了全面瞭解業務收益率的加總特徵，同時為增強本章研究的魯棒性，本章選取不同類型 Copula 函數整合投資銀行業務收益率，並分別得到不同 Copula 函數的參數估計結果，具體如表 7.1 所示。

表 7.1　　　　　　二元 Copula 函數的參數估計值列表

Copula 函數類型	Gaussian Copula	T Copula	Clayton Copula	Frank Copula	Gumbel Copula
參數估計值	Rho = 0.10	Rho = 0.10 nu = $4.75 \ast 10^{-6}$	0.13	0.83	1.05

三、業務組合收益模擬

我們分別用直接加總法以及不同的 Copula 函數方法進行了投資銀行業務 VaR 的模擬分析，同投資銀行業務收益率的真實 VaR 進行對比分析，每種模擬分別進行 10,000 次。服務業務和投資業務的資產權重設定為 0.5 和 0.5。圖 7.3 是真實的投資銀行以及採用不同 Copula 函數模擬的投資銀行業務收益

分佈。

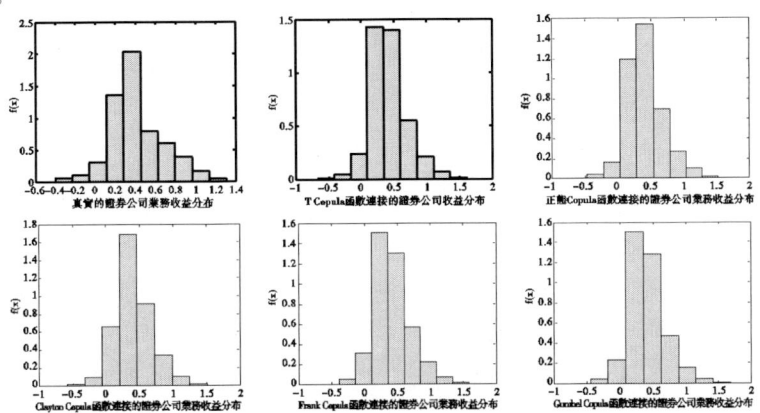

圖 7.3　採用不同 Copula 函數模擬整合的投資銀行業務收益分佈與真實情況對比

表 7.2 給出了各種相依性假設下的業務收益 VaR 測度模擬結果。我們選取 99%、95% 以及 90% 三種置信水平情況。

表 7.2　　各種相依性假設下的業務收益 VaR 測度模擬結果

假設	Gaussian Copula	T Copula	Clayton Copula	Frank Copula	Gumbel Copula	完全正相關	真實情況
VaR99	−0.205,3	−0.204,2	−0.248,0	−0.244,1	−0.201,7	−0.401,9	−0.253,0
VaR95	0.031,1	0.034,4	0.032,7	0.037,6	0.050,3	−0.027,3	0.068,2
VaR90	0.120,2	0.119,0	0.113,4	0.107,7	0.122,8	0.101,1	0.136,7

四、實證結果解釋說明

我們在表 7.3 中計算了各種相依性假設下的業務收益 VaR 測度模擬誤差情況。從表 7.3 中我們可以看到同真實情況的 VaR 測度相比較，採用各種 Copula 函數整合的投資銀行業務資產收益的風險 VaR 要明顯優於完全正相關的假設情況。這說明在實踐中可以應用連接函數（Copula）整合業務風險，進而考慮業務間相關性及其產生的風險分散效應，改進以往簡單加總得到業務總體風險的方式。

表 7.3　　各種相依性假設下的業務收益 VaR 測度誤差表

假設	Gaussian Copula	T Copula	Clayton Copula	Frank Copula	Gumbel Copula	完全正相關
VaR99	−18.9%	−19.3%	−2.0%	−3.5%	−20.3%	58.9%

表7.3(續)

假設	Gaussian Copula	T Copula	Clayton Copula	Frank Copula	Gumbel Copula	完全正相關
VaR95	−54.4%	−49.6%	−52.1%	−44.9%	−26.2%	−140.0%
VaR90	−12.1%	−12.9%	−17.0%	−21.2%	−10.2%	−26.0%

就總體誤差而言，善於捕捉變量在下尾部敏感變化的 Clayton Copula 在置信水平 99% 模擬 VaR 與真實情況僅有 2.0% 的誤差，善於捕捉變量在上尾部敏感變化的 Gumbel Copula 在置信水平 99% 模擬 VaR 與真實情況僅有 −10.2% 的誤差。這說明我們可以根據不同的置信水平選用不同的 Copula 函數測度金融業務風險。

第二節　變動業務資產比例下的投資銀行風險對沖效應測度

一、業務資產權重與金融企業風險關係模型

投資銀行業務風險對沖效應與投資銀行業務資產的配比有關係。設金融企業僅開展業務 A 和 B，受到相互聯繫的風險影響，兩種業務的資產收益率分別為 r_A 和 r_B，兩者的邊際分佈函數分別為 $F_A(x)$ 和 $F_B(x)$，對應的概率密度函數分別為 $f_A(x)$ 和 $f_B(x)$。

根據 Sklar 定理，金融企業總體風險收益的聯合分佈函數及概率密度函數可由 Copula 函數（連接函數）C 表示如下：

$$F(x, y) = C(F_A(x), F_B(y))$$
$$f(x, y) = f_A(x) \times f_B(y) \times c(F_A(x), F_B(y))$$

其中 $c(F_A(x), F_B(y)) = \dfrac{\partial C(F_A(x), F_B(y))}{\partial F_A(x) \times \partial F_B(y)}$。

設金融企業投入業務 A 和 B 的資產分別為 w_A 和 w_B，顯然這裡有 $w_A + w_B = 1$。金融企業總的收益率為 $r = w_A \times x_A + w_B \times x_B$，其分佈函數為：

$$\begin{aligned} F_r(z) &= P(r \leqslant z) = P(w_A \times (r_A - r_B) + r_B \leqslant z) \\ &= \iint_{w_A \times (r_A - r_B) + r_B \leqslant z} f(x, y) \, dxdy \\ &= \iint_{w_A \times (r_A - r_B) + r_B \leqslant z} f_A(x) \times f_B(y) \times c(F_A(x), F_B(y)) \, dxdy \end{aligned}$$

則置信水平為 α 的企業風險測度：

$$VaR_\alpha = -F^{-1}(\alpha)$$

有以上模型可知，金融企業的整合風險價值可以由以下因素確定：

(1) 不同業務收益率的邊際分佈 $f_A(x)$，$f_B(y)$；

(2) Copula 連接函數 C；

(3) 業務資產的權重 w_A。

為探究業務資產權重配置對企業風險的影響，本章將（1）和（2）兩個因素設定為已知，設定業務資產權重為本章研究對象，重點探討權重變化對企業總體風險的影響。

本節設定投資銀行業務的資產比例變動，通過實證研究測度風險對沖效應。本節首先通過樣本數據估計業務的邊際分佈，然后選取多個 Copula 函數並估計其參數，採用 Monte Carlo 方法模擬產生業務組合收益率數據，進而計算不同 Copula 函數下的業務組合 VaR，與完全正相關假設下以及真實的業務 VaR 進行對比分析。

二、業務權重決定的投資銀行 VaR 模擬

鑒於通過業務資產權重求解投資銀行風險 VaR 的中間過程較複雜，本章採用 Montel Carlo 模擬的方法演示業務權重改變對企業風險 VaR 的影響，模擬次數定為 1,000 次。

三、不同 Copula 假設下的業務權重與 VaR

表 7.4 給出了不同連接函數（Copula）和業務權重下的投資銀行風險價值 VaR 列表。表 7.4 中假設這一列給出了 5 種不同的連接函數設定，置信水平列中分別列出了 99.5%、99.0%、95% 以及 90%4 種置信水平情況，服務業務資產比例與投資業務資產比例相對應，兩者和為 1。

我們分析了同一 Copula 假設及置信水平下不同資產比重的投資銀行 VaR，表 7.4 的結論顯著支持投資銀行業務多元化發展的風險分散效應。如在第一行的 VaR 值中，我們發現絕對值最小的 VaR 值為 -0.276，此時投資銀行服務業務資產比例為 60%，對應的投資銀行投資類資產的比例為 40%。類似的現象在表 7.4 中其他行同樣存在。

表 7.4　不同 Copula 假設與業務權重下的投資銀行風險 VaR

假設	置信水平	服務業務資產比例									
		0%	10%	20%	30%	40%	50%	60%	70%	80%	90%	100%
正態 Copula	99.5%	-0.851	-0.712	-0.655	-0.460	-0.410	-0.305	-0.276	-0.281	-0.279	-0.418	-0.499
	99.0%	-0.678	-0.558	-0.476	-0.368	-0.297	-0.235	-0.196	-0.134	-0.103	-0.191	-0.211
	95.0%	-0.137	-0.082	-0.043	-0.006	0.009	0.038	0.048	0.066	0.085	0.077	0.068
	90.0%	-0.014	0.031	0.058	0.082	0.099	0.118	0.125	0.142	0.154	0.160	0.157

表7.4(續)

假設	置信水平	服務業務資產比例									
		0%	10%	20%	30%	40%	50%	60%	70%	80%	90%	100%
T Copula	99.5%	−0.800	−0.707	−0.647	−0.458	−0.408	−0.315	−0.268	−0.246	−0.320	−0.429	−0.429
	99.0%	−0.680	−0.576	−0.502	−0.340	−0.307	−0.215	−0.168	−0.156	−0.124	−0.182	−0.152
	95.0%	−0.165	−0.120	−0.052	−0.008	0.008	0.041	0.062	0.070	0.072	0.074	0.067
	90.0%	−0.018	0.026	0.057	0.084	0.102	0.116	0.139	0.144	0.148	0.160	0.151
Frank Copula	99.5%	−0.889	−0.727	−0.556	−0.529	−0.390	−0.276	−0.244	−0.279	−0.340	−0.341	−0.452
	99.0%	−0.691	−0.585	−0.437	−0.353	−0.293	−0.202	−0.147	−0.163	−0.158	−0.121	−0.127
	95.0%	−0.164	−0.098	−0.052	−0.022	0.002	0.030	0.059	0.069	0.080	0.084	0.075
	90.0%	−0.014	0.027	0.052	0.078	0.095	0.114	0.132	0.143	0.154	0.154	0.157
Clayton Copula	99.5%	−0.941	−0.697	−0.688	−0.505	−0.464	−0.355	−0.304	−0.296	−0.350	−0.310	−0.477
	99.0%	−0.723	−0.553	−0.517	−0.398	−0.305	−0.246	−0.192	−0.166	−0.156	−0.113	−0.166
	95.0%	−0.148	−0.085	−0.050	−0.018	0.011	0.034	0.052	0.068	0.078	0.077	0.065
	90.0%	−0.012	0.028	0.061	0.082	0.102	0.117	0.133	0.148	0.153	0.162	0.148
Gumble Copula	99.5%	−0.874	−0.731	−0.578	−0.512	−0.365	−0.294	−0.273	−0.266	−0.328	−0.406	−0.462
	99.0%	−0.684	−0.566	−0.464	−0.369	−0.267	−0.204	−0.151	−0.147	−0.165	−0.158	−0.197
	95.0%	−0.164	−0.110	−0.061	−0.012	0.024	0.042	0.065	0.067	0.080	0.082	0.061
	90.0%	−0.017	0.027	0.058	0.082	0.104	0.121	0.136	0.149	0.158	0.159	0.154
完全正相關	99.5%	−1.085	−1.036	−0.987	−0.938	−0.889	−0.839	−0.790	−0.741	−0.692	−0.643	−0.594
	99.0%	−0.681	−0.625	−0.570	−0.514	−0.458	−0.402	−0.346	−0.290	−0.234	−0.178	−0.122
	95.0%	−0.165	−0.138	−0.110	−0.083	−0.055	−0.027	0.000	0.028	0.056	0.083	0.111
	90.0%	0.028	0.042	0.057	0.072	0.086	0.101	0.116	0.130	0.145	0.160	0.175
真實情況	99.5%	−1.085	−0.949	−0.812	−0.675	−0.538	−0.401	−0.321	−0.389	−0.457	−0.525	−0.594
	99.0%	−0.681	−0.572	−0.463	−0.355	−0.246	−0.253	−0.241	−0.128	−0.065	−0.080	−0.122
	95.0%	−0.165	−0.108	−0.055	−0.014	0.025	0.068	0.077	0.083	0.136	0.130	0.111
	90.0%	0.028	0.045	0.073	0.088	0.109	0.137	0.151	0.152	0.171	0.171	0.175

考慮Copula假設與業務資產比例相同條件下不同置信水平的VaR，我們發現隨著置信水平的降低，VaR絕對值呈現逐漸降低的趨勢，說明風險水平降低，與理論上的VaR與置信水平之間的關係一致。

四、不同假設下的業務權重與風險 VaR 關係對比

為了對比不同假設下的VaR結果，本書根據表7.1的結果計算不同假設條件下風險測度VaR的誤差值，列入表7.2中。其中VaR誤差率的計算公式為：

$$\frac{某假設下置信水平\alpha的VaR}{真實情況下置信水平\alpha的VaR}-1$$

從表 7.5 顯示的不同 Copula 假設與真實的業務權重及風險 VaR 誤差率列表來看,連接函數(Copula)假設下的 VaR 誤差率總體要低於完全正相關情況,證明了採用 Copula 連接業務風險的優越性。

表 7.5　不同 Copula 假設與真實的業務權重及風險 VaR 誤差率

假設	置信水平	服務業務資產比例									
		0%	10%	20%	30%	40%	50%	60%	70%	80%	90%	100%
正態 Copula	99.50%	-21.6%	-25.0%	-19.3%	-31.9%	-23.8%	-23.9%	-14.0%	-27.8%	-38.9%	-20.4%	-16.0%
	99.00%	-0.4%	-2.4%	2.8%	3.7%	20.7%	-7.1%	-18.7%	4.7%	58.5%	138.8%	73.0%
	95.00%	-17.0%	-24.1%	-21.8%	-57.1%	-64.0%	-44.1%	-37.7%	-20.5%	-37.5%	-40.8%	-38.7%
	90.00%	-150.0%	-31.1%	-20.5%	-6.8%	-9.2%	-13.9%	-17.2%	-6.6%	-9.9%	-6.4%	-10.3%
T Copula	99.50%	-26.3%	-25.5%	-20.3%	-32.1%	-24.2%	-21.4%	-16.5%	-36.8%	-30.0%	-18.3%	-27.8%
	99.00%	-0.1%	0.7%	8.4%	-4.2%	24.8%	-15.0%	-30.3%	21.9%	90.8%	127.5%	24.6%
	95.00%	0.0%	11.1%	-5.5%	-42.9%	-68.0%	-39.7%	-19.5%	-15.7%	-47.1%	-43.1%	-39.6%
	90.00%	-164.3%	-42.2%	-21.9%	-4.5%	-6.4%	-15.3%	-7.9%	-5.3%	-13.5%	-6.4%	-13.7%
Frank Copula	99.50%	-18.1%	-23.4%	-31.5%	-21.6%	-27.5%	-31.2%	-24.0%	-28.3%	-25.6%	-35.0%	-23.9%
	99.00%	1.5%	2.3%	-5.6%	-0.6%	19.1%	-20.2%	-39.0%	27.3%	143.1%	51.3%	4.1%
	95.00%	-0.6%	-9.3%	-5.5%	57.1%	-92.0%	-55.9%	-23.4%	-16.9%	-41.2%	-35.4%	-32.4%
	90.00%	-150.0%	-40.0%	-28.8%	-11.4%	-12.8%	-16.8%	-12.6%	-5.9%	-9.9%	-9.9%	-10.3%
Clayton Copula	99.50%	-13.3%	-26.6%	-15.3%	-25.2%	-13.8%	-11.5%	-5.3%	-23.9%	-23.4%	-41.0%	-19.7%
	99.00%	6.2%	-3.3%	11.7%	12.1%	24.0%	-2.8%	-20.3%	29.7%	140.0%	41.3%	36.1%
	95.00%	-10.3%	-21.3%	-9.1%	28.6%	-56.0%	-50.0%	-32.5%	-18.1%	-42.6%	-40.8%	-41.4%
	90.00%	-142.9%	-37.8%	-16.4%	-6.8%	-6.4%	-14.6%	-11.9%	-2.6%	-10.5%	-5.3%	-15.4%
Gumble Copula	99.50%	-19.4%	-23.0%	-28.8%	-24.1%	-32.2%	-26.7%	-15.0%	-31.6%	-28.2%	-22.7%	-22.2%
	99.00%	0.4%	-1.0%	0.2%	3.9%	8.5%	-19.4%	-37.3%	14.8%	153.8%	97.5%	61.5%
	95.00%	-0.6%	1.9%	10.9%	-14.3%	-4.0%	-38.2%	-15.6%	-19.3%	-41.2%	-36.9%	-45.0%
	90.00%	-160.7%	-40.0%	-20.5%	-6.8%	-4.6%	-11.7%	-9.9%	-2.0%	-7.6%	-7.0%	-12.0%
完全正相關	99.50%	0.0%	9.2%	21.6%	39.0%	65.2%	109.2%	146.1%	90.5%	51.4%	22.5%	0.0%
	99.00%	0.0%	9.3%	23.1%	44.8%	86.2%	58.9%	43.6%	126.6%	260.0%	122.5%	0.0%
	95.00%	0.0%	27.8%	100.0%	492.9%	-320.0%	-139.7%	-100.0%	-66.3%	-58.8%	-36.2%	0.0%
	90.00%	0.0%	-6.7%	-21.9%	-18.2%	-21.1%	-26.3%	-23.2%	-14.5%	-15.2%	-6.4%	0.0%

由表 7.5,我們發現在服務業務與投資服務比重相對均衡的情況下,採用 Copula 假設下的 VaR 誤差率明顯低於完全正相關情況。而在服務業務比重較低(小於 10%)以及比重較高(大於 90%)的情況下,採用 Copula 假設對比於完全正相關情況,不具有比較優勢。這一特點同 Copula 的理論出發點一致。

第三節　考慮風險收益的業務資產最優配置模擬

一、考慮風險收益的業務資產最優配置模型

參照組合投資理論，本章考慮在權衡企業收益和風險下求解企業業務資產最優配置。這樣的最優化問題，可以表述為風險一定條件下的收益最高的企業業務權重，或者收益一定條件下的風險最低的企業業務權重。我們將分別進行分析。

考慮 $VaR_\alpha = -F^{-1}(\alpha) = \sigma$，考慮調整業務比重 w_A，使得 $E(r) = w_A \times r_A + w_B \times r_B = w_A \times E(r_A - r_B) + E(r_B)$ 最大，即為風險一定條件下的收益最高的企業業務權重問題，表述如下：

$$\underset{w_A}{\text{Max}} w_A \times E(r_A - r_B) + E(r_B)$$
$$\text{st. } VaR_\alpha = \sigma$$

考慮 $E(r) = w_A \times r_A + w_B \times r_B = w_A \times E(r_A - r_B) + E(r_B) \leq \pi$，考慮調整業務比重 w_A，使得 $VaR_\alpha = -F^{-1}(\alpha)$ 最小。收益一定條件下的風險最低的企業業務權重，即為以下問題：

$$\underset{w_A}{\text{Min}} VaR_\alpha$$
$$\text{st. } w_A \times E(r_A - r_B) + \pi$$

二、基於 Copula 的業務資產配置有效邊界

利用 Montel Carlo 模擬的方法研究不同業務的資產比重與投資銀行總體風險的同時，我們加入對投資銀行總體收益率的計算。在利用 Matlab 軟件進行 Montel Carlo 編程時，我們考慮業務資產權重變化最小幅度為 1%，並將計算所得的結果列入圖 7.4 至圖 7.6 中。

圖 7.4 至圖 7.6 中，橫坐標為公司總體收益率，而縱坐標是公司的風險測度 VaR。分別用不同符號代表不同情況，計算得到投資銀行收益與 VaR。「+」代表真實的投資銀行層面的收益與 VaR，「×」代表業務完全正相關情況下整合的投資銀行收益與 VaR，「▽」代表業務正態 Copula 相關假設情況，「◁」代表 T Copula 假設情況，「▷」代表 Frank Copula 假設情況，「☆」代表 Clayton Copula 假設情況，而「*」代表 Gumble Copula 假設情況。

圖 7.4 為 99.5% 置信水平下投資銀行業務整合假設下的收益與 VaR。我們將不同連接函數假設情況下的投資銀行總體風險和收益與真實情況做對比，對比包括正態 Copula、T Copula、Frank Copula、Clayton Copula 和 Gumble Copula 假設，以及業務完全正相關情況。

對於理性的經營管理者，僅有風險隨著收益增長而降低的這一段屬於業務資產有效配置的區域。投資銀行在實際經營過程中，應在此區域進行業務資產

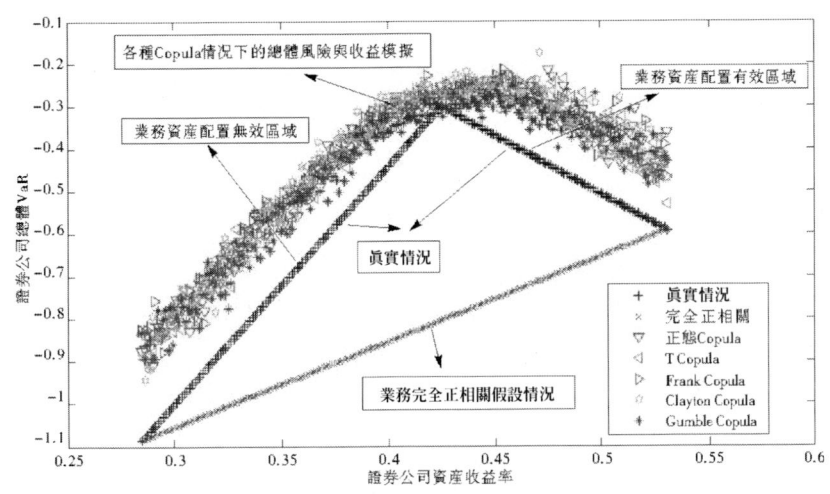

圖 7.4　99.5%置信水平下投資銀行業務整合假設下的收益與 VaR

的有效選擇，此時投資銀行的總體收益率為 0.45~0.55。

分析圖 7.4，對比於完全正相關情況，Copula 假設連接下的投資銀行總體收益與風險情況更加接近於真實情況。類似的結論適用於在 99% 和 95% 置信水平下的投資銀行風險和收益模擬計算，如圖 7.5 所示。

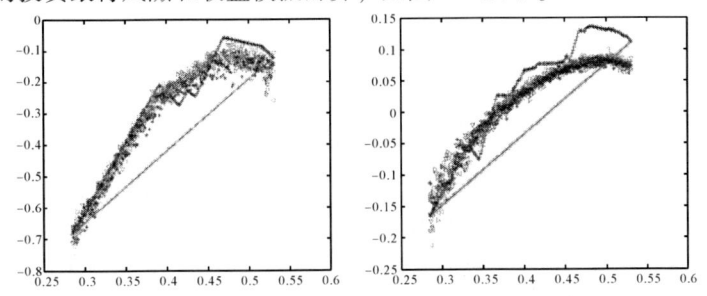

圖 7.5　99%（左）和 95%（右）置信水平下投資銀行業務整合假設下的收益與 VaR

圖 7.6　90% 置信水平下投資銀行業務整合假設下的收益與 VaR

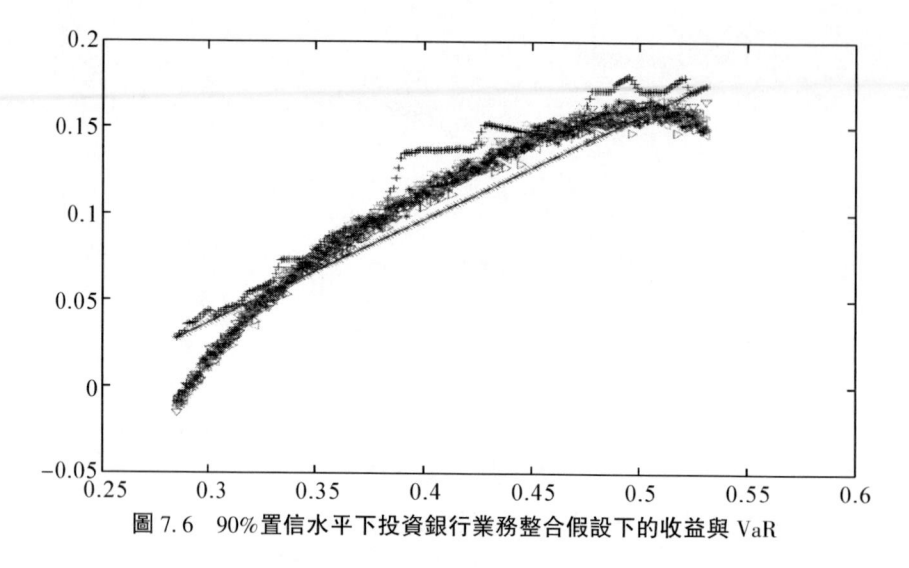

例外的情況出現在圖 7.6 中業務收益較低和較高的兩端。對比於完全正相關情況，Copula 假設連接下的模擬得到的投資銀行總體收益與風險情況要劣於完全正相關假設情況。Copula 的目的在於連接不同業務風險使其成為投資銀行總體風險。如果某業務權重太低或太高，這種連接誤差就顯著增大。

三、考慮收益和風險的業務資產最優權重模擬

將圖 7.4 顯示的不同 Copula 函數假設下的投資銀行業務資產比例及其對應的資產收益率、風險表示出來，我們就可以從中找到考慮風險和收益的投資銀行業務資產最優權重。

以二元正態 Copula 連接的證券業務為例，表 7.6 中給出了 99.5% 置信水平下的投資銀行不同業務比例及其對應的投資銀行資產收益率和風險 VaR 測度。其中前 4 行是二元正態 Copula 假設下的投資銀行資產收益率和風險 VaR 測度，第 5 行計算了相同業務資產比例和收益率下的真實投資銀行 VaR 測度。

表 7.6　二元正態 Copula 下和真實情況下證券業務的比例、收益率與風險對比

服務業務資產比例	0.000	0.100	0.200	0.300	0.400	0.500	0.600	0.700	0.800	0.900	1.000
投資業務資產比例	1.000	0.900	0.800	0.700	0.600	0.500	0.400	0.300	0.200	0.100	0.000
投資銀行資產收益率	0.285	0.310	0.334	0.359	0.383	0.408	0.433	0.457	0.482	0.506	0.531
Copula 下 VaR 測度	−0.877	−0.752	−0.645	−0.487	−0.428	−0.323	−0.267	−0.227	−0.349	−0.360	−0.440
真實 VaR 測度	−1.085	−0.949	−0.812	−0.675	−0.538	−0.401	−0.321	−0.389	−0.457	−0.525	−0.594

表 7.6 顯示，投資銀行資產收益率隨著服務業務資產比例升高而上升，投資銀行 VaR 測度的絕對值則先降低隨後升高。在同時考慮風險和收益的情況下，正態 Copula 假設下的模擬結果顯示服務業務資產比例在 0.7~1.0 的 4 列是有效的，實現了給定投資銀行資產收益率情況下的風險測度 VaR 最小的要求。比如，我們設定投資銀行資產收益率應該達到 0.482，此時只要服務業務與投資業務資產比重為 2∶8，則可以達到最小的投資銀行風險 VaR，此時等於 -0.349。

換個角度來看，我們也可以認為表 7.6 中最后 4 列，實現了給定投資銀行 VaR 測度要求下投資銀行資產收益率達到最高的情況。根據表 7.6，我們設定投資銀行 VaR 測度為 -0.349，則同樣只需設定服務業務和投資業務資產比例為 2∶8，同樣可以實現資產收益率最高，此時投資銀行資產收益率為 0.482。

與真實 VaR 測度相對比，二元 Copula 假設模擬計算的結果還存在一定誤差。如按照真實的 VaR 測度，服務資產比例達到 0.6 以上時，考慮風險和收益的業務資產組合配置即進入有效區域。同樣誤差情況也出現在表 7.7 顯示的其他 Copula 假設下的 VaR 計算結果中。這表明應進一步研究採用 Copula 連接業務方法進而求取最優業務資產比例的方法，改進相關過程，更好地擬合現實情況。

表 7.7　不同假設和真實情況下證券業務比例、收益率與風險對比

服務業務資產比例	0.000	0.100	0.200	0.300	0.400	0.500	0.600	0.700	0.800	0.900	1.000
投資業務資產比例	1.000	0.900	0.800	0.700	0.600	0.500	0.400	0.300	0.200	0.100	0.000
投資銀行資產收益率	0.285	0.310	0.334	0.359	0.383	0.408	0.433	0.457	0.482	0.506	0.531
真實情況下的 VaR	-1.085	-0.949	-0.812	-0.675	-0.538	-0.401	-0.321	-0.389	-0.457	-0.525	-0.594
完全正相關假設 VaR	-1.085	-1.036	-0.987	-0.938	-0.889	-0.839	-0.790	-0.741	-0.692	-0.643	-0.594
T Copula 下 VaR 測度	-0.837	-0.718	-0.656	-0.494	-0.411	-0.295	-0.275	-0.281	-0.322	-0.379	-0.426
Frank Copula 下 VaR 測度	-0.826	-0.699	-0.580	-0.486	-0.397	-0.261	-0.293	-0.239	-0.321	-0.391	-0.444
Clayton Copula 下 VaR 測度	-0.832	-0.774	-0.631	-0.478	-0.445	-0.371	-0.270	-0.281	-0.253	-0.406	-0.466
Gumble Copula 下 VaR 測度	-0.889	-0.830	-0.637	-0.538	-0.368	-0.316	-0.244	-0.267	-0.322	-0.374	-0.456

第七章　基於 Copula 的投資銀行業務自然對沖

第八章　投資銀行市場對沖

根據前面對風險對沖的劃分，本書將投資銀行的市場對沖定義為通過投資或購買與標的資產（Underlying Asset）收益波動負相關的某種資產或衍生產品，來衝銷標的資產潛在的風險損失的一種風險管理策略。現代的金融衍生品（Derivatives）是指從傳統的基礎金融工具，如貨幣、利率、股票等交易過程中，衍生發展出來的新金融工具，是價值依賴於基礎資產（Underlyings）價值變動的合約（Contracts）。這種合約可以是標準化的，也可以是非標準化的。標準化合約是指其標的物（基礎資產）的交易價格、交易時間、資產特徵、交易方式等都是事先標準化的，因此此類合約大多在交易所上市交易，如期貨。非標準化合約是指以上各項由交易的雙方自行約定，因此具有很強的靈活性，比如遠期協議。

20世紀70年代以後，隨著金融衍生品市場的飛速發展，衍生品業務已經成為推動國際投資銀行發展的主推力，並對行業的發展模式和戰略演變產生了重要作用。但2008年美國五大投資銀行由於過度涉足衍生品市場，最終未能逃脫破產或轉型的命運。目前，中國金融衍生品市場的發展才剛剛起步，投資銀行參與金融衍生品的程度相對有限。如何吸收美國投資銀行衍生品對沖風險中的經驗與教訓，對中國投資銀行利用金融衍生品進行市場對沖具有重要借鑑。本章先簡要分析美國五大投行衍生品對沖，然后圍繞中國投資銀行衍生品對沖現狀展開討論。

第一節　美國投資銀行的市場對沖

隨著市場的發展，金融衍生品在海外投資銀行的日常業務中占據了越來越重要的位置。這些銀行往往通過衍生品來實現積極的個險管理策略，用以對沖其在做市商或者發行、投資等其他業務的風險暴露。

一、對盈利模式的影響

金融衍生品拓寬了國際銀行控股集團的盈利模式，許多大的投資銀行漸漸將注意力轉向主要交易、證券投資（相當大的一部分投入了金融衍生品市場）等高風險高收益業務，其代表機構是所謂的在前兩年先後倒下或轉型的華爾街五大投資銀行高盛、摩根士丹利、美林、雷曼和貝爾斯登。

在海外的現代投行業務模式中，傳統業務的占比很低，交易業務是現代投

行的核心業務內容。以高盛為例，2011 年交易業務的收入占其總收入的 30% 以上，其中大部分為金融衍生品交易和投資收益，而傳統的投資銀行業務和商務諮詢的服務收入僅僅占到總收入的 17%；美林和摩根士丹利的這一占比也分別達到 21% 和 40%。

二、衍生品結構

投資銀行們用以對沖風險的衍生品不但包括場內交易的標準品種，還包括在場外（OTC）市場交易的非標準衍生品，而且后者的規模往往遠大於前者。以高盛公司為例，其 2012 年、2013 年期末場外衍生品資產價值都超過了場內衍生品資產價值的 10 倍，如表 8.1、表 8.2 所示。

表 8.1　　高盛公司 2012 年、2013 年年末總衍生品頭寸

單位：百萬美元

	2012 年		2013 年	
	衍生品資產	衍生品負債	衍生品資產	衍生品負債
場內衍生品	3,772	2,937	4,277	6,366
場外衍生品	67,404	47,490	53,602	43,356
總計	71,176	50,427	57,879	49,722

來源：高盛公司 2013 年度財務報表。

表 8.2　　　　　高盛公司用於對沖的場外衍生品頭寸　　　單位：百萬美元

	2013 年 12 月			2012 年 12 月		
	衍生資產	衍生負債	名義金額	衍生資產	衍生負債	名義金額
用於對沖的衍生品						
利率類衍生品	11,403	429	132,879	23,772	66	128,302
已清算 OTC 衍生品	1,327	27	10,637	—	—	—
雙邊清算 OTC 衍生品	10,076	402	122,242	23,772	86	128,302
貨幣類衍生品	74	56	9,296	21	86	8,452
已清算 OTC 衍生品	1	10	869	—	—	3
雙邊清算 OTC 衍生品	73	46	8,427	21	86	8,449
商品類衍生品	36	—	335			
已清算 OTC 衍生品	—	—	23			
雙邊清算 OTC 衍生品	36	—	312			
小計	11,513	485	142,510	23,793	152	136,754
總公允價值/衍生品名義金額	858,933	781,294	53,618,940	839,124	749,523	44,453,684

來源：高盛公司 2013 年年報。

儘管不同公司有著不同的風險管理結構和風險對沖模型，投資銀行市場對沖的基石都是通過審慎的資產購買行為，提升企業風險調整后的回報。鑒於投資銀行在市場中的特殊角色，它們往往參與了多種資產的交易和發行，其資產結構非常複雜，衍生品對沖種類也非常豐富，按照其基礎資產包括利率、貨幣、信用、商品和股票等各種衍生品。還是以高盛公司為例，其利率衍生品和貨幣衍生品的頭寸還高於股票衍生品，如表8.3所示。

表8.3　　高盛公司2013年度場外衍生品資產—負債結構

單位：百萬美元

一、資產類別	0~12個月	1~5年	5年以上	總計
利率類	7,235	26,029	75,731	108,995
信用類	1,233	8,410	5,787	15,430
貨幣類	9,499	8,478	7,361	25,338
商品類	2,843	4,040	143	7,026
股權類	7,016	9,229	4,972	21,217
跨類別淨額調整	-2,559	-5,063	-3,395	-11,017
小計	25,267	51,123	90,599	166,989
跨期限淨額調整				-19,744
現金擔保				-93,643
總計				53,602
二、負債類別				
利率類	5,019	16,910	21,903	43,832
信用類	2,339	6,778	1,901	11,018
貨幣類	8,843	5,042	4,313	18,198
商品類	3,062	2,424	2,387	7,873
股權類	6,325	6,964	4,068	17,357
跨類別淨額調整	-2,559	-5,063	-3,395	-11,017
小計	23,029	33,055	31,177	87,261
跨期限淨額調整				-19,744
現金擔保				-24,161
總計				43,356

來源：高盛公司2013年年報。

三、衍生品風險管理

同樣是大規模地進行金融衍生品自營交易，華爾街五大投行的結局卻迥然不同，其根本原因在於風險控制。高盛優秀的風險控制技巧使得其在這次由次級貸款引發的金融危機中存活了下來。2006年年底，高盛使用的風險管理模式平均每天要收集2.5萬個數據進行風險測試，當次級債風險尚未充分暴露時，風險控制系統已經發出了預警信號。在2006年12月，高盛的各種指標包括VaR及其他風險模型，開始顯示有某種錯誤發生。雖不是很大的錯誤，但是錯誤足以警告需要開展更仔細的觀察。在接下來的2007年剩下的大部分時間裡，高盛與其他投行做著相反的事情——利用衍生工具在抵押貸款市場上保持淨空頭部位，從而在最大程度上減輕了金融危機的衝擊。

五大投行不同的結局是它們不同的風險控制結構造成的。正是由於高盛在風險控制方面的努力使得其在危機中並沒有遭受太大的損失，而貝爾斯登和雷曼則遭遇了滅頂之災。

在組織結構方面，高盛對其分支機構的管理採取了扁平化管理的模式，主要體現在總部的期貨衍生品部門統一結算、統一財務管理。此外，高盛對於同一個客戶涉及的不同業務，包括衍生品業務、資產管理業務、股票業務等，其風險頭寸、風險敞口、資金運用情況等，可以由獨立於衍生品部門的信貸部統一監測。如此，當客戶某項交易資金不足的時候，投資銀行可以用別的金融資產進行沖抵，效率比較高，風險也得到有效控制。

在衍生品管理方面，高盛將其持有的衍生品按照其基礎資產和市場狀況分為了三個等級，並對不同等級衍生品實施了不同的定價要求。第一級（Level 1）衍生品的原生資產為第一類資產（按照高盛的分類）的短期合約以及成交活躍（能夠按照其市場報價及時成交）的交易所標準化衍生品。第二級（Level 2）衍生品包括所有重要定價環境相關參數（例如價格、期限、利率期限結構等）均由市場條件（Market evidence）支持的OTC產品，交易不活躍的場內衍生品以及（或者）那些定價模型是經過市場出清條件校準的OTC衍生品。除第一級和第二級以外的衍生品為第三級（Level 3）衍生品。高盛對衍生品的劃分（以及相應的定價）充分考慮到了市場狀況以及模型風險，因而能夠進行足夠穩健的風險管理。高盛公司2013年年末各種衍生品分級頭寸如表8.4所示。

表8.4　　　　高盛公司2013年年末各類衍生品分級頭寸

單位：百萬美元

	2013年12月衍生資產公允價值					
	一級	二級	三級	跨級別淨額調整	總計
利率類	91	652,104	394	—	652,589

表8.4(續)

	2013年12月衍生資產公允價值				
	一級	二級	三級	跨級別淨額調整	總計
信用類	—	52,834	7,917	—	60,751
貨幣類		70,481	350	—	70,831
商品類	—	17,517	526		18,043
權益類	3	55,826	890	—	56,719
衍生資產總公允價值	94	848,762	10,077	—	858,933
對手調整淨額		-702,703	-3,001	-1,707	-707,411
小計	94	146,059	7,076	(1,707)	151,522
現金擔保					-93,643
公允價值（含自持產品）					57,879

	2013年12月衍生負債公允價值				
	一級	二級	三級	跨級別淨額調整	總計
利率類	93	586,966	408	—	587,539
信用類	—	52,599	3,741	—	56,340
貨幣類	—	63,165	550	—	63,715
商品類		177,762	466		18,228
權益類	6	53,617	1,849		55,472
衍生資產總公允價值	99	774,109	7,086	—	781,294
對手調整淨額	—	-702,703	-3,001	-1,707	-707,411
小計	99	71,406	4,085	(1,707)	733,883
現金擔保					-24,161
公允價值（含已售出但尚未回購的產品）					49,722

來源：高盛公司2013年年報。

四、投資銀行衍生品道德風險

投資銀行是金融衍生品的主要設計者和參與者，起初設計金融衍生品是為

了規避金融市場風險。但是隨著經濟的發展，加上和商業銀行的殘酷競爭，投資銀行的生存環境發生了巨大的變化。為了追求盈利，美國投資銀行紛紛進行金融創新，把金融衍生品作為新的利潤增長點。這種情況下創造的金融衍生品已完全脫離了避險需求的本意，而淪為了投資銀行賺錢的工具。具體表現在：第一，衍生品設計得過於複雜化。第二，衍生品交易的信息不對稱。進一步地，這種詐欺風險或道德風險存在的根源在於投資銀行的多重身分特徵。在衍生品市場上，投資銀行的金融工程師是產品的設計者和開發者。同時投資銀行又通過承銷業務獲取佣金收入，通過參與套期保值或非套期保值交易獲得投資收益，在競爭壓力趨勢下，通過人為地複雜化產品設計甚至詐欺來換得自身的高額回報。金融危機前后相當多針對投資銀行（或者前投資銀行）的司法訴訟就昭示了這種道德風險的存在。

2010年4月16日，美國證券交易委員會向紐約曼哈頓聯邦法院提起民事訴訟，指控高盛集團在涉及次級抵押貸款業務金融產品問題上涉嫌詐欺投資者，造成投資者損失超過10億美元。高盛被指控銷售了一種基於次貸業務的抵押債務債權，但未向投資者披露美大型對沖基金保爾森對沖基金公司對該產品做空的「關鍵性信息」。保爾森對沖基金公司於2007年向高盛支付了約1,500萬美元的設計和行銷費用，但投資者因此蒙受的損失超過10億美元。高盛的錯誤就是一方面允許一客戶做空該金融產品，另一方面卻向其他投資者承諾該產品是由獨立客觀的第三方推出的。該訴訟的最終結果是高盛集團支付5.5億美元的和解費用，與SEC就民事詐欺指控達成和解。

其他的投資銀行同樣遭遇了類似的道德困境。摩根士丹利遭遇了聯邦住房金融管理局（FHFA）就抵押貸款擔保證券銷售問題發起的訴訟，並於2013年2月以12.5億美元的和解付款了結。同月，摩根士丹利被SEC指控在銷售抵押債券時誤導投資者，導致投資者在金融危機期間因這些抵押債券大幅下跌而受損。摩根士丹利為這項指控支付了2.75億美元的和解費用。

這些司法訴訟所揭示出來的海外投資銀行道德困境表明了風控結構在投資銀行風險管理中的重要性。

五、對中國投資銀行的啟示

隨著中國經濟的進一步發展，國內企業更多參與到了全球經濟活動中，大量的經濟活動直接暴露在了全球匯率、利率、信用等風險之中。同時，中國利率、資本帳戶等管制逐漸放松，各類信用產品的違約風險逐漸暴露（例如地方政府債務等）。作為資本市場最終的產品提供者和衍生產品的主要做市商，投資銀行風險對沖要求進一步增強。

2010年，中國證券市場先后推出了股指期貨和融資融券。基礎金融衍生品的推出為金融創新提供了可能，大大激發了中國證券公司的創新熱情。隨著中國金融衍生品等創新業務的不斷深化，中國證券公司的創新能力、盈利模式和風險管理能力將不斷增強，有望徹底告別證券公司靠天吃飯的局面。

僅就目前來說，中國資本市場發展尚不健全，期貨、期權等金融衍生品市場尚處在萌芽狀態，金融工具品種少。目前國內交易所公開交易的衍生品只有股指期貨、商品期貨、國債期貨等少數幾個品種。場外市場受到了嚴格的限制，比較活躍的交易品種也只有人民幣利率互換等寥寥幾種，幾乎沒有匯率（貨幣）和信用衍生品。現有的衍生產品其市場深度和活躍程度也有所不足，除股指期貨以外，其他交易所衍生品的交易活躍程度與市場容量都很難承載大體量風險對沖的需求。

儘管目前中國市場發育程度尚有欠缺，但近幾年中國金融市場發展速度驚人，各種衍生市場品種和深度已經逐步在向美國市場靠攏。美國投資銀行的市場對沖風險管理能夠給我們提供很好的借鑑。

首先，美國投資銀行的經驗表明投資銀行可以利用衍生品對自身所面臨的各種風險（包括系統性風險）進行合理對沖，但必須對所參與的交易有嚴格的控制。衍生品交易必須用於正確的目的，在交易中必須控制自己的風險暴露程度，而且必須有良好的內控制度以確保事先制定的風險策略和交易額度等規定。

其次，監管者應加強對投資銀行的投機性衍生品交易風險監管，建立投資銀行作為衍生品交易者和其他業務（如資產管理業務）參與者的利益隔離機制。對於市場監管部門，要在信息披露上盡可能揭示投資銀行參與股指期貨等衍生品交易的風險，增強對資產流動性和現金流量表的監控，並在淨資本計算方面，對於用於套期保值的股指期貨頭寸（即期貨空頭頭寸）可以折算成對應的現貨頭寸，並與股票現貨頭寸進行抵扣，但在資產負債表和利潤表中應當將股指期貨有關的資產和淨盈利（虧損）單列。對於投資銀行而言，要增強風險意識和加強內部風險管理制度建設，正確認識股指期貨的作用，嚴格控制股指期貨的持倉量。要根據市場的即時變化和所持有的股票現貨組合的風險特徵，通過定量模型計算得到適當的套期保值比率，並根據這一套期保值比率適當持有期貨頭寸。同時，要建立嚴格的結算準備金或保證金監管制度，即時監控衍生品頭寸價值，並保證資產的流動性。

再次，投資銀行的風險管理必須考慮到模型風險。通常，市場狀況變得糟糕的時候，各種風險的相關性增強，以常規市場條件得到的風險管理模型往往會低估投資銀行所面對的真正風險。2007年次貸危機發生以後，大部分按揭貸款不但違約率上升，其回收率同樣也大幅下降，以正常市場條件估算出來的模型極大低估了各類按揭貸款以及以此為基礎的信用衍生品的風險，給雷曼、AIG等帶來了巨大的損失。

最後，投資銀行應該給予風險管理人員正確的激勵，避免短期高強度激勵，以保證他們做出與公司長期利益一致的決策。事實上，危機以後，大量的金融機構已經修改了它們的薪酬辦法，一些企業將分紅分攤到了數個年度來發放，而不是在一年內全部付清。

第二節　中國投資銀行市場對沖分析

一、中國投資銀行市場對沖的必要性

近年來，中國證券市場迅速發展，投資銀行的競爭越來越激烈，以前依賴買賣佣金和發行費用的盈利模式難以為繼。券商買賣佣金費率隨著競爭加劇不斷下降，一些券商甚至將佣金降低到了成本附近（例如華泰證券 2013 年將交易佣金降到了萬分之三，幾乎等於其營運成本）。發行佣金也受到了極大的衝擊，一方面發行政策（從 2012 年以後中國在長達一年半的時間內暫停了 A 股新股發行）極大限制了發行佣金收入，另一方面商業銀行表外業務和信託的發展也擴展了企業融資的渠道，削弱了券商融資發行的市場容量。

傳統業務結構的頹勢加速了投資銀行向自營和資產管理轉型，從圖 8.1 可以看出，投資銀行的業務結構發生了明顯的轉變。2009 年買賣佣金收入還占到了投資銀行主營業務收入的 82.9%，到 2013 年這一比例已經降到了 53.0%；發行佣金占主營業務收入比例在 2013 年也從前兩年的接近 20% 降低到了 8.7%。與此同時，資管業務和自營業務在收入結構中的比重逐年上升，2009 年這兩項收入占主營業務收入比例不過 9.76%，到 2013 年已經上升到了 38.30%，上升勢頭非常明顯。

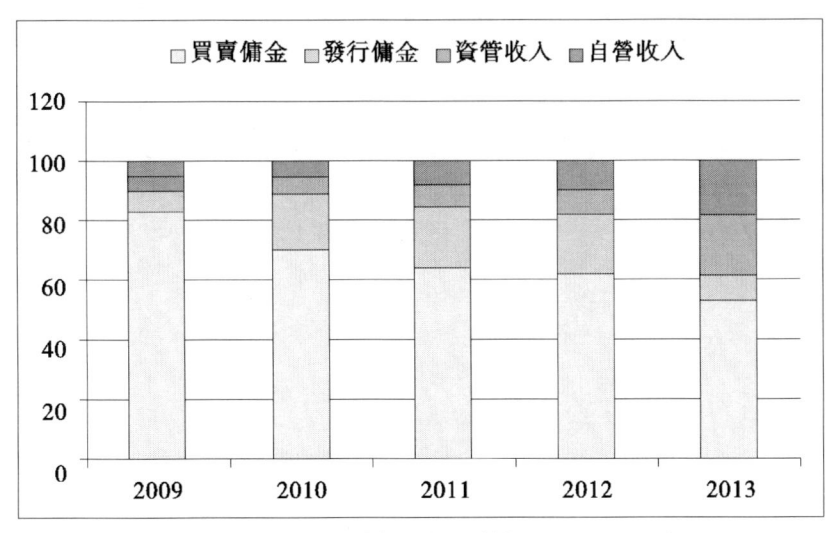

圖 8.1　上市券商主營業務收入結構（2009—2013 年）
數據來源：國泰安上市企業數據庫。

國內投資銀行收入結構的轉變加劇了其市場對沖的必要性，自營業務使得

投資銀行直接面對了市場風險，資管業務雖然相對間接①但同樣也使券商暴露在了市場風險之中。這兩項業務在投資銀行收入結構中的重要性增加也就意味著券商面臨了更大的風險，需要利用市場工具進行對沖。

隨著近年來固定收益產品的發展，投資銀行自營資產和資管資產不再局限於傳統權益類資產，固定收益產品占比逐漸增加。中國目前的市場評級制度並不完善，市場參與者往往認為例如城投債、信託計劃等固定收益產品存在剛性兌付。但隨著基礎建設的逐漸冷卻和地方政府債務問題的發酵，這種剛性兌付難以為繼。2014年年初，中誠信託30億礦產信託的重組已經昭示了信託產品的信用風險，2014年3月底公開交易的公司債超日債則成為中國債券市場的首個「實質性違約」債券。固定收益產品剛性兌付的破產將使得持有這些產品的投資銀行需要直接面對利率風險和匯率風險。

投資銀行資產結構風險暴露程度的增加和所面臨的風險多樣性昭示了投資銀行市場對沖的必要性，投資銀行有必要通過市場工具（更多是市場衍生品）來管理自己的風險，減少自己的風險暴露。

二、中國現有市場的對沖工具和對應策略

目前中國投資銀行資產中，在不統計基金類資產本身包括股票資產的情形下，權益類（股票類）資產仍然是最大的自營資產。但隨著近年公司債、企業債等固定收益產品市場的發展，債權類資產占券商自營和資管資產比重也正在上升。隨著近年來金融市場的持續發展，中國已經具有了股指期貨、國債期貨、商品期貨、利率、貨幣互換和遠期等衍生品，為投資銀行市場對沖提供了有效手段。

中國現有的衍生品對沖工具包括兩類，第一類是場內交易的標準化衍生工具，主要包括現貨賣空、股指期貨、國債期貨、商品期貨等，這一類工具可以直接在交易所交易；第二類產品是場外非標準化的衍生品，包括利率、匯率互換、股票和商品遠期等，這類產品通常在交易所之外的交易對手之間協商交易。

（一）中國現有場內衍生工具

1. 股指期貨

中國證監會有關部門負責人2010年2月20日宣布，證監會已正式批覆中國金融期貨交易所滬深300股指期貨合約和業務規則，至此股指期貨市場的主要制度已全部發布。2010年4月16日，滬深300股指期貨合約正式上市交易，該產品是以滬深300股指為交易標的物的期貨交易。

滬深300股指期貨一經推出就迅速成了市場關注的重點，包括投資銀行在內的大量投資者使用這一工具來對沖資產組合的系統性風險，其成交規模甚至

---

① 券商資管業務往往需要產品發起人——券商跟投部分資金，而且資管業務收入也取決於其市場表現。

已經遠遠超過了上證 A 股和深證 A 股市場交易量之和。具體情況見表 8.5 至表 8.7。

表 8.5　　　　　股指期貨成交概況（2010—2014 年）

年度	本期成交量 （手）	本期成交金額 （單邊計算，億元）	本期末持倉量 （手）
2013	193,220,516	1,407,002.32	119,534.0
2012	105,061,825	758,406.78	110,386.0
2011	50,411,860	437,658.55	48,443.0
2010	45,873,295	410,698.77	29,805.0

說明：①資料來源於上海金融期貨交易所；②成交量、持倉量、成交額均單邊計算。

表 8.6　　　　　2014 年第一季度股指期貨成交概況

時間	持倉量 （手）	持倉變化 （手）	成交量 （手）	成交金額 （億元）
2014 年 3 月	120,732.0	1,205.0	17,011,928	108,504.64
2014 年 2 月	119,527.0	3,647.0	10,597,177	71,183.57
2014 年 1 月	115,880.0	-3,654.0	13,898,835	93133.15

說明：①資料來源於上海金融期貨交易所；②成交量、持倉量、成交額均單邊計算。

表 8.7　　　　股指期貨與上證、深證 A 股年度成交規模對比

年度	股指期貨（億元）	上證 A 股（億元）	深證 A 股（億元）
2010	410,698.77	302,739.73	224,155.96
2011	437,658.55	236,137.15	164,102.20
2012	758,406.78	163,481.59	125,805.01
2013	1,407,002.32	228,008.85	185,373.65

2. 商品期貨

商品期貨是指標的物為實物商品的期貨合約，是關於買賣雙方在未來某個約定的日期以簽約時約定的價格買賣某一數量的實物商品的標準化協議。商品期貨交易，是在期貨交易所內買賣特定商品的標準化合同的交易方式。

從 1990 年 11 月 26 日上海期貨交易所成立開始，中國目前已經有了 5 家商品期貨交易所（上海、大連、鄭州、渤海、泛亞），交易品種也比較豐富，涵蓋了黃金、鐵礦石、橡膠、燃料油等大宗生產資料商品和雞蛋、蘋果等生活資料。但是，中國目前的商品期貨市場厚度和交易活躍程度（除股指期貨等少數品種以外）仍然不夠，難以承載較大體量的風險對沖。

3. 國債期貨

國債期貨（Treasury Future）是指通過有組織的交易場所預先確定買賣價格並於未來特定時間內進行錢券交割的國債派生交易方式。中國曾於20世紀90年代推出過國債期貨，在「3.27」國債期貨事件以後中國暫停了國債期貨交易。到2013年9月6日國債期貨重新啓動，正式在中國金融期貨交易所上市交易。

目前在中國金融期貨交易所交易的品種爲五年期國債期貨，品種比較單一，而且從交易狀況來看（見表8.8），市場活躍程度也不夠。從2013年10月開始到2014年3月，五年期國債期貨月平均成交額只有450.67億元。

表8.8　　　中國金融期貨交易所五年期國債期貨交易狀況

	品種名稱	本期成交量（手）	本期成交額（萬元）	本期持倉量（手）
2014年3月	TF	34,166	3,167,659.68	4,885
2014年2月	TF	35,359	3,272,408.17	4,653
2014年1月	TF	47,915	4,399,442.01	4,676
2013年12月	TF	63,085	5,786,569.31	3,632
2013年11月	TF	75,584	6,957,277.83	3,208
2013年10月	TF	36,806	3,456,679.88	4,024

說明：①成交量、持倉量按單邊計算；②成交額按單邊計算。

從2013年開始，中國銀行間市場利率（絕大部分固定收益類產品以此作爲定價基礎）波動劇烈（見圖8.2），使得固定收益類產品的持有者遭受了很大的利率風險。當前國債期貨市場品種單一、深度不夠尚不足以對沖越來越劇烈的利率風險。

4. 現貨賣空

從2010年3月31日起上交所和深交所正式開通了融資融券交易系統，開始接受試點會員融資融券交易申報。這標志著中國股票市場正式啓動了融資融券業務，使得通過現貨賣空進行風險管理成爲可能。到2014年3月31日，滬深兩市融券標的資產（包括股票和指數基金）已經達到了712種，占所有可交易證券（含股票與指數基金）的比例超過了28%。

作爲融資融券交易的做市商，投資銀行受到了兩方面的影響：一方面，融資融券業務使得投資銀行可以通過賣空的方式對沖自己的市場風險；另一方面，投資銀行作爲融資融券業務的提供者，必須持有標的資產頭寸，這也將投資銀行暴露在了市場風險之中。

融資融券因爲給投資者提供了對沖單只股票風險的工具，受到了包括投資銀行在內的各種投資者的青睞，成交規模也逐漸高升。到2014年4月，融資融券日均余額已經高達2,655.4億元。融資融券每日余額如圖8.3所示。

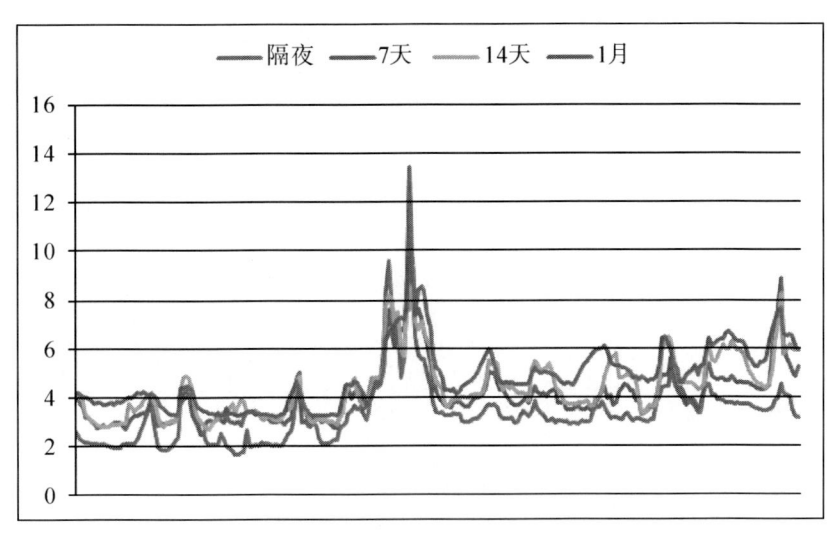

圖 8.2　2013 年銀行同業拆借市場利率變化（單位：百分之一）
來源：中國貨幣網。

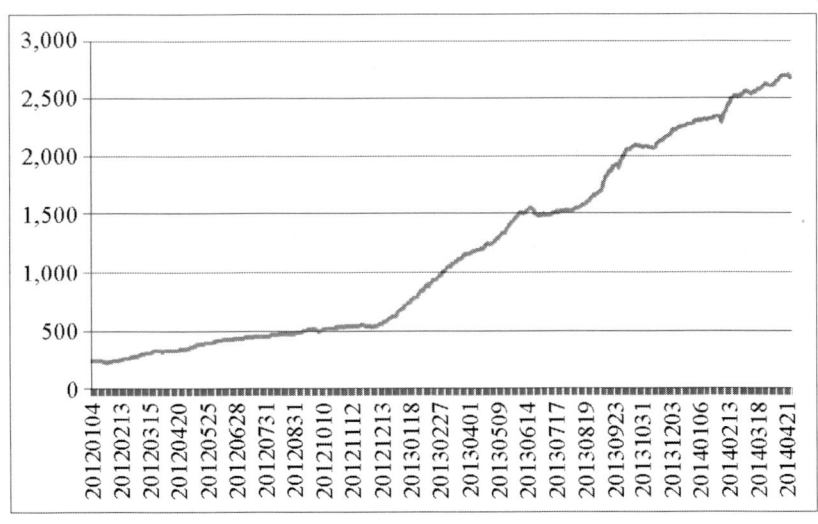

圖 8.3　融資融券每日餘額（2012—2014 年）（單位：億元）

(二) 場外衍生工具

1. 利率互換

利率互換（Interest Rate Swap）是互換交易最常見的一種。交易合約首先確定一個名義本金（Notional Principal），然后需要交易兩方在合約時間段中，其中一方同意定期付給另一方以固定利率計算的現金流，另一方則同意定期回付以現時浮動利率計算的現金流，浮動利率經常以同業拆放利率為浮動利率的

第八章　投資銀行市場對沖　171

標準。利用利率互換,投資銀行可以對自己持有資產的利率風險進行對沖。隨著近年來固定收益產品市場的發展,這種利率風險對沖的需求越來越強勁。

2008年1月28日,中國人民銀行發布《中國人民銀行關於開展人民幣利率互換業務有關事宜的通知》,在銀行間市場正式啟動了利率互換交易。根據中國貨幣網的最新統計,中國銀行間市場利率互換品種比較豐富,成交也非常活躍(見表8.9)。

表8.9　　　　　　　　2014年第一季度利率互換成交狀況

時間	成交本金金額（億元）	成交筆數
2014年1月	2,852	3,144
2014年2月	1,957.95	2,257
2014年3月	3,234.55	3,459

來源:中國貨幣網利率互換月報。

2. 貨幣互換

貨幣互換(又稱貨幣掉期)是指兩筆金額相同、期限相同、計算利率方法相同,但貨幣不同的債務資金之間的調換,同時也進行不同利息額的貨幣調換。簡單來說,利率互換是相同貨幣債務間的調換,而貨幣互換則是不同貨幣債務間的調換。貨幣互換雙方互換的是貨幣,它們之間各自的債權債務關係並沒有改變。投資銀行可以利用貨幣互換來防止匯率變動風險造成的損失。

2007年8月17日,中國人民銀行發布了《中國人民銀行關於在銀行間外匯市場開辦人民幣外匯貨幣掉期業務有關問題的通知》,決定在銀行間外匯市場推出人民幣—外匯互換業務。到目前為止,人民幣外匯互換協議已經成了交易非常活躍的市場(見表8.10)。

表8.10　　2014年第一季度銀行間市場人民幣外匯互換交易狀況

時期	期限品種	合計折美元 成交金額（億美元）	成交筆數	USD.CNY 基準貨幣成交金額（億美元）	成交筆數
2014年1月	隔夜	1,604.7	4,114	1,603.74	4,112
	即/遠	1,568.72	6,918	1,557.54	6,888
	遠/遠	412.62	1,261	410.33	1,252
	合計	3,586.04	12,293	3,571.62	12,252

表8.10(續)

時期	期限品種	合計折美元 成交金額(億美元)	合計折美元 成交筆數	USD. CNY 基準貨幣成交金額(億美元)	USD. CNY 成交筆數
2014年2月	隔夜	1,215.75	2,957	1,215.75	2,957
	即/遠	1,249.39	5,397	1,247.28	5,387
	遠/遠	245.34	751	239.41	740
	合計	2,710.47	9,105	2,702.44	9,084
2014年3月	隔夜	1,778.77	4,183	1,776.83	4,181
	即/遠	1,618.88	7,851	1,614.08	7,826
	遠/遠	325.34	1,108	322.35	1,097
	合計	3,723	13,142	3,713.27	13,104

來源：根據中國貨幣網人民幣外匯掉期月報整理。

從外匯互換的交易狀況可以看出，這一市場的容量甚至超過了利率互換和國債期貨。涉足不同貨幣的投資銀行（例如在香港籌資的投行中信證券等）完全可以利用利率互換來對自己所面對的匯率風險進行對沖。

3. 利率、債券和外匯遠期合約

遠期合約是合約雙方約定在未來某個確定的日期按照事先約定的價格（或者價格決定方式）交割約定數量資產的買賣合約。與期貨合約一樣，遠期合約也是必須履行的協議，不像可選擇不行使權利（即放棄交割）的期權。但是遠期合約並不是標準化合約，合同的訂立比期貨更加靈活，通常不會在場內交易，而是通過場外交易（OTC）達成。遠期合約主要有遠期利率協議、遠期外匯合約、遠期股票合約。現在中國已有的遠期合約品種包括利率、債券和外匯遠期合約，這些合約通常在銀行間市場交易和結算。

其中，自中國人民銀行2005年5月11日發布《全國銀行間債券市場債券遠期交易管理規定》以後，銀行間市場於2005年6月15日正式推出債券遠期交易。2007年9月29日，中國人民銀行發布了《遠期利率協議業務管理規定》，此後全國銀行間同業拆借中心發布了相應操作規程，開啓了金融機構的利率遠期交易。儘管債券遠期交易和利率遠期交易已經推出較長的時間，目前這兩類遠期合約的市場交易依然十分清淡。中國貨幣網的月報顯示，這兩類互換往往數月才能成交一筆，市場完全沒有深度。

2005年8月8日，中國人民銀行發布了《中國人民銀行關於加快發展外匯市場有關問題的通知》，提出開辦銀行間遠期外匯交易。人民幣外匯遠期交易指交易雙方以約定的外匯幣種、金額、匯率，在約定的未來某一日期（成交日后兩個營業日以上）交割的人民幣外匯交易。比較而言，中國的外匯遠

期市場從市場容量到交易活躍程度都遠遠高於利率和國債遠期（見表8.11）。

表8.11　　　　　　2014年第一季度中國外匯遠期交易狀況

期限品種		合計折美元		USD. CNY	
		成交金額（百萬美元）	成交筆數	基準貨幣成交金額（百萬美元）	成交筆數
2014年1月	1D	286.50	18	238.58	16
	1W	142.90	10	142.90	10
	1M	713.97	23	713.89	22
	3M	63.83	16	59.54	14
	6M	53.17	11	53.00	9
	9M	2.10	3	2.10	3
	1Y	497.60	59	497.60	59
	其他	1,958.79	366	1,885.59	337
	合計	3,718.86	506	3,593.21	470
2014年2月	1D	556.79	33	556.79	33
	1W	281.27	11	281.27	11
	1M	308.61	20	308.61	20
	3M	427.20	21	426.99	20
	6M	181.40	10	181.40	10
	9M	10.30	2	10.30	2
	1Y	200.08	24	198.16	21
	其他	1,606.58	309	1,574.69	260
	合計	3,572.23	430	3,538.20	377
2014年3月	1D	2,375.15	75	2,375.15	75
	1W	553.24	19	445.53	13
	1M	221.82	28	221.79	27
	3M	229.42	18	229.11	16
	6M	37.00	11	37.00	11
	9M	24.77	10	23.80	9
	1Y	567.59	48	565.65	46
	其他	2,286.18	404	2,232.70	364
	合計	6,295.16	613	6,130.74	561

來源：中國貨幣網。

4. 外匯期權①

2011年2月16日，國家外匯管理局發布了《國家外匯管理局關於人民幣

---

① 由於缺少數據，我們不能列出當前中國銀行間市場外匯期權交易的參與度與市場活躍程度。

對外匯期權交易有關問題的通知》，於該年 4 月 1 日正式在銀行間市場退出了人民幣對外匯期權（歐式期權）的交易。人民幣對外匯期權交易是指在未來某一交易日以約定匯率買賣一定數量外匯資產的權利。期權買方以支付期權費的方式擁有權利；期權賣方收取期權費，並在買方選擇行權時履行義務（普通歐式期權）。期權交易幣種、金額、期限、定價參數（波動率、執行價格、即期價格/遠期匯率、本外幣利率等）、成交價格（期權費）和結算安排等由交易雙方協商議定。

總體來說，中國目前市場環境中能夠用於風險對沖的衍生品已經逐漸豐富。投資銀行進行風險對沖的時候可以有較多的選擇，但是同樣還存在一些不足。首先，期權類衍生品相對不足，還不存在場內期權品種，場外的期權交易也並不活躍。其次，信用衍生品還相對缺乏，幾乎沒有可以對沖信用風險的衍生金融工具。隨著固定收益類產品違約風險的逐步增加，投資銀行信用風險對沖的需求會逐漸增加。但中國目前債券持有者除了拋售以外沒有任何辦法對沖自己的信用風險，這將是制約中國投資銀行進行風險對沖的一個重大問題。

三、中國投資銀行參與市場對沖的現狀

隨著自營、資管業務的發展和可用金融工具的豐富，中國的投資銀行已經逐步開始使用市場工具來進行風險管理和風險對沖。它們的市場對沖行為表現出了如下幾個方面的特點：

第一，上市投資銀行衍生品對沖占比相對較小，投資銀行更多利用分散持有的形式來對沖風險。來自財務報表的數據（表 8.12）顯示，上市投資銀行金融衍生品持倉量相對於其交易性金融資產持有量非常小，其比例可謂微不足道。所有 19 家上市投資銀行中，在 2010 年只有中信證券在年末持有了超過 500 萬元的金融衍生品，其他銀行衍生品持倉量都為零（或者接近於零）。而且即使中信證券持有的衍生品價值也只有 7.3 億元，同時期中信證券交易性金融資產持有量超過 142 億，金融衍生品價值只占到了其交易性金融資產價值的 1/20。隨著金融市場的發展，投資銀行使用衍生品對沖的比例也在上升。到 2012 年年底，已經有 3 家投資銀行期末金融衍生品持有量超過 500 萬，儘管參與度仍然比較低，但相較 2010 年已經有所增加。在目前已經公布的 2013 年度財務報表的 7 家上市投資銀行中，已經有 3 家金融衍生品當期余額高於 500 萬，儘管市場價值相比交易性金融資產仍然很低，但參與衍生品交易的投資銀行比例有了明顯上升。

表 8.12　　上市證券公司交易性金融資產與金融衍生品持有量

單位：千萬元

代碼	公司名稱	2010 年		2011 年		2012 年		2013 年	
000562	宏源證券	320.6	0.0	346.4	0.0	860.9	0.0		
000686	東北證券	155.6	0.0	91.9	0.0	327.6	0.0	372.5	0.0

表8.12(續)

代碼	公司名稱	2010年		2011年		2012年		2013年	
000728	國元證券	121.9	0.0	71.8	0.0	35.3	0.0	87.6	0.0
000750	國海證券			348.9	0.0	227.6	0.0	107.3	0.0
000776	廣發證券	1,131.7	0.0	1,287.0	0.0	2,178.8	0.0		
000783	長江證券	372.0		386.6		826.6			
002500	山西證券	37.7	0.0	43.3	0.0	193.1	0.0		
002673	西部證券					90.6	0.0		
600030	中信證券	1,425.6	73.3	1,904.9	107.8	3,880.8	42.3	6,989.8	649.1
600109	國金證券	46.0	0.0	172.9	0.0	241.5	0.0	262.2	0.0
600369	西南證券	383.7	0.0	510.1	0.0	550.4	0.0	1,327.4	3.9
600837	海通證券	1,501.8		2,050.5		3,216.4	3.2		
600999	招商證券	1,637.5	0.0	1,470.1	0.0	2,384.0	0.0		
601099	太平洋	56.8		108.2		152.1			
601377	興業證券	527.5		662.0		785.6			
601555	東吳證券	114.7		243.3		340.1			
601688	華泰證券	1,391.6	0.0	1,941.1	0.0	1,333.4	0.0		
601788	光大證券	611.9	0.0	432.5	0.0	1,364.9	1.7	672.6	0.7
601901	方正證券			83.5	0.0	157.0	0.0		

註：數據來自國泰安上市企業數據庫，每年前列為交易性金融資產當期期末持有量，后列為金融衍生品當期期末持有量。

第二，股指期貨是上市投資銀行主要的市場對沖工具，但股指期貨交易虧損普遍。

投資銀行目前的自營業務主要資產依然是權益類資產，股指期貨滿足了投資銀行規避系統性風險的需要。根據19家上市投資銀行2012年年報，我們查找到共15家上市公司參與衍生品交易，其中13家投行披露了股指期貨的期末合約價值，1家投行（國金證券）沒有明確衍生品的種類，1家投行（海通證券）通過利率互換和外匯遠期來對沖風險。可見，中國上市投資銀行已經開始較大程度地通過金融衍生工具進行風險管理，而股指期貨是主要的對沖品種。從股指期貨投資規模來看，13家上市投行2012年年末持有的合約價值平均為9.3億元，其中光大證券高達40.07億元，見表8.13。

表8.13　　2012年年末上市投資銀行金融衍生品對沖規模

序號	名稱	品種	2012年年末合約價值（千萬元）
1	宏源證券	股指期貨	42.67

表8.13(續)

序號	名稱	品種	2012年年末合約價值（千萬元）
2	東北證券	股指期貨	1.14
3	廣發證券	股指期貨	324.22
4	長江證券	股指期貨	59.82
5	西部證券	股指期貨	0.99
6	中信證券	股指期貨	-85.19
7	國金證券	衍生金融資產	-0.07
8	西南證券	股指期貨	6.55
9	海通證券	利率互換和外匯遠期	3.19
10	招商證券	股指期貨	234.56
11	興業證券	股指期貨	5.60
12	東吳證券	股指期貨	2.21
13	華泰證券	股指期貨	215.58
14	光大證券	股指期貨	400.74
15	方正證券	股指期貨	-0.39

我們對19家上市投資銀行在2012年年報披露的金融衍生品投資收益進行整理，共17家披露了衍生品投資收益，結果見表8.14。東北證券、國元證券和西部證券公布了股指期貨的投資收益明細（均為虧損），分別為-3,381,458元、-4,239,844元和-989,153元，投資平均損失為2,870,151元，其中東北證券、西部證券的股指期貨投資損失分別占其年末合約價值的29.6%、10%。可見，當年上市投行的股指期貨投資並未獲得直接的投資回報。但困於數據因素，股指期貨與其權益類自營資產的套期保值效應是否實現，尚無法直接得出結論。

表8.14　　　　　　　　2012年投資衍生品投資收益

序號	名稱	衍生產品明細	投資收益（千萬元）
1	宏源證券	衍生金融工具	1.56
2	東北證券	股指期貨	-0.34
3	國元證券	股指期貨	-0.42
4	廣發證券	衍生金融工具	36.64
5	長江證券	衍生金融工具	2.81

表8.14(續)

序號	名稱	衍生產品明細	投資收益（千萬元）
6	山西證券	衍生金融工具	0.63
7	西部證券	股指期貨	-0.10
8	中信證券	衍生金融工具	-100.78
9	國金證券	衍生金融工具	-0.44
10	西南證券	衍生金融工具	7.66
11	海通證券	衍生金融工具	80.89
12	招商證券	衍生金融工具	32.74
13	興業證券	衍生金融工具	14.38
14	東吳證券	衍生金融工具	0.65
15	華泰證券	衍生金融工具	27.88
16	光大證券	衍生金融工具	5.49
17	方正證券	衍生金融工具	-7.29

第三節　市場對沖的淨資本監管

中國監管部門將投資銀行衍生品交易與淨資本指標掛勾，但未就套期保值與非套期保值交易比重有相關監管規定。

2013年8月21日，中國證監會公布《證券公司參與股指期貨、國債期貨交易指引》，就投資銀行參與衍生品交易，通過與淨資本掛勾的形式，在風險控制指標和規模上進行限定。具體比如：第一，要求投資銀行對已被股指期貨、國債期貨合約占用的交易保證金按100%比例扣減淨資本。第二，投資銀行應當對已進行風險對沖的股指期貨、國債期貨分別按投資規模的5%計算風險資本準備（5%為基準標準，不同類別公司按規定實施不同的風險資本準備計算比例）；對未進行風險對沖的股指期貨、國債期貨分別按投資規模的20%計算風險資本準備。第三，證券公司自營權益類證券及證券衍生品（包括股指期貨、國債期貨等）的合計額不得超過淨資本的100%，其中股指期貨以股指期貨合約價值總額的15%計算，國債期貨以國債期貨合約價值總額的5%計算。

第九章　投資銀行內部控制研究

第一節　投資銀行內部控制的理論框架

內部控制作為投資銀行經濟資本管理和對沖實施的重要基礎，是其風險管理體系的重要內容。本章在回顧投資銀行內部控制制度發展歷程的基礎上，對投資銀行內部控制的概念、其與風險管理的關係進行了系統分析。然後，本章提出投資銀行內部控制目標、原則和總體框架。

一、投資銀行內部控制制度的發展歷程

（一）內部控制制度的發展

大致說來，內部控制制度的發展經歷了「內部牽制」「內部控制制度」「內部控制結構」「整體框架」「全面內部風險管理整體框架」五個階段。

1. 內部牽制階段

在20世紀40年代前，內部控制制度均為內部牽制階段。古羅馬帝國宮廷庫房專門有「雙人記帳」。朱熹在評述《周禮・理其財之所出》一文中指出：「慮夫掌財用財之吏，滲漏乾后，或者容奸而勢欺……於是一毫財物之出入，數人之耳目通焉。」意思是每筆財物出入要經幾個人辦理，達到相互牽制的作用。現代意義上的內部牽制產生於15世紀復式記帳法出現后，以帳目的核對為主要內容、職能分離的內部牽制得到廣泛應用。

內部牽制有兩個假設前提，即兩個或兩個以上的人或部門無意識地犯同樣的錯誤的可能性很小，同時，他們有意識地串通舞弊的可能性較一個人或部門舞弊的可能性大大降低。內部牽制由職責分工、會計記帳和人員輪換三要素構成。其在操作上主要表現為：實物牽制，保險櫃鑰匙由兩個以上的人員掌握；物理牽制，保險櫃須由兩個以上的人員同時在場並分別開啟；體制牽制，將業務按不同的人或部門進行分類，並按分類去處理，以預防失誤和舞弊；簿記牽制，如復式記帳中，總帳與明細帳、總帳與日記帳、帳戶記錄與實物之間的核對等。

內部牽制是現代內部控制的雛形，其主要的作用和目的是查錯防弊，通過職務分離和交互核對，針對的是錢、帳、物等事項。這可以說是現代內部控制中有關不相容職務分離、財產保護控制的初始表現。

2. 內部控制制度化發展階段

1949 年，美國審計程序委員會下屬的內部控制專門委員會第一次正式提出了內部控制的概念。在名為《內部控制———一種協調制度下的要素及其對管理階層與獨立公共會計師的重要性》的報告中，內部控制被定義為：內部控制包括為保護資產安全、檢查會計資料的精確性及可靠性、提高經營效率，以及鼓勵員工遵守既定管理政策的組織計劃及企業內部採用的所有協調判決書衡量工具。

1958 年美國審計程序委員會發布的第 29 號審計公告《獨立審計人員檢查內部控制的範圍》，將內部控制分為內部會計控制和內部管理控制兩類。這一劃分稱「制度二分法」。上述的內部控制的定義均以內部控制欲達成的目標來定義內部控制。因此，這一時期的內部控制已歸入制度體系中，並且管理控制已成為內部控制的一個重要組成部分。

3. 內部控制結構階段

20 世紀 80 年代以后，人們對內部控制的研究更加深化。這一時期內部控制由研究具體的控制程序和方法，向多方位發展，將內部控制作為整體，同時，開始重視控制環境。

1988 年，美國審計準則委員會發布第 55 號公告《財務報表審計中內部控制結構的考慮》，內部控制的定義有了較大幅度的改變，不再用內部控制的目標來定義內部控制。這份公告提出內部控制結構的概念，不再區分內部會計控制和內部管理控制。這份公告站在財務報表審計的立場來定義內部控制，認為內部控制是組織為提供取得企業特定目標的合理保證而建立的各種政策和程序。內部控制結構包括三要素：控制環境、會計系統、控制程序。這一時期的內部控制從兩個種類，即內部會計控制和內部管理控制，發展到會計控制和管理控制的融合，內部控制的範圍加大，內容更加廣泛。

4. 內部控制整體框架階段

1992 年，反詐欺財務報告委員會發起組織委員會（Committee of Sponsoring Organizations of the Treadway Commission，COSO）發布《內部控制——整合框架》（以下簡稱 COSO 報告），1994 年 9 月又提出了補充報告。在 COSO 報告中美國 COSO 委員會提出了新的內部控制定義，這個定義是：「內部控制是由企業董事會、經理層及員工實施的，為營運的效果、財務報告的可靠性、法律法規的遵循性等目標的實現提供合理保證的過程。」從定義可看出，三個目標是經營目標、財務報告目標、合規目標。該報告認為內部控制有五個要素，即控制環境、風險評估、控制活動、信息與溝通、監督。

COSO 報告在內部控制的發展史上有著十分重要的位置，是美國證券交易委員會唯一推薦使用的內部控制框架。在紐約證券交易所上市的公司，需要引進 COCO 內部控制框架，整合現有內部控制。紐約證券交易所上市公司眾多，且多為世界經濟巨頭，促使 COSO 框架成為世界上廣為接受且使用範圍最廣的內部控制框架。

5. 全面風險管理框架階段

美國 COSO 委員會進一步研究制定更優的滿足管理當局和外部審計師以及其他各方利益相關者需求的內部控制標準，並於 2004 年發布了《企業風險管理——整合框架》（簡稱 ERM 框架）。該報告拓展了內部控制，更有力、更廣泛地關注於企業風險管理這一更加寬泛的領域。該報告給出了風險管理的定義：企業風險管理是一個過程，它受一個主體的董事會、管理當局和其他人員的影響，應用於戰略制定並貫穿於企業之中，旨在識別可能會影響主體的潛在事項，管理風險以使其在該主體的風險容量之內，並為主體目標的實現提供合理保證。

從 ERM 報告可以看出，企業風險管理框架不僅包括內部控制整體框架中的三個目標，還增加了一個戰略目標，這一目標更具管理意義。同時，報告認為，企業風險管理包括戰略目標的制定、執行過程，為戰略目標的實現提供保證。這將企業的目標提高了層次，企業要站在更高的高度來制定企業的長遠目標，關注企業的可持續發展。報告中指出，企業風險管理不僅包括內部控制的五個要素，還增加了目標設定、事項識別、風險應對三個要素，這八個要素將風險管理全過程全部覆蓋，是風險管理的一個完整的過程。報告將控制環境改為內部環境，認為內部控制是企業的一種自主行為。報告還提出了風險偏好和風險容忍度，即企業在制定目標時，應體現企業管理者的風險偏好，在體現企業風險偏好的基礎上，對實施進程中的可能產生的偏差設定可接受程度。這也說明，不同的企業由於有不同的風險偏好、不同的內部環境，其內部控制應該是有差異的，風險容忍度也是不一樣的。除此之外，報告提出了風險組合觀，要求企業管理者以風險組合的觀念對待風險，對風險要進行識別，進行應對，將風險控制在可承受的範圍內。

（二）對內部控制的評析

1. 內部控制：從靜態到動態

1992 年美國 COSO 委員會劃時代地將內部控制定義為一種動態的「過程」。內部控制從「方法觀」到「過程觀」的變化，是從簡單到複雜、從靜態到動態、從以制度為本到以人為本的一種邏輯演繹。內部控制不是一個事件或一種狀態，也不只是制度性的規範條款，而是分散在企業經營過程中的一連串行動。它是與管理過程相融合、不斷發現問題和解決問題的動態過程。把內部控制理解為「過程觀」，凸顯了人在內部控制中的作用。內部控制的主體和客體本質上都是人，「以人為本」是內部控制發揮作用的關鍵。

風險管理整體框架則把內部控制的定義從「過程觀」擴展到了「風險觀」，突出了內部控制的關鍵——風險管理。內部控制被納入企業的風險管理，將大大提高內部控制在企業經營管理中的地位。因為良好的內部控制依賴於對企業風險的性質與範圍的正確評價。內部控制是企業面臨風險的一種反應，是在風險狀態下為企業目標的實現提供的一種合理的保證，它的目的是適當地管理與控制風險。同時風險管理也是一種過程，所以風險觀涵蓋了過程觀。

內部控制制度在實踐中不斷發展與規範。「水門事件」後，美國政府、立

法機構和規章制定部門開始密切關注內部控制。1977年美國政府頒布《反國外行賄法案》（簡稱FCPA）。FCPA要求公司對外報告的披露者設計一個內部會計控制系統，並維持其有效性。FCPA引發了不少組織，包括職業團體和監管機構（如：美國證券交易委員會），從各個不同的角度對內部控制進行研究，並發布了許多內部控制建議和指南。

另一個典型範例是安然事件。美國政府頒發了《薩班斯—奧克斯利法案》（簡稱SOX法案）。該法案要求所有依照美國1934年證券交易法向證券交易委員會提交財務報告的上市公司，都要在年報中提供「內部控制報告」，評價公司內部控制設計及其執行的有效性，註冊會計師要對企業的「內部控制報告」進行審核和報告。隨後，2004年10月份，COSO委員會發布了企業風險管理框架。

2. 內部控制的目標在拓展

《內部控制——整合框架》中，內部控制有三個目標：經營的效果和效率、財務報告的可靠性和法律法規的遵循性。2004年ERM框架中除了經營目標和合法性目標與內部控制整體框架相似以外，還將「財務報告的可靠性」發展為「報告的可靠性」。原COSO報告把財務報告的可靠性界定為「編製可靠的公開財務報表，包括中期和簡要財務報表，以及從這些財務報表中摘出的數據，如利潤分配數據」。ERM框架則將報告拓展到「內部的和外部的」「財務的和非財務的」報告。該目標涵蓋了企業的所有報告。除此之外，ERM框架提出了一類新的目標——戰略目標。該目標的層次比其他三個目標更高。企業的風險管理在應用於實現企業其他三類目標的過程中，也應用於企業的戰略制定階段。

3. 內部控制突出了風險要素

1992年COSO報告《內部控制——整合框架》中，提出了五個要素：控制環境、風險評估、控制活動、信息和溝通、監督。2004年ERM框架對這五個要素進行深化和拓展，將其演變為八個要素。例如，ERM框架引入風險偏好和風險文化，將原有的「控制環境」，擴展為「內部環境」。又如，雖然COSO報告和ERM框架都強調對風險的評估，但風險管理框架建議更加透澈地看待風險管理，即從固有風險和殘存風險的角度來看待風險，對風險影響的分析則採用簡單算術平均數、最差情形下的估計值或者事項分佈等技術來分析。再如，由於COSO報告僅提出三個目標，因此「信息與溝通」中的信息僅僅指與這三個目標相關的信息。而新的報告包括了與組織的各個階層、各類目標相關的信息，這就對管理層將巨量的信息處理和精煉成可控的信息提出了挑戰。COSO報告僅提出風險識別，但是並沒有區分風險和機會。ERM框架則將風險定義為「可能有負面影響的事項」，並且引入了風險偏好、風險容忍度等概念，將原有的風險評估這一要素，發展為目標設定、事項識別、風險評估和風險反應四個要素，使得原有的內控五要素發展為風險管理八要素。

4. 內部控制角色和任務的變化

COSO報告和ERM框架都將組織的董事會、管理層和內部審計和其他職員看成是相關責任人。在COSO報告和ERM框架中，董事會都提供管理、指

引和核查。雖然董事會主要提供監督,但是也提供指導以及批准戰略、一些特殊交易和政策。董事會既是內部控制的重要因素,也是企業風險管理的重要因素。

ERM 框架使董事會在企業風險管理方面扮演更加重要的角色——負總體責任,並且要變得更加警惕。企業的首席執行官必需識別目標和戰略方案,並且將其分類為戰略目標、經營目標、報告目標和遵循性目標四類。每一個業務單元、分部、子公司的領導也需要識別各自的目標,並與企業的總體目標相聯繫。一旦設定了目標,管理層就需要識別風險和影響風險的事項,評估風險並採取控制措施。

在 ERM 框架中,內部審計人員在監督和評價成果方面承擔著重要任務。他們必需協助管理層和董事會監督、評價、檢查、報告和改革 ERM。對於內審人員來說,最大的挑戰是在 ERM 中扮演何種角色,很多內審人員可能被要求提供 ERM 的教育和訓練,甚至「處理企業風險管理過程」。但是,ERM 框架認為內審人員並不對建立 ERM 體系承擔主要責任。內審人員職責的另一個變化是原來對首席財務官和內審委員會負責,現在可能要對首席財務官、內審委員會和風險主管負責。ERM 框架中,新增加了一個角色——風險主管或風險經理。風險主管除了需要和其他管理人員一樣,在自己的職責範圍內建立起風險管理外,還要幫助其他經理人報告企業風險信息,並可能是風險管理委員會的成員之一。

(三) 中國投資銀行內部控制制度的發展

就中國的內部控制制度的發展來說,對內部控制的規定最早始於 1978 年國務院頒布的《會計人員職權條例》。該條例規定「企業的生產、技改、基建等計劃和重要經濟合同,應由總會計師會簽」。1985 年出抬的《中華人民共和國會計法》(以下簡稱《會計法》)要求:「會計機構內部應當建立稽核制度。」《會計法》關於會計稽核的條文是中國第一次以法律形式對內部控制做出的明確規定。2008 年,財政部等五部委發布《企業內部控制基本規範》,要求上市公司執行,非上市公司也可參照執行。這一文件使中國的內部控制制度建設邁上新臺階。2010 年,財政部等五部委發布《企業內部控制應用指引》(包含組織架構等 18 項應用指引)、《企業內部控制評價指引》《企業內部控制審計指引》。這標誌著中國內部控制規範框架體系的基本建成。

國際上有關投資銀行的內部控制制度有證券委員會國際組織(International Organization of Securities Commission,IOSCO)於 1998 年發布的《證券公司及其監管者的風險管理和控制指南》(以下簡稱《指南》)。《指南》從證券公司及其監管的視角,提出了控制的分類以及風險管理和控制系統的功能、要素和組成部分等內容。《指南》認為內部控制是公司管理人員可監控和查核其經營活動並提供支持,由控制環境、控制的性質和範圍、實施、查驗和報告構成的框架結構。《指南》將內控分為內部會計控制以及風險管控。證券公司的風險包括市場風險、信用風險、法律風險、營運風險和流動性風險。《指南》已成為各國投資銀行制定內部控制的指南。

中國投資銀行的內部控制制度建設與中國證券市場、投資銀行的發展基本同步。中國證監會在 2001 年發布《證券公司內部控制指引》（2003 年進行了修訂），要求所有的證券公司建立和完善內控制度。這是證監會第一次專門針對證券公司提出的內部控制要求，在中國投資銀行內控發展史上有非常重要的意義。隨后，中國證券公司內部控制進行了系列變化。2003 年，證監會發布《關於加強證券公司營業部內部控制若干措施的意見》，對中國證券公司內部控制制度進行了進一步規範，並修訂《證券公司內部控制指引》。2006 年，證監會出抬《證券公司融資融券業務試點內部控制指引》。2012 年，證監會出抬《證券公司合規管理有效性評估指引》及《證券公司治理準則》。2014 年 2 月，中國證券業協會發布《證券公司全面風險管理規範》及《證券公司流動性風險管理指引》，並於 3 月起實施。

（四）對中國投資銀行內部控制的界定

1. 內部控制與風險管理

風險是不確定性對預期目標的影響。風險管理的對象就是這種不確定性，與內部控制比較而言，兩者的區別非常明顯。內部控制僅是管理的一項職能，主要是通過事中和事后的控制來實現其自身的目標。而全面風險管理則貫穿於管理過程的各個方面，控制的手段不僅體現在事中和事后的控制，更重要的是在事前制定目標時就充分考慮了風險的存在。

在兩者所要達到的目標上，風險管理多於內部控制。全面風險管理的一系列具體活動並不都是內部控制要做的。目前我們所提倡的全面風險管理包含了風險管理目標和戰略的設定、風險評估方法的選擇、管理人員的聘用、有關的預算和行政管理以及報告程序等活動。而內部控制所負責的是風險管理過程中間及其以后的重要活動，如對風險的評估和由此實施的控制活動、信息與交流活動和監督評審與缺陷的糾正等工作。兩者最明顯的差異在於內部控制不負責企業經營目標的具體設立，而只是對目標的制定過程進行評價，特別是對目標和戰略計劃制訂當中的風險進行評估。

兩者的聯繫也很明顯。巴塞爾委員會在《銀行業組織內部控制系統框架》中指出：「董事會負責批准並定期檢查銀行整體戰略及重要制度，瞭解銀行的主要風險，為這些風險設定可接受的水平，確保管理層採取必要的步驟去識別、計量、監督以及控制這些風險。」其把風險管理的內容納入到內部控制框架中。ERM 報告明確提出風險管理包含內部控制。風險管理的基礎是內部控制，兩者有五個要素是重合的，即控制環境、風險評估、控制活動、信息與溝通、監控，但風險管理增加了三個要素，即目標設定、事項識別、風險應對。所以企業風險管理比內部控制在內容上和管理層次上更深化。

2. 中國投資銀行風險管理的基石：內部控制

中國證監會於 2003 年在修訂的《證券公司內部控制指引》中給出的定義是：「內部控制是證券公司為實現經營目標，根據經營環境變化，對證券公司經營和管理過程中的風險進行識別、評價和管理的制度安排、組織體系和控

措施。證券公司內部控制的目標是：經營的合法合規及規章制度的貫徹執行、防範經營風險和道德風險、保障客戶及公司資產安全完整、保證公司信息的可靠完整及及時、提高公司的經營效果。」

從證監會給出的定義及控制目標可以看出，將內部控制的核心確立為對風險的管理，體現了投資銀行作為金融機構具有的高風險特徵。投資銀行風險是多層次的，第一層次的風險是行業和制度風險，第二層次的風險是經營風險，第三層次的風險是流動性風險和利潤風險。對風險的管理與控制可以說是投資銀行經營管理的核心內容。

由於證券業的影響滲透經濟社會的各個方面，有廣泛的大眾性、社會性，對證券業風險的防範和化解已經成為一個社會性的問題。投資銀行在證券業中處於核心和樞紐地位，成為整個證券市場風險管理、監督的槓桿和傳導器。投資銀行的風險管理工作能否有效發揮作用，在很大程度上依賴於證券公司是否建立了完善的內部控制機制。如果證券公司的內部控制不夠完善，無論在哪個環節存在欠缺和失誤而出了問題，都勢必會導致投資銀行的信用下降，破壞其穩健可靠的社會形象，進而危及投資銀行的生存基礎。投資銀行只有建立了完善有效的內部控制，對風險的防範和化解成為投資銀行的自覺自律行為，投資銀行才能步入規範、穩健的成長。

因此，中國投資銀行內部控制的核心是風險。內部控制是投資銀行全面風險管理的基礎，為全面風險管理提供基礎性保障。本書將以風險管理的視角來探討中國投資銀行的內部控制建設。

二、中國投資銀行內部控制的目標、原則及基本框架

（一）中國投資銀行內部控制的目標

投資銀行作為資本市場的服務仲介，應根據自身特色建立其長遠戰略目標，選擇戰略，並在公司內部自上而下設定相應的目標。有效的內部控制體系應力求實現以下目標：①保證證券經營的合法合規，對公司各項內部規章制度貫徹執行；②防範在證券經營過程中的各種風險，並要著重預防道德風險的發生；③保障各類客戶的資產及公司的財產安全、完整，不歧視小客戶；④保證各類經營業務信息、財務信息、會計信息、其他信息的可靠、全面、及時、充分；⑤努力提高公司的經營效率和效果，促進企業長期發展。投資銀行要使自身的戰略與內控的目標相協調，努力達到統一而深化。

（二）中國投資銀行內部控制的原則

(1) 健全性原則。投資銀行的內控體系要做到事前預防、事中執行、事後反饋相統一；要覆蓋投資銀行的所有經營項目、層級和員工，滲透到公司各個級別的決策、實施、監控、反饋等各個內部環節，確保不存在管理體系的空白或漏洞。

(2) 合理性原則。投資銀行的內控體系要符合相關法規，這個體系要與公司實際的業務規模、市場範圍、風險限度及公司所處的內部和外部的氛圍相協調，以適合的成本實現內控的目標。

(3) 制衡性原則。內部控制應當在治理結構、機構設置及權責分配、業務流程等方面相互制約、相互監督，同時兼顧營運效率。投資銀行部門和崗位的設置應當權責分明、相互牽制；前臺業務運作與后臺管理支持應適當分離。

(4) 獨立性原則。建立內控體系的部門、監控和防範風險的部門要以獨立的身分來執行其職責和權利，從人員上和部門上要獨立於其他部門。這些部門只對股東大會盡職盡責。

(5) 重點性原則。各個投資銀行的內控體系要在全面覆蓋業務的基礎上，特別注意關於公司發展成敗的重要交易和風險較高的業務，對這些事項進行著重監控和預報。

(6) 協調性原則。內控體系要將與該公司所從事的經營業務種類、各個業務的規模、內部和外部的競爭狀況、客戶的範圍及所在環境的風險水平等相協調，並能夠根據業務的變化及時進行調整。

(7) 投入產出原則。各個投資銀行的內控體系應當權衡執行制度的投入與預期效益，努力達到低投入高回報的控制意義。

(三) 中國投資銀行內部控制的總體框架

投資銀行的內控體系框架既包括內部環境、風險評估和應對、內部會計控制、投資銀行業務控制、投資銀行重點控制活動、信息與交流、監控等這些共性因素，也應該有與各家投資銀行自身業務和風險特徵相聯繫的個性制度安排，如績效評估體系、文化建設、內控評價制度等。共性和個性兩個方面之間存在著密切的聯繫，共同構成了投資銀行內部控制的整體框架，見圖9.1。后文我們將從這兩個方面就投資銀行內部控制建設展開討論。

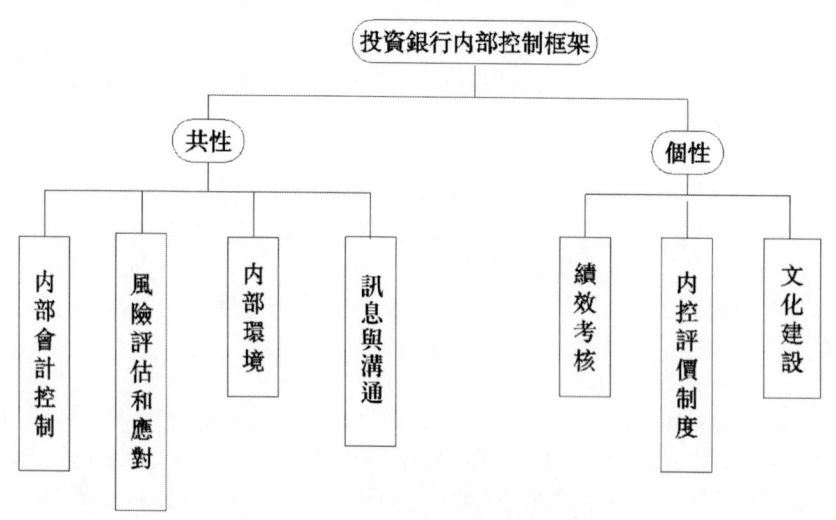

圖 9.1 投資銀行內部控制總體框架

第二節　投資銀行內部控制制度的共性建設

2008 年 6 月 28 日，財政部、證監會、銀監會等五部委正式發布《企業內部控制基本規範》，受到社會各界廣泛關注，該規範被稱為「中國的薩班斯法案」。而在證券業，現行的《證券公司內部控制指引》是 2003 年發布的，因此為了與《企業內部控制基本規範》更好地銜接，2010 年證監會制定了《證券公司內部控制指引》（徵求意見稿）。《證券公司內部控制指引》（徵求意見稿）相較於《證券公司內部控制指引》只規定了證券公司各項業務的一般性控制要求。也就是說，投資銀行內部控制具有共性的一面，本章主要探討投資銀行內部控制的共性建設。

一、投資銀行內部會計控制

（一）投資銀行內部會計控制的基本內涵

對投資銀行的會計的控制，是為了增強其會計內容的質量，保證主體擁有的各種資源和資金的安全，使各種會計處理符合國家的相應的法規和制度的要求以及公司管理層內部制定和執行的各種會計的控制方法、措施和程序。在一個健全的內控體系中，公司董事會通過對收到的財務信息進行分析，從數字的變化瞭解公司的各種業務的經營情況，並以此來對各個層級的負責人進行監控。對於內控的整體框架內的目標設定、不定事情識別、風險評價、風險應對、控制制度、信息與交流、各個要素和內容的監控，我們要對其進行詳細的評價時，必須使用相關的數據，這時的財務和會計信息成為企業內最關鍵的信息流。通過這些信息分析，公司的管理層可為其各種經營業務的選擇、各級部門對任務的執行和盡職狀況有清晰的瞭解，在對各種活動分析風險時，通過數據可以得到量化的指標，對風險進行應對，對直接責任人進行獎勵和懲罰。在公司內部的信息交流時，整個公司內的所有人員均享有按照職責的向下、向上、平行交流的權利；每個人能夠明確各自崗位的職責所在和風險的可能，瞭解自己在組織整體環節中的位置，以及對其他崗位的影響。

從以上分析可以確定，對公司的會計系統的治理是公司內控系統的核心，建立和完善內部會計控制體系框架是保證公司內控系統發揮能力的關鍵。內部會計控制的內涵豐富，所包含的範圍精確而全面。面對各種業務內容，各種內部會計制度非常多。其中主要有：在會計管理中要把不相容職務分開，由不同的人擔任，預防一人出錯或舞弊的現象；要對各個職責分別授權，根據授權書才能進行批准和審核；對於公司的財務系統，要由專人管理，各個用戶擁有各自的權利，密碼保護和系統備份缺一不可；在預算控制方面要求公司各級部門提前對資金的消費和各類投資活動進行計劃，並要求編製詳細的預算，使公司能夠提前掌握企業資金的流動，並進行前期梳理，在預算時要求對計劃進行審

批，使公司在有限的資源下更快地發展。財務保全控制是指為了保護公司的財產完整無缺，通過各種方法將公司的資產保存下來，從而避免損失。其中對高價值的資產要嚴格控制資產被接觸的可能性，強化接觸標準和條件，對於現金、有價證券等易變現資產要嚴格限制，另外要對資產進行盤點和比較，通過對帳，保持信息的全面性。對於會計人員的能力和誠信的要求也要非常重視，其道德素養和職業素養及勝任能力都對內部會計控制起到至關重要的作用。對於財務類別的公司通常要進行以下的職責設計：部門主管有授權批准的權責，業務人員有事務處理的職責、對於會計帳目的登記的職責、對於公司內部各類資產的保管職責、對於企業財會信息和報告的稽核監督的職責等。這樣系統的權責分配，可以幫助公司內控體系內的各層級的人員達到相互監督、核對和制約的作用，杜絕個人掌握企業經營活動的各個環節。這樣的制度不但能預防基層人員的錯誤和舞弊事件，而且可以有效地削減虛假財務報告的出現。公司管理層對公司各項經營活動要強化對會計系統的控制，將經營和財會相關聯，避免錯誤的出現。如果有風險發生，也要通過系統自身進行檢查和糾正，以保護公司各種會計記錄的安全。

（二）投資銀行內部會計控制的主要內容

投資銀行根據其基本經營業務，提取財務活動的弱點和內控體系的目標，按照內控原理將內部會計控制要點提取出來並進行細化，會使會計控制實施和執行順暢。通常公司的內部會計控制要點包括以下方面：

（1）建立嚴密的財務控制制度。①授權核准控制制度。公司要制定詳細的有關財務工作的授權批准職責，各個部門的各層級員工都要在其授權範圍內行使職權和承擔責任，保證公司的資產安全和完整。②職責分離控制制度。對公司的各項經營業務，要求執行將職務與關聯的業務相隔離的制度，通過規範對公司各級部門尤其是財務會計部門的崗位設計，要達到相互監督、互相制約的標準，要明確權利和責任的範圍，形成有效安全的部門和崗位設置。③會計系統控制制度。會計系統控制制度要求公司設立一系列適合本公司的職責核算制度、會計崗位要求、會計信息管理等一攬子解決方案，使其成為公司財會控制的各項規範的整合，幫助公司的會計信息符合法規的要求。④核對清算控制制度。各家投資銀行要建立核對清算和檢查制度。該制度是為了保證企業資金的安全、完整所採取的保護措施，包括定期對帳、每日盤點、組織盤點庫存現金等。

（2）應收帳款和實物資產控制制度。投資銀行要完善應收帳款審核制度，要按時對各類應收帳款進行摸底，對帳務出現的時間進行分析。投資銀行對於公司的實物資產，要細緻和嚴格地控制，這是為使各類實物財產安全和保全的必要會計控制措施；對實物資產要及時入帳，分類管理，仔細做好檔案保管工作。

（3）強化資金集中管理，嚴格執行資金調撥審批程序。各家投資銀行在進行資產管理和經紀業務時，要將客戶的資產和公司的資產嚴格分開。客戶的

財產與客戶的現金要由各自專門的部門進行控制，以獲得客戶資金與自有資金的實物分離。各個分公司和營業部的自有資金除計劃外的應全部上繳總部。各個分公司和營業部應按時進行資金壓力測試，防範各種金融風險，杜絕對客戶資產的非法占用。

（4）加強各項業務財務處理合規性的監督。投資銀行要嚴格按照會計準則和財務制度進行收支核算和計提各項減值準備，保證會計信息的事實性、完整性、獨立性。公司管理層應加強對企業信息化系統的建設，可以通過引進財務集中管理系統，建立內外一致、上下統一的帳務核算體制，以達到對全公司會計信息的集中管理，通過信息系統可以實現包括對各地分公司和營業部帳務處理的即時穿透查詢、檢查，有效地防範營業部財務風險。

由於會計對象、職能、方法的特殊性，內部會計控制的內涵和外延非常豐富。無論把它作為控制活動的核心來對待，或是把它作為內部控制的目標即保證財務報告和會計信息的可靠性，都是內部控制框架所要求的。因此內部會計控制成為內部控制的核心之一，需要管理層不斷完善。

（三）投資銀行的動態財務分析及其應用

1. 動態財務分析的基本思想

動態財務分析（Dynamic Financial Analysis，DFA）是利用隨機規劃或隨機控制方法，模擬在不同情景設置下金融機構的未來現金流，以分析金融機構的資產價值、負債價值、損失概率及整體盈虧情況（Casualty Actuarial Society, 1999；Blum, Dacorogna, 2004）。該方法是解決償付能力分析與預測、資本充足測試、淨資本測試等重大問題的有效手段。

投資銀行可以借助於動態財務分析方法，強化內部會計控制建設。比如：利用動態財務分析，對包括極端情況下的流動性危機進行刻畫，並將投資銀行的各項主要活動整合在一起進行綜合的模擬；利用 DFA 預測可能發生償付能力不足的時點，進而研究在流動性約束下的投資銀行資本配置問題。

2. 投資銀行動態財務分析的步驟

DFA 一般被用於保險公司償付能力管理。與之類似，投資銀行無論基於何種目的進行動態財務分析，其基本流程也包括如下環節：

（1）確定投資銀行動態財務分析的目標。DFA 分析過程，第一步是由公司董事會明確公司的目的、經營目標、約束條件和風險承受程度。從而公司據此確定評價各種戰略方案優劣的標準。它使管理層集中關注影響公司的重大事項，以及對這些事項進行相互溝通。可以量化的經營目標通常是期望的股東盈餘（Shareholder's Surplus）及其標準方差、公司的期望經濟價值（Economic Value）及其標準方差。

（2）收集相關數據。DFA 需要大量有關公司主要風險的可靠數據，因此 DFA 分析的質量依賴於所使用數據的質量。確定分析目標以後，投資銀行必須收集相應的外部環境變量和內部風險的歷史數據，以便後面的模型刻畫、模型初始化和分析預測。

（3）DFA 模型刻畫。將投資銀行簡化成若干關鍵變量及其隨機影響因素，如資產、負債、資本和流動性等；外部環境因素包括競爭、監管資本與貨幣市場。另外，建模階段還有一個十分重要的工作，即「校準」（Calibration），即利用可靠的歷史數據，確定模型中主要參數的「基準值」，作為后面情景模擬（Scenarios Simulation）的基礎。

（4）模型結果及其分析。該環節的關鍵是設計建模階段確立的隨機影響因素的發生器，包括利率發生器、匯率發生器、通貨膨脹發生器、投資發生器、流動性衝擊發生器。即設計這些隨機變量變化的不同路徑，而后計算不同路徑下我們關心的關鍵指標（如收益率、風險頭寸、EVA、流動性危機等），並生成財務報表。

（5）驗證階段。根據模擬結果對模型的相關參數進行校準，驗證模型結論的有效性和穩健性，這往往可以借助於靈敏度分析方法。靈敏度分析是為了驗證模型的結論並非是某一隨意的假設，或隨意取出的某一組情景。其做法是固定其他變量，每次只變動一個變量的數值，測試該變量對目標值的影響程度。投資銀行可以對前述的利率發生器、匯率發生器等隨機影響因素發生器進行靈敏性分析。當然，理想的情況是，如果明確了這些變量之間的相關關係，可以進行更為複雜的情景分析。

（6）確定 DFA 報告。DFA 經常要做上千次模擬，所以 DFA 的結果必須以簡潔明快、易於理解的方式呈報給公司最高管理層。報告應滿足以下要求：一是明確每一步的重點；二是明確各模型的前后邏輯關係，以便增進管理層對模型的理解；三是結果要簡潔。

3. 投資銀行 DFA 應用：修正資本配置方案

資本配置原則指一個函數 $\Pi: A \to \mathbb{R}^n$，將每種配置問題 (N, ρ) 映射到唯一的配置方式，其中 A 表示所有配置問題 (N, ρ) 的集合，$X = \{X_i, i \in N\}$ 表示一項投資組合的淨值，ρ 表示體現公司整體投資組合風險的經濟資本。

$$\Pi: (N, \rho) \to \begin{bmatrix} \Pi_1(N, \rho) \\ \Pi_2(N, \rho) \\ \cdots \\ \Pi_n(N, \rho) \end{bmatrix} = \begin{bmatrix} K_1 \\ K_2 \\ \cdots \\ K_n \end{bmatrix} \quad st. \quad \sum_{i \in N} K_i = \rho(X)$$

從前面的研究可知，資本配置方法較多，最具有代表性的方法有三種：

第一，Merton 和 Perold（1993）提出的增量資本配置，即為某一業務單位配置資本，將其視為新加入單位，資本增量便是其所需配置資本量。

第二，Denault（2001）提出的公平資本配置，即引入合作博弈理論分析業務單元之間合作的情形，定義了 Sharpe Value 原則和 Aumann-sharpe Value 原則。

第三，Myers 和 Read（2001）提出按照各業務單元的違約價值（Default Value）邊際貢獻相等原則配置資本，能夠解決公司內部隱形風險補貼現象。

通過比較研究，投資銀行可以在 Myers 和 Read（2001）的研究基礎之上，融入流動性的約束條件，考慮在發生流動性危機時資產價值發生的突變。Myers 和 Read（2001）提出的經典資本配置模型按照對公司違約期權價值的邊際貢獻相等的原則分配資本，並解決公司內部隱形風險補貼問題。假設負債和資產都服從對數正態分佈，運用 Margrabe（1978）的互換期權方程，可推導出公司的違約期權價值決定於債務的現值、資產的市場價值和資產負債比的波動率，即 $D = f(V, L, \sigma)$。因此，每單位初始負債的違約期權價值為：

$$d = f(s, \sigma) = N\{z\} - (1+s)N\{z - \sigma\}$$

其中，$z = \frac{1}{2}\sigma + \frac{-\ln(1+s)}{\sigma}$，$x_i = \frac{L_i}{L}$，$\sigma_L^2 = \sum_{i,j \in M} x_i x_j \rho_{ij} \sigma_i \sigma_j$，$\sigma_{LV} = \sum_{i \in M} x_i \rho_{iV} \sigma_i \sigma_V$。

在聯合對數正態分佈的假設之下，可定義每個業務單元的邊際違約期權價值為：

$$d_i = \frac{\partial D}{\partial L_i} = d + \left(\frac{\partial d}{\partial s}\right)(s_i - s) + \left(\frac{\partial d}{\partial \sigma}\right)\left\{\frac{1}{\sigma}[(\sigma_{iL} - \sigma_L^2)] - (\sigma_{iV} - \sigma_{LV})\right\}$$

又因為公司的一個業務部門發生違約就等於整個公司發生了違約，所以，當業務部門 i 考慮擴張業務時，公司只能按照邊際違約期權價值給每個業務配置資本，即：$d_i = \frac{\partial D}{\partial L_i} = d$。故，對業務部門 i 的資本配置為：

$$s_i = s - \left(\frac{\partial d}{\partial s}\right)^{-1}\left(\frac{\partial d}{\partial \sigma}\right)\left\{\frac{1}{\sigma}[(\sigma_{iL} - \sigma_L^2)] - (\sigma_{iV} - \sigma_{LV})\right\}$$

Black 和 Scholes（1973），Merton（1974），以及 Leland（1994）等都假定資產服從簡單的幾何布朗運動，Myers 和 Read（2001）也不例外。Merton（1976）和 Duffie（1995）認為實現世界中很多經濟過程會實現偶然的跳躍，考慮跳躍的期權定價會更理想地為期權定價。Kou（2002）提出了簡單的跳躍擴散模型，假定跳躍經常服從一個概率法則，例如 Poisson 分佈。一般要求資產服從一個帶有左極限的右連續的齊次 Markov 過程，而令跳躍的大小服從一個雙指數分佈，即：

$$\frac{dP_t}{P_t} = \mu dt + \sigma dw_t + d\left[\sum_{i=1}^{n_t}(J_i - 1)\right]$$

其中，w_t 是一個 Winner 過程，n_t 是強度為 λ 的 Poisson 過程，$\{J_i\}$ 是獨立同分佈的非負隨機變量，滿足 $X = \ln(J)$ 服從雙指數分佈，概率密度為：

$$f_X(x) = \frac{1}{2\eta}e^{-|x-\kappa|/\eta}, \quad 0 < \eta < 1$$

其中，$x - \kappa = \begin{cases} \varepsilon & p = 0.5 \\ -\varepsilon & p = 0.5 \end{cases}$，$\varepsilon$ 均值為 η、方差為 η^2 的指數隨機變量。

Kou（2002）證明了能夠得到這類期權的價格的解析解。受含跳躍擴散期權定價方法的啓發，我們可以假定資產價格服從 Kou（2002）中所給出的含跳躍的幾何布朗運動反應流動性危機所帶來的資產價值突變，並設置資產價格跳

躍的分佈參數，構建一個含跳躍擴散的互換期權，對資本配置模型進行修正。

二、投資銀行其他共性內部控制制度建設概述

（一）投資銀行內部環境建設

在中國投資銀行中，內部環境應當包含整個公司組織的基調，它影響公司內所有員工的風險意識，是公司內控體系架構中其他關鍵要素的基礎，為其他要素提供約束和結構。

1. 投資銀行組織架構和職責

投資銀行應當按照《中華人民共和國公司法》《中華人民共和國證券法》和有關部門規定及《公司章程》的條件，設立以股東大會為中心，以董事會、監事會及經理層為主體的組織形式和法人治理結構，並按照公司法制定組織相關的產生、議事和決策規則，在公司內部建立與業務性質和規模相適應的管理結構，使各部門有明確的職能分工，部門之間能夠相互牽制監督。公司管理機構與控股股東要進行分離，並在員工、各種資產、財會上絕對分離開，以此來保證公司組織的獨立性、資產完整以及財務和會計的獨立，保證公司資產不出現被大股東或多個股東或其關聯人占用和挪用的情況，保證公司不存在內部人控制或大股東直接干預公司日常經營的現象。

2. 業務授權管理

這是實施管理控制的重要步驟。其目的是在有效地預防風險發生的前提下，實現營運決策的高效和高速，使授權管理成為促進公司快速健康發展、快速合理進行資源分配的有力手段。業務授權需要遵循以下原則：①各個證券公司、分公司及營業部要根據業務內容對各部門和分支機構實行逐級、按照業務職能的授權控制；②授權要採用文書的方法，使各種公文在各級審核人員確認后才能生效，不能有例外事項；③據業務部門、分公司及營業部的管理控制能力、風險意識、資產質量信息、主要負責人的能力與道德和所在區域的經濟發展水平、各方的風險情況，執行有區別的授權方式，以此有效地制約組織活動；④依據部門、分公司和營業部的業績、問題、授權管理情況，不斷對授權控制進行調整。

3. 經營理念與合規性

各個證券公司應確立穩健且積極向上的經營理念，並建立主動合規、人人合規、合規創造效益的合規文化，牢固樹立合規與風險控制是公司生命線的風險管理理念，經營管理實行合規優先、風險控制優先。應積極加強合規管理，對主要負責人任職期間的合規管理責任執行問責制，並將其納入績效考核體系。

4. 培養風險管理的理念

投資銀行的風險管理理念是一整套共同的信念和態度，它決定著投資銀行在做任何事情時如何考慮風險。風險管理理念反應了公司的價值觀，影響公司的文化和經營風格，並決定公司如何識別風險，能夠承擔哪些風險，以及如何

管理這些風險。當公司風險管理理念被很好地確立和理解、並且為員工所信奉時，主體就能有效地識別和管理風險。否則，企業風險管理在各個業務單元、職能機構或部門中的應用就可能會出現不可接受的不平衡狀態。

(二) 投資銀行風險評估和應對

投資銀行應當構建風險管理組織平臺。風險管理的組織平臺決定了投資銀行經營風險管理的行為方式和管理流程，因而也就決定了經營風險管理的決策和執行效率。美國投資銀行的風險管理結構一般是由審計委員會、公司最高決策執行委員會、風險監視委員會、風險政策小組、業務單位、公司風險管理委員會及公司各種管制委員會等組成。由於中國政策環境和市場環境與美國不同，所以中國投資銀行風險管理的組織平臺也應表現出特色。中國投資銀行可以借鑑美國投行的風險管制的結構，由審計委員會、執行管理委員會、風險監視委員會、風險政策小組、業務單位、公司風險管理委員會及公司各種管制委員會等組成風險管治結構。這些委員會或部門的職能如下：

審計委員會一般全部由外部董事組成，由其授權風險監視委員會制定公司風險管理政策。風險監視委員會一般由高級業務人員及風險控制經理組成，一般由公司風險管理委員會的負責人兼任該委員會的負責人。該委員會負責監視公司的風險並確保各業務部門嚴格執行識別、度量和監控與其業務相關的風險。該委員會還要協助公司最高決策執行委員會決定公司對各項業務風險的容忍度，並不定期及時向公司最高決策執行委員會和審計委員會報告重要的風險管理事項。風險政策小組則是風險監視委員會的一個工作小組，一般由風險控制經理組成並由公司風險管理委員會的負責人兼任負責人。該小組審查和檢討各種風險相關的事項並向風險監視委員會匯報。

公司最高決策執行委員會為公司各項業務制定風險容忍度並批准公司重大風險管理決定，包括由風險監視委員會提交的有關重要風險政策的改變。公司最高決策執行委員會特別關注風險集中度和流動性問題。公司風險管理委員會是一個專門負責公司風險管理流程的部門。該委員會的負責人一般直接向財務總監報告，並兼任風險監視委員會和風險政策小組的負責人，同時一般也是公司最高決策執行委員會的成員。風險管理委員會管理公司的市場風險和信用風險。市場風險是指公司交易投資由於利率、匯率、權益證券價格和商品價格、信用差等波動而引起的價值變化。信用風險是指由於信用違約造成的可能損失。風險管理委員會還要掌握公司各種投資組合資產的風險概況，並要開發出有關係統和風險工具來執行所有風險管理功能。風險管理委員會一般由市場風險組、信用風險組、投資組合風險組和風險基礎結構組四個小組組成。

(三) 投資銀行的信息與溝通

投資銀行要制定有效的信息與溝通制度，理清內控體系中與管理制度相關信息的採集、分析和傳送的流程，保證各種有效的信息能夠及時得到傳遞和反饋，促進內控體系的有效執行。投資銀行在將各種內部和外部信息收集後，要對信息進行合理過濾、檢查、整合，以強化信息的有用性、實效性。專門部門

可以使用公開的公報、財務信息、行業報告、會計資料、歷史資料、研究報告、內刊、互聯網等渠道，獲取公司內各個部門的信息。投資銀行也應通過證券業協會組織、關係單位、實際調查、客戶反饋以及監管部門公開信息等方式獲取公司外的信息。管理層要將內控體系相關的信息在企業各部門層級、分公司、營業部、業務點之間，以及公司與其投資者、公司的債權人、證券交易的客戶和監管部門等相關部分之間進行交流和回饋。信息溝通過程中如果發現問題或新的風險，應當迅速報告並提出處理辦法。在發現影響公司發展走向的重要信息時應當第一時間將信息傳遞給董事會、監事會和經理層。管理層應利用信息技術提高信息的遠程傳遞和跨級別傳遞的優勢，建立以信息集成為主、以信息共享為輔的信息一體化解決方案，充分加強信息系統處理和交流信息的優勢。要持續地強化對信息系統的開發與維護力度，確保系統的安全、準確和穩定運行。

第三節　投資銀行內部控制制度的個性建設

相比於內部環境、內部會計控制等投資銀行內部控制制度的共性建設而言，如何建立與各家投資銀行的業務和風險特徵相適應的績效考核體系、內部控制評價制度和投行文化，既是投資銀行風險管理的重要內容之一，也是體現其差異化經營、提升其競爭力的重要保障。本章延續了前文對投資銀行經濟資本管理的研究，首先建立基於經濟資本的投資銀行績效考核體系，然後對內控評價制度和投行文化建設進行了初步探討。

一、基於經濟資本的投資銀行績效考核體系

（一）次貸危機背景下對投資銀行績效考核的反思

美國總統奧巴馬在 2010 年 7 月 21 日簽署了金融監管改革法案，使之成為法律，標誌著自次貸危機后華爾街正式掀開新金融時代序幕。這部法律也被認為是美國有史以來最大規模、最為嚴厲的金融改革法案。新法案的一大亮點是持續奧巴馬執政以來的一直堅持的對企業高管薪酬進行監督限制的政策，即由美聯儲對企業高管薪酬進行監督，確保高管薪酬制度不會導致企業對風險的過度追求。一旦發現薪酬制度導致企業過度追求高風險業務，美聯儲有權加以干預和阻止。

事實上，華爾街高管的薪酬制度改革，一直是奧巴馬和美國國民關注的焦點。眾所周知，在此次次貸危機中，美國五大獨立投資銀行全軍覆沒，投資銀行過度的員工薪酬激勵、扭曲的考核制度是一個重要誘因，它助長了金融企業非理性地追逐高利潤的瘋狂行為。次貸危機發生前，美國金融機構績效考核制度的一個重要特徵，是以短期利益和規模擴張為導向的，很多投行過度追求短期利益，而忽略了風險，扭曲了投資銀行的考核制度。高盛 2007 年的年終獎

金是歷年來最高的，總額達180億美元。而2008年，華爾街高管仍共拿到184億美元分紅，2009年華爾街銀行業分紅額也高達203億美元。這無異極大地刺激了仍在經歷失業、破產痛苦的美國人。美國總統奧巴馬甚至指責金融企業高管在經濟衰退時仍收取豐厚分紅為「可恥且不負責任」的行為，並提出了華爾街高管限薪令，為今后接受政府救援的困難金融企業高管設立50萬美元的年薪上限。

但薪酬制度的管理和改革並不僅僅是由誰來決定企業高管拿多拿少的問題，而是關於建立合理的投資銀行績效考核制度的問題。因此，次貸危機后，投資銀行績效考核制度面臨挑戰。

(二) 常用的績效評價方法

投資銀行的績效考核是對投資銀行經營活動績效和風險管理水平進行度量和評價。作為投資銀行內部控制制度的重要組成部分，其績效考核應體現投資銀行的特點才能實現投資銀行的管理目標。投資銀行的特點決定了投資銀行的管理核心是在追求收益最大化的同時努力使風險最小化。次貸危機中金融機構追求高收益忽視高風險的行為卻與這一理念相違。在按照年度業績制定獎金的短期導向的激勵制度驅使下，投行的經理們自己享受高收益，卻最終由投資者來承擔高風險。因此，投資銀行績效考核制度在評價價值創造的同時，在考核過程中要實現收益與風險、規模與成本並重，要使短期盈利水平與長期盈利能力結合起來，從制度上引導和規範基於長期穩定的盈利增長的經營行為，即體現價值與風險管理。

1. 傳統的收益評價方法

(1) 資產收益率

資產收益率（Return of Asset，ROA），又稱資產回報率，等於淨收益除以總資產，可以用來反應金融機構總資產生成利潤時的使用效率。

(2) 資本收益率

資本收益率（Return of Capital，ROC），運用帳面資本評價金融機構的業績，等於淨收益除以帳面資本。

2. 常用的風險調整業績測度方法

(1) 風險調整后的資本回報率（RAROC）

RAROC最早由美國信孚銀行（Trust Bank）在1978年提出，等於扣除預期損失后的淨收益與經濟資本（非預期損失）占用的比值，用以反應收益、風險和資本占用的匹配程度。其中，預期損失作為一種成本在收益中進行扣減，而經濟資本則反應金融機構為了獲得該收益所承擔的「真實風險」即非

預期損失。RAROC 的計算公式如下①：

$$RAROC = 經風險調整的收益/經濟資本$$
$$= （淨收益-預期損失）/經濟資本$$

（2）經濟增加值

經濟增加值（Economic Value Added，EVA）是由美國斯滕斯特公司提出的、用以衡量企業價值的一種絕對量指標。作為衡量企業經營業績的財務指標，其一般的計算方法是：

經濟增加值=經風險調整后的稅后淨利潤-經濟資本×資本期望回報率

因此，EVA 和 RAROC 分別是基於經濟資本的絕對和相對收益評價指標。如果考慮不同資本規模投入情況，常常需要用 RAROC 這一相對指標，后文也主要採用該指標作為投資銀行基於經濟資本的績效評估指標。

（三）投資銀行績效評估方法的選擇

1. 投資銀行傳統績效考核方法的局限性

投資銀行要有效地進行資本配置，有必要建立與資本相聯繫的科學績效考核體系。中國投資銀行的績效考核逐步引入了許多西方財務分析中的傳統收益指標，其大都基於資產規模或者會計利潤。比如：資產收益率只能靜態反應帳面總資產的盈利能力，不能反應投資銀行所承擔風險的變動及其業績變化情況；資本收益率同樣只是反應單位帳面資本的收益，不能揭示股東為此承擔的風險大小。大部分投資銀行大都以利潤額和業務量作為績效考核和薪酬獎勵的標準，如對證券經紀人的考核從以開戶數為考核指標到逐步重視客戶交易佣金量、新增資產數與產品銷售任務完成程度等多項指標，營業部的考核主要以交易量、淨利潤等為基準。②

在上述資產收益率、資本收益率等考核指標的導向下，利潤額和業務量成了績效考核的評價標準，驅使各部門和員工以擴大自己業務規模來增加當年利潤和獲取更高的薪酬激勵。但該資產或業務本身在日後是否存在或有多大風險，往往在當期年度被忽略了。同時，帳面利潤沒有考慮權益資金的使用成本或機會成本，高估了利潤。另外，由於投資銀行除了能直接通過資本占用獲得收益的自營、承銷（包銷）業務外，尚有不需要或者很少需要資金來支撐的表外業務。顯然依賴傳統方法建立包括表內、表外業務相聯繫的風險—收益對應的績效考核體系不具有現實性。

---

① 最早在信孚銀行的 RAROC 模型中，分母——經濟資本既包括非預期損失，也包括預期損失。但隨著風險管理理論的發展，到 1993 年，美國銀行（Bank of America）的研究團隊認為，預期損失是成本的一部分，可以通過定價來補償這部分損失。因此，此后計算的經濟資本，通常只包括非預期損失，而不包括預期損失（張守川，等，2012）。

② 見證券日報 2013 年 1 月 9 日《營業部年末衝業績「不擇手段」，券商績效考核機制如何突圍？》一文。

2. 現代投資銀行績效考核的核心：經濟資本

如前文所述，經濟資本反應了市場及公司內部風險管理的需求，它是為承擔風險真正需要的資本，完全反應了公司自身的風險特徵，是基於公司全部風險之上的、與公司風險的非預期損失相當的資本，且不在資產負債表上直接反應出來。而投資銀行是經營風險的企業，承擔風險是投資銀行獲取收益的前提，資本則覆蓋風險產生的損失，是抵禦危機的最終保障。投資銀行必須遵循風險、資本之間的平衡關係才能獲得收益長期穩定的增長，也才能實現價值創造。資本是稀缺的，存在機會成本，因此投資銀行必須將有限的資本進行有效的配置。並且，資本的使用也是有成本的，覆蓋非預期損失的經濟資本也是有成本的，因此投資銀行必須強調對資本的回報，並充分考慮資本所承擔的風險，實現收益、風險、成本的統一。風險、資本與收益是投資銀行價值創造評估的三個要素，共同構成了投資銀行價值創造模式。因此，經濟資本管理不但能夠有效協調股東、管理者、員工的利益關係，使他們的要求得到滿足，而且較好地平衡了風險、資本與收益之間的關係，能夠同時作為控制風險和衡量業績的基礎，因而是一種以價值創造為目標的管理制度。

就基於經濟資本的績效考核而言，它可以改變投資銀行利用傳統的只注重規模擴張和會計利潤反應的經營成果的考核模式。傳統的考核模式注重帳面利潤，年利潤、淨資產、收入增長率、淨收入等被列為考核指標。這種和收益掛勾而和風險無關的制度刺激投資銀行的管理層忽視公司的長期利益。以經濟資本管理為核心的績效評價系統通過引入風險成本和資本成本對收益進行調整，分析投資銀行各部門各業務的風險因素，統籌考慮收益與成本、市場與風險的關係，從而能夠更加科學合理地評判業務單位和業務人員的經營業績，並將考核結果運用於激勵和改進管理。如果投資銀行實施經濟資本管理，通過以經濟增加值（EVA）和風險調整后資本收益率（RAROC）作為業績評價和考核激勵的核心指標，可解決追求利潤與控制風險之間的矛盾，將風險與收益結合起來，使績效考評實現從數量到質量的轉變，有利於在內部建立良好的激勵機制。

（四）基於經濟資本的投資銀行績效考核體系構建

1. 投資銀行績效考核所需經濟資本計量應遵循「先業務部門，后風險形態」的思路

從第二章的研究來看，一方面，投資銀行經濟資本的計算需要按市場風險、操作風險等不同風險形態來展開，且同一風險形態（如操作風險）可能跨越不同的業務部門（如經紀業務和自營業務均存在操作風險）；另一方面，績效考核需要對應於相應的業務部門和人員，因此投資銀行績效評估所需的經濟資本度量需要按照「先業務部門，后風險形態」的思路展開。

2. 轉變思想，逐步樹立以經濟資本為核心的績效考核理念

績效考核在很大程度上決定著一個企業的經營理念、管理模式和發展道路。經濟資本管理要求體現價值和風險管理。而中國多數投資銀行的績效考核

仍以短期盈利指標為主，還有大量的非量化指標，並且風險管理理念不足，有些投資銀行甚至將合規管理視為風險管理。因此，中國投資銀行建立以經濟資本為核心的績效考核制度有較長的一段路要走，我們需要建立有利於實施經濟資本管理的一系列內部、外部環境，確保經濟資本的計量、配置和考核制度的建立和完善。

3. 設置績效考評指標，建立和完善績效考核制度

中國投資銀行以經濟資本為核心的績效考核制度應包含三個層次：股東對高級管理層的績效考評；高級管理層對投資銀行內部的分支機構、部門的績效考評；分支機構、部門管理人員對員工的績效考評。這樣才能反應投資銀行不同機構部門、不同業務、不同產品、不同員工的價值創造能力，真實反應各項業務所創造的價值，有利於在內部建立良好的激勵機制。在考核指標上，投資銀行以經濟增加值和基於風險調整的資本收益率作為核心指標，同時將財務指標和非財務指標相結合，努力提高績效考核的有效性，解決好追求利潤與控制風險之間的矛盾。

4. 績效考核制度應與投資銀行長期發展戰略有機結合

次貸危機反應出金融機構在面對巨額的短期利潤的誘惑時，往往選擇與風險為伍，忽視企業長期發展的安全性和持續性。因此，新形勢下，以經濟資本為核心的績效考核制度必須是在合理的公司治理結構基礎上構建的，這樣績效考核制度才能與投資銀行的長期發展戰略有機結合。同時還應加強外部監管，監管部門應促進投資銀行的信息披露制度完善，對投資銀行實行即時的動態監管，進一步嚴格市場准入、業務審批、高管人員任職資格審核、現場檢查等措施，使投資銀行實行以價值為主線、以效益為中心的考核制度。

5. 設計多樣化、長期化的激勵機制

投資銀行無論對經理層還是對員工，一方面要避免短期導向的激勵機制，另一方面，風險和收益要掛勾和匹配起來，建立長期的損失責任追究制度，如設立限薪和索回條款。索回條款是指當高管所在投資銀行出現問題時，政府或公司有權將高管的薪酬和分紅收回。這對於避免國有及國有控股的投資銀行的主管拿過高薪酬也有積極意義。

二、投資銀行其他個性內部控制制度建設概述

（一）投資銀行內部控制評價制度的建設

1. 內部控制評價的意義

投資銀行不僅要建立內部控制制度，其業務部門和分支機構的負責人必須對其業務範圍內的具體作業程序和風險控制措施進行自我檢查和評價，有義務向投資銀行報告內部控制的缺陷並及時加以糾正，對違反職責範圍內的內部控制導致的風險和損失承擔首要責任，接受投資銀行上級管理部門和監督檢查部門的業務檢查和指導。

首先，投資銀行自身可以通過建立內部控制評價制度，評價本公司的內部

控制實施狀況，評價本公司內部控制的實施水準，找出問題所在，進而提升公司預測風險、應對風險的能力，最終讓公司能合理保證各種預期目標的實現。其次，建立投資銀行內部控制評價制度，也有助於監管部門通過各項指標更好地瞭解投資銀行內部控制實施狀況，進而能更好地實施監管。再次，投資者可以根據投資銀行內部控制評價制度得出的一些信息，瞭解投資銀行營運情況，進行更好的投資決策，最終實現資源的優化配置。最後，投資銀行是證券市場得到更健康更穩定發展的關鍵所在。投資銀行營運水平得到提高的同時，中國證券市場必然會更加有效的發展，資本市場的發展前景也會更廣闊。

2. 內部控制評價的原則

為了能夠對內部控制做出較全面的評價，投資銀行有必要在建立評價制度之前給出一些指導性原則，從而使得在建立評價制度過程中時刻保持警惕，以免有損評價的全面性，也使得評價制度能夠在較短的時間有效地建立起來。

（1）定性和定量相結合原則。投資銀行首先用定性分析對指標進行深入的分析，對事物進行概念上的界定，然後運用定量分析對指標進行數量界定。這避免了定性分析的隨意性和盲目性，也避免了定量分析只注重對經濟指標的簡單計算。

（2）可行性原則。可行性原則要求指標和評價方法的選取都必須是客觀環境所允許的，所選取的指標既要能概括內部控制的真實狀況，又要便於操作，並要對測評方案進行可行性分析和論證。

（3）系統性原則。系統性原則就是指指標的設計要涉及企業經營活動的各個方面、各個層次，必須完整全面，各個方面、各個層次的指標制度共同構成一個完整體。

（4）重要性原則。隨著實踐的發展，反應和影響內部控制成效的因素將不斷增多。投資銀行只有找出關鍵因素，對所選指標有所側重，通過選取重要的指標，才能對內部控制進行高效準確的評價。

（5）成本效益原則。構建內部控制評價制度必然會花費相應的成本，而實現經營目標減少損失發生的可能性，正是內部控制的目的所在，構建內部控制評價制度也必須如此。所以投資銀行在設計以及實施內部控制評價制度時要盡量保證所花費的代價不能超過由此而獲得的效益，否則應降低內部控制的成本。

3. 內部控制評價的指標

評價指標是評價的載體，因此如何構建評價指標是對投資銀行內部控制進行全面客觀綜合評價的關鍵。主要有如下指標：

第一，定性評價指標。新框架的八個要素，即內部環境、事件識別、目標設定、風險反應、風險評估、信息與溝通、控制活動、監控，結合相關文獻提供的衡量指標共同構成了定性評價指標制度的基本內容。由於構成每個要素的具體項目很多，不同行業需要的指標不同，為了偏重於投資銀行，可選取對投資銀行而言具有代表性的指標。如內部環境指標可做如下設計：影響以及制約

企業內部控制建立以及執行的各種因素的總和便是內部環境，它是實施內部控制的基礎，主要包括治理結構、組織機構設置與權責分配、企業文化、人力資源政策、內部審計機構設置等。好的環境能夠自然而然地激發員工的工作積極性，影響公司員工的風險意識，是企業所有其他要素的基石。這許多因素在進行指標衡量時，可具體歸納為：①企業文化。可設計為員工對企業文化的認同度、員工的忠誠度、員工的工作積極性、員工的凝聚力等指標。②治理機構。可設計為股權的結構情況、股東和股東大會的情況、董事會的評價指標、監事會的評價指標、管理層的評價指標。

第二，內控效果評價指標制度。投資銀行實施內部控制的根本目的就是為了給公司帶來業績。好的內部控制必然會給公司帶來好的業績。內控效果定性評價指標主要是內部控制滿意度，包括債權人、職工、管理人員、客戶四個方面。

(二) 投資銀行的企業文化建設

1. 投資銀行企業文化的目標確定

企業文化的管理是針對精神層面的，主要包括以下目標：形成健康向上的道德行為標準、穩健審慎的經營風格、強烈的責任意識，和以身作則、上行下效的示範效應。其中，健康向上的道德行為標準是指公司建立的道德行為標準應提倡守法、誠信、公正、協作，正確定位公司與社會、客戶、同業之間以及各崗位職員之間的關係；穩健審慎的經營風格是指公司管理人員所秉承的經營理念要穩重、成熟，正確定位業務開拓與風險防範之間的關係；強烈的責任意識是指公司各級職員與公司之間要形成患難與共、休戚相關的緊密聯繫，使職員能自然迸發出拼搏精神、敬業精神、團隊精神、從業自豪感以及創新意識、風險意識、憂患意識，正確定位公司與職員之間的關係；以身作則、上行下效的示範效應是指公司上級職員要嚴於律己，做好表率和榜樣，而下級職員要勤勉盡責、遵規守紀，正確定位上下級職員之間的關係。

2. 公司文化的風險識別

投資銀行在實現其文化目標的過程中，必然會面臨不良控制文化風險。這裡的不良控制文化風險是指公司內部可能缺少正確的控制觀念和意識，沒能正確處理好公司與社會、客戶、同業、職員之間的關係，各崗位職員之間、上下級職員之間的關係，以及業務開拓與風險防範之間的關係，不能為公司業務經營提供正面支持和必要制衡的風險。由於文化本身具有軟約束性、相對穩定性和連續性，而作為公司文化重要方面的控制文化對公司文化的形成和發展起著促進作用，因而對不良控制文化風險的防範和化解是首要的一環。

3. 公司文化的風險控制

投資銀行為了防範和化解不良控制文化風險，應採取的控制措施包括：

第一，實行專家決策制度。在經營管理的重大問題上，投資銀行實行專家決策制度，以提高決策的專業化水平，確保決策科學、合理，避免出現重大失誤。

第二，實行民主化建議制度。管理人員應通過民主化合理建議制度，廣開言路，激發職員的創新和參與意識，與職員溝通信息。管理人員對職員的建議應及時整理、篩選，將一些具體的合理建議及時反饋並應用到實際工作中去。

　　第三，建立科學合理的用人制度。由於人力資源政策對職員的行為表現有著直接影響，科學合理的用人制度對職員的文化激勵是顯而易見的。公司內部應形成重視人才、重用人才、任人唯賢的用人制度，將能力和品行作為用人的首要標準。

　　第四，健全培訓教育機制。公司通過教育，使職員現有的能力得以提高和潛在的能力得以開發，使其瞭解自己的責任和義務，形成進取、健康的價值觀和道德觀。

　　第五，建立高級管理人員的自律機制和責問監督機制。高級管理人員須意識到自己不應逾越內部控制甚至凌駕於內部控制之上，而應加強自律，以身作則，做好表率。同時，高級管理人員還應自覺地接受監督，促進民主、平等工作氛圍的形成。

第十章　中國投資銀行風險管理體系重構

　　前面在理論層面系統地構建了包括經濟資本管理、對沖和內部控制的現代投資銀行風險管理體系。但這是否符合目前中國投資銀行的風險管理實踐需要，不僅取決於理論本身的科學性、合理性，還與中國投資銀行重構風險管理體系的外部環境、內部條件有密切關係。

　　從中國投資銀行風險管理現狀來看，對沖和內部控制這兩種基本的風險控制手段只存在是否充分運用、有效運用而非有無的問題，而經濟資本管理則主要被運用在幾家大型商業銀行的風險管理實踐中。因此，本章延續前面理論研究的結論，探討重構中國投資銀行風險管理體系，重點在於如何引入經濟資本管理、提高對沖和內部控制有效性的分析，包括重構的環境分析、基本原則和主要內容。

第一節　中國投資銀行風險管理體系重構的環境分析

一、宏觀經濟環境

　　宏觀經濟結構調整、產業轉型升級和多層次資本市場建設為中國投資銀行發展帶來巨大空間，但也使投資銀行面臨更多的挑戰和壓力，包括創新能力不足風險、互聯網金融競爭風險、提升全面風險管理能力的挑戰。

　　首先，近年來經濟發展方式由粗放型向集約型轉變、金融服務實體經濟程度不斷提高，這些都給證券公司等資本市場仲介機構帶來發展機遇；其次，伴隨經濟持續較快發展，更多社會財富尋求投資渠道，為證券公司財富管理職能提供了發展空間；最後，在利率市場化進程不斷深化、金融脫媒趨勢逐步確立的背景下，證券公司作為直接融資市場的關鍵角色，具有較大發展潛力。

　　宏觀經營環境的變化，要求證券公司不斷創新業務。但在缺乏現成模式的基礎上，如何確保創新業務風險的可測可控，很大程度上取決於公司對業務內涵是否真正理解，能否對產品的風險點進行專業的識別，以及能否迅速地掌握對新型風險進行科學計量和控制的技術。同時，創新業務的不斷擴張對證券公司的資本充足率和流動性帶來新的挑戰。儘管有些創新業務表面看起來占用資

金不多，但隱含的槓桿或資本承諾猶如水下的冰山，一旦出現失控或遇到系統性風險，就會使證券公司遭受重創，甚至「突然死亡」。

二、監管環境

目前，中國投資銀行經營業務逐步從以經紀、投行、自營等傳統業務為主過渡到創新發展階段，新業務發展較快，尤其突出的是負債類、融資類業務，以及存在槓桿率的業務。根據中國證券業協會公布的2013年度證券公司經營數據，中國證券行業全年實現營業收入1,592.41億元，同比上漲22.99%。其中，融資融券業務利息淨收入184.62億元，同比上漲250.99%。當前證券公司業務創新活動一方面促進了其業務轉型發展，提高了金融服務實體經濟的能力，另一方面也增加了在合規性、槓桿化等方面的風險管理難度，部分影子銀行業務和交叉性金融產品可能導致風險跨行業跨市場的傳染和監管套利現象（季軍，2014）。

同時，面臨投資銀行創新業務的加速發展，「一行三會」的分業監管模式容易形成監管盲點，為包括投資銀行在內的金融機構留下風險隱患，制約投資銀行業務創新和風險管理活動。特別是銀行、信託的一些理財產品涉足的領域跨越銀行、信託、保險、證券甚至期貨市場，給監管增加了相當難度。因此，監管者在大力引導投資銀行提高創業能力和風險控制能力的同時，也需要改變監管思路，創新監管模式，探索「負面清單」管理模式，逐步實現「法無禁止即可為」。

三、行業競爭環境

為獲得規模經濟和範圍經濟，銀行、證券、保險等金融機構以金融創新方式促使金融服務產品的屬性逐步趨同，如資產證券化類業務、股權質押業務、銀證保理財類產品等，這加劇了證券公司的競爭環境。

同時，大數據與互聯網的結合，使得金融邊界不斷延伸，金融機構不再單純被鎖定為金融牌照公司，部分具有互聯網大數據功能的公司也逐漸向金融行業滲透。因此，證券公司的行業競爭不僅表現為傳統金融行業內的競爭，還包括與大數據滲透公司的競爭，以及行業內公司在數據平臺搭建及使用上的競爭。

第二節　中國投資銀行風險管理體系重構的基本原則

一、漸進性原則

首先，按照「強化內部控制建設—靈活運用對沖工具—引入經濟資本管理」的優先序，重構中國投資銀行風險管理體系。第一，有效的內部控制制

度是風險管理實施的基礎和保障，投資銀行要按照合規性監管要求、競爭環境變化等不斷強化內部控制制度；第二，結合業務創新和衍生品市場環境，充分考慮對沖成本—收益，積極開展業務對沖和衍生品對沖；第三，在風險數據庫逐步健全的基礎上，引入經濟資本管理優化資本結構和資產結構。

其次，在經濟資本管理的引入上，投資銀行可以遵循「業績評估—資產配置—資本結構優化」的先后順序，逐步擴大經濟資本管理的應用領域。相對來說，如果投資銀行一開始就要將經濟資本配置用於所有風險管理領域，既容易造成其在經營策略上的前后斷裂形成巨大的制度、業務、人員等調整成本，也沒有考慮到上述戰略在調整時間上有先后的時間關係。一般來說，投資銀行的資本結構調整，尤其是股權資本的增加，需要考慮融資環境、監管政策、市場時機等諸多外部因素，需要較長時間，而基於經濟資本的業績評估則具有時間短、執行成本低等特徵。因此，中國投資銀行可以先從業績評估領域引入經濟資本理念，在ECM系統建設進入成熟期後，再逐步拓展到資產配置領域，最后擴展到資本結構的優化上。

二、與淨資本監管的逐步融合

在淨資本監管數據庫基礎上，投資銀行應該逐次建立經濟資本數據庫。按照現有的淨資本計算方法，中國淨資本監管在投資銀行層面主要涉及相關財務數據，而其風險扣減系則由監管部門來統一制定。但是，經濟資本度量和配置則不僅需要財務數據庫，還需要相關的風險數據庫。因此投資銀行可以在整合現有的淨資本數據庫基礎上，逐次引入風險數據庫，整合為經濟資本數據庫。同時，需要注意的是，風險數據涉及較多環節和不同的形態風險，風險數據庫的建立不一定全方位同時展開。投資銀行可以根據自身的情況，先就某一主要業務或主要的風險形態開始收集數據、建立數據庫，待IT技術、配套制度、相關經驗累積等到一定程度後，再逐次擴大到大部分業務部門或風險形態。到時，理想的狀態是，監管當局對各家投資銀行的經濟資本數據庫中的風險數據進行分析，這又反過來促進監管當局完善淨資本的計算方法、淨資本監管指標體系設計、監管標準設置等。

三、與其他風險管理方法的結合

對於超過非預期損失的極端損失，經濟資本配置無能為力。因此，投資銀行需要逐步將壓力測試作為常規化、制度化手段的風險管理手段。相對而言，商業銀行對極端損失管理有國家救助安排和存款保險制度等外部力量，投資銀行在極端損失管理上往往容易忽視。但其面臨雙重價格強敏感性的風險特徵，要求壓力測試更應成為日常風險管理的重要補充。中國投資銀行業，可以考慮以財務數據庫和風險數據庫為基礎，建立匹配的壓力測試指標體系和情景分析數據庫，完善壓力測試的宏微觀制度，優化測試、分析、預防的理論和技術。

第三節　中國投資銀行風險管理體系重構內容

一、建立全面風險管理理念

全面風險管理需要對投資銀行內各個業務部門、各類風險進行通盤考慮，從公司價值最大化出發，將市場風險、信用風險、操作風險等不同風險類型，自營業務、經紀業務、資產管理業務等不同性質業務風險，按照統一的標準進行經濟資本度量，以此促進各個部門的協同管理。具體表現在以下幾個層次：

（一）戰略性

相較於傳統的風險管理方法，投資銀行不僅僅是將風險管理局限在日常營運層面就風險而管理風險，還需要從整個公司戰略的角度入手，從經濟資本覆蓋公司整體風險出發，識別與管理非預期損失的風險。這最終不但能將風險管理好，更著力於使得公司的戰略得到落實。

（二）整體性

一個全面風險管理的框架，是圍繞風險和收益的比較來展開的，不局限於單個風險或業務層次，而是一個整體性的框架，需要系統的各個方面相互支持，比如投資銀行文化、自身的組織架構、風險管理所需要的財務數據和風險指標、風險管理信息支持系統等。

（三）全員性

全面風險管理框架是一個全投資銀行上下參與的框架，上到董事會、管理層、風險管理部門，下到各業務部門的員工，都要深刻理解這個框架。尤其是對於資金占用不大的經紀業務等部門，要有風險資本和成本概念，並在績效評估中落實這個框架。

從前面的分析看出，基於經濟資本配置的全面風險管理框架在投資銀行的應用是一個符合淨資本監管規定、財務會計要求、自身價值增值的風險管理理念和技術手段，集合了公司風險、數據、管理決策、文化、模型等諸多要素。

二、重點實施經濟資本管理

（一）樹立基於經濟資本的風險文化

投資銀行風險管理理念和文化塑造是一個長期並根據經濟社會環境進行不斷修正的過程。美國五大投資銀行破產或轉型，充分說明即使資本充足性較高、流動性較為充足的金融機構，如果風險管理文化、經營模式出現偏差，也同樣面臨破產的危險。2009年以來，中國監管部門逐步將合規管理全面納入投資銀行的常規監管，並要求投資銀行業不斷深化對合規管理重要性的認識，精心培育證券行業先進的合規文化，切實強化重點領域和環節的合規管理（尚福林，2009）。所謂合規文化，是指在監管部門要求下，投資銀行在日常

經營過程中,要倡導合規價值、合規原則等理念,並促成員工的實際行動。《證券公司合規管理試行規定》(2008)第四條規定:「證券公司應當樹立合規經營、全員合規、合規從高層做起的理念,倡導和推進合規文化建設,培育全體工作人員的合規意識。」應該說,從外部監管者角度來看,合規監管是防範系統性風險的重要手段。

但是,從風險管理的本質來說,外部監管無法代替內部風險控制,要麼出現管住了風險也管住了創新精神,要麼出現制度性套利風險。而且,企業文化屬於投資銀行相互區別、相互競爭形成的個體屬性,屬於企業軟實力和無形資產範疇,而外部統一化、標準化的合規監管文化不能也無法代替投資銀行的風險文化。投資銀行需要牢固樹立風險—收益相對應的經營理念,而經濟資本作為風險收益對應的可操作化、具體的載體,有助於投資銀行從戰略到業務層面、從高管到公司員工樹立良好的風險文化。

建立基於經濟資本的風險文化,關鍵在人。投資銀行經濟資本配置需要多個方面的人才,包括IT、數理分析、會計學、戰略管理等專業的人才。投資銀行可以通過以下幾個方面加快建立經濟資本文化:①積極引進外部專家人才隊伍,通過建立良好的工作環境,吸引在商業銀行等金融機構有經驗的經濟資本專家到投資銀行來;②建立與國內外科研機構、監管部門等的合作、溝通,加快攻克經濟資本計量的關鍵技術,同時得到淨資本監管部門的認可,並逐步促進監管部門的淨資本指標的合理化;③在培養不同層級的內部職工方面,可以通過送出去或在投資銀行內部開展工作交流等形式,促進員工深刻理解、執行經濟資本配置相關規定,真正將經濟資本非預期損失文化和預期損失成本化的基本原則融入其工作中,重塑員工的風險文化。

(二)推進基礎數據庫建設,奠定經濟資本配置基礎

實際上,通過國內外商業銀行的實踐來看,相對來說,經濟資本配置的技術和方法已經相對成熟,但由於基礎數據的缺失,包括中國商業銀行在內的金融機構利用經濟資本管理的效果還不太理想。準確地度量非預期損失,是經濟資本配置的重要基礎。如果經濟資本的計量結果不夠準確反應非預期損失,勢必影響經濟資本的風險防禦效果。因此,投資銀行要逐步進行經濟資本管理的基礎數據庫建設,著眼於長遠,並建立適當的前期成本分攤機制。

在度量經濟資本方法的選擇上,投資銀行可以將前面章節的「自上而下」和「自下而上」兩條路線有效地結合起來,相互驗證、互通有無,使得自上而下法計量的經濟資本總量與自下而上法測度出來的經濟資本加總值,保持相對平衡,同時保持兩種方法在風險偏好、資產配置目標選擇以及股東價值最大化要求的一致性。

(三)完善資本金補充機制,優化資本結構

如前面章節所述,投資銀行將經濟資本用於資本結構優化,還依賴於其是否有相應的綜合運用各種資本補充方式的能力,並盡可能以最低的成本獲取經濟資本配置所需要的資本。這關係到公司整體風險是否可控這一重大問題。顯

然，僅僅依靠自身的盈余累積是無法實現資本結構的動態優化與管理的，投資銀行需要建立多元化的資本動態補充機制。這又包括兩個主要方面的內容：①通過建立多元化的融資渠道，擴大自由的資本渠道；②優化權益資本結構，降低股權資本的成本。具體包括：①持續進行資本的適時補充，增強資本實力；②建立資本組合的機制，降低融資成本，實現資本結構合理化；③在業務優化、資產配置過程中，積極改善與投資者的關係，降低資本成本需求空間；④優化資產的配置結構，減輕業務尤其是資金占用型業務對資本的壓力。

（四）加強與權益資本的綜合應用，優化資產配置

經濟資本是一種「虛擬」資本。但在利用經濟資本進行資產配置時，經濟資本卻實實在在地引起資金在業務部門之間的流動，而這勢必與權益資本等財務會計相互協調。兩者的結果可以互相引用，經濟資本度量值可以成為財務評價分析的依據，而財務會計的準確計量也為經濟資本度量提供了基礎數據保障，經濟資本的應用水平也將會越高。比如：投資銀行通過與經濟資本的結合，可以加強內部資金轉移計價，即建立一個公平的內部資金轉移價格計算（FTP）系統，實現投資銀行內部業務部門和總公司司庫之間的資金交換（如經濟資本占用較大但實際上不占用資本金的經紀業務），資金轉移定價的應用將正確衡量這些業務活動的真正成本、利潤，使各業務部門認識到其承擔風險是有「隱性」成本的。

（五）建立基於經濟資本的績效考核機制

經濟資本配置只有真正深入到投資銀行全體員工的日常業務活動中，引導各個業務部門自覺地按照經濟資本配置方案調整資產結構，才可能達到預期的目標。顯然，這就需要建立一套與經濟資本配置相適應的績效考核制度。RA-ROC提供了這樣的激勵與約束機制，將承擔非預期損失作為成本進入對部門、員工的績效考核中，減少內部代理問題，減少道德風險。基於經濟資本的績效考核方式，有利於全體員工統一風險理念，為經濟資本配置的實施提供保障，同時也提高了投資銀行經濟資本配置效率。

三、提高對沖模型的有效性

投資銀行在進行業務對沖和市場對沖時，關鍵是在現有約束條件下選擇對沖模型。投資銀行需要從可操作、科學性、數據可獲得性等多方面考慮，降低模型風險。

（一）避免模型太複雜，對應用環境要求過高，影響對風險管理的反應速度

在對沖模型中，相關模型主要解決三個問題：理解風險（知道需要管理什麼問題）、發現問題（風險到底有多大）、解決問題（各個業務、資產之間如何對沖風險）。對沖模型有效的前提是發現問題，太過謹慎會貽誤時間。中國投資銀行在建模時，可以先構建一個簡單的對沖模型，看看結果是否合理，再對業務和資產結構進行微調，測試解決方案的有效性。

（二）需要考慮宏觀風險因素

對沖尤其是業務對沖是需要從公司總體層面考慮的，而不是某一產品的水平。因此，對沖模型，尤其是業務對沖所採用的模型，需要從整體、全局出發。過分追求模型對各種因素的完美考慮，可能會導致模型過於複雜而難以維護，或者度量、配置的調整成本過高，模型開發週期長等。因此，在實際應用中，投資銀行可能需要根據宏觀環境，由風險高管或業務部門經理，根據歷史經驗、對業務的理解，動態篩選、調整關鍵變量。

（三）客觀對待不合理的假設

複雜模型和簡單模型，有時在於前提假設的不同。追求複雜模型，可能往往假設會比簡單模型更加接近現實，但因而也帶上前述的不及時、成本高等問題。因此，經濟資本管理者必須在這之間做出權衡。一般來說，對於不太重要的假設條件可以放寬進入，而且只要假設條件在不同時期、同一時期不同業務或資產上保持了一致性，這種結論仍可有可比性，同樣也具有一定決策參考價值。

（四）避免對模型的過度依賴

模型往往包含了置信水平（管理者偏好影響）、前提假設等主觀因素，不可避免其中可能存在錯誤。因此，投資銀行要經常進行業務結構和資產結構的返回檢測，以此不斷優化模型。同時，定量分析固然重要，但是在進行定量建模之前，投資銀行仍有必要做一些定性的調查與分析，使得定量模型與經驗性的判斷相輔相成。

四、逐步建立基於大數據的內部控制機制

前面關於投資銀行內部控制的理論研究中，我們認為內部會計控制是投資銀行內部控制的重要內容，並建議投資銀行借助於動態財務分析方法強化內部會計控制建設，而大數據時代的到來則為之提供了可能。

大數據與信息技術的融合，促使互聯網金融的興起，正改變包括證券公司在內的傳統金融機構的營運模式。對證券公司來說，如何借助於大數據技術進行更加科學的經營管理，從而促進自身健康發展就變得尤為重要。顯然，基於大數據的動態財務分析法需要投資銀行在以下幾個方面提前謀劃：①重視大數據對行業和自身風控的影響，佈局新的內控架構；②建立大數據數據庫及其應用平臺，包括動態財務信息數據庫和財務預警系統；③注重既懂大數據技術、又懂經營和管理的金融人才隊伍建設。最終，投資銀行通過借助於大數據技術，建立起高效的內部控制機制並不斷創新業務，以應對公司內外、行業內外的激烈競爭。

參考文獻

1. AKHIGBE A, MADURA J. Bank acquisitions of security firms: the early evidence [J]. Applied Financial Economics, 2004, 14 (7).

2. ALEXANDER C. Bayesian methods for measuring operational risk [J]. Discussion Papers in Finance, 2000 (2).

3. ALEXANDER C. Operational risk: regulation, analysis and management [M]. Pearson Education, 2003.

4. ARTZNER P, DELBAEN F, EBER J M. Da vid Heath [J]. Thinking coherently, 1999 (11).

5. AUE F, KALKBRENER M. LDA at work: Deutsche Bank's approach to quantifying operational risk [J]. Journal of Operational Risk, 2006, 1 (4).

6. BALKEMA A A, DE HAAN L. Residual life time at great age [J]. The Annals of probability, 1974.

7. Basel Committee On Banking Supervision. Framework for the Evaluation of Internal Control Systems [S]. 1998.

8. Basel Committee On Banking Supervision. International Convergence of Capital Measurement and Capital Standards: A Revised Framework [S]. 2004.

9. Basel Committee On Banking Supervision. Basel Ⅱ: International convergence of capital measurement and capital standards: A revised framework [S]. 2006.

10. Basel Committee On Banking Supervision. Basel Ⅲ: A global regulatory framework for more resilient banks and banking systems [S]. 2011.

11. Basel Committee On Banking Supervision. Consultative document: operational risk-supervisory guidelines for the advanced measurement approaches [S]. 2010.

12. BEKIROS S D, GEORGOUTSOS D A. Estimation of Value-at-Risk by extreme value and conventional methods: a comparative evaluation of their predictive performance [J]. Journal of International Financial Markets, Institutions and Money, 2005, 15 (3).

13. BELMONT D P. Value Added Risk Management in Financial Institutions: Leveraging Basel Ⅱ & Risk Adjusted Performance Measurement [M]. Wiley, 2004.

14. BLACK F, SCHOLES M. The pricing of options and corporate liabilities

[J]. The journal of political economy, 1973.

15. BOHN J, CROSBIE P. Modeling default risk [J]. KMV Corporation, 2003.

16. BRAZAUSKAS V, SERFLING R. Robust and efficient estimation of the tail index of a single-parameter Pareto distribution [J]. North American Actuarial Journal, 2000, 4 (4).

17. BROOKS C, CLARE A D, DALLE MOLLE J W, et al. A comparison of extreme value theory approaches for determining value at risk [J]. Journal of Empirical Finance, 2005, 12 (2).

18. BRUNNERMEIER M K. Deciphering the liquidity and credit crunch 2007-08 [R]. National Bureau of Economic Research, 2008.

19. BUCH A, DORFLEITNER G. Coherent risk measures, coherent capital allocations and the gradient allocation principle [J]. Insurance: Mathematics and Economics, 2008, 42 (1).

20. Bühlmann H. Experience rating and probability [J]. Astin Bulletin, 1967 (37).

21. BYSTRöM H N E. Managing extreme risks in tranquil and volatile markets using conditional extreme value theory [J]. International Review of Financial Analysis, 2004, 13 (2).

22. Cagen P. External Data: Reaching for the Truth [J]. Algorithmics Incorporated, 2005 (11).

23. CARRILLO-MENéNDEZ S, SUáREZ A. Robust quantification of the exposure to operational risk: Bringing economic sense to economic capital [J]. Computers & Operations Research, 2012, 39 (4).

24. Casualty Actuarial Society Enterprise Risk Management Committee. Overview of enterprise risk management [J]. Fairfax, VA: Casualty Actuarial Society, 2003.

25. CHAPELLE A, CRAMA Y, HUBNER G, et al. Measuring and managing operational risk in the financial sector: an integrated framework [J]. Available at SSRN 675186, 2005.

26. CHAVEZ-DEMOULIN V, EMBRECHTS P, NEšLEHOVá J. Quantitative models for operational risk: extremes, dependence and aggregation [J]. Journal of Banking & Finance, 2006, 30 (10).

27. CHIB S, NARDARI F, SHEPHARD N. Markov chain Monte Carlo methods for stochastic volatility models [J]. Journal of Econometrics, 2002, 108 (2).

28. CROUHY M, TURNBULL S M, WAKEMAN L M. Measuring risk-adjusted performance [J]. Journal of Risk, 1999.

29. CRUZ M, COLEMAN R, SALKIN G. Modeling and measuring operational risk [J]. Journal of Risk, 1998, 1 (1).

30. Denault M. Coherent allocation of risk capital [J]. Journal of risk, 2001 (4).

31. DEFONTNOUVELLE P, DEJESUS-RUEFF V, JORDAN J S, et al. Capital and risk: new evidence on implications of large operational losses [J]. Journal of Money, Credit and Banking, 2006.

32. DEFONTNOUVELLE P, ROSENGREN E, JORDAN J. Implications of alternative operational risk modeling techniques [M] //The Risks of Financial Institutions. University of Chicago Press, 2007.

33. DEFONTNOUVELLE P, JESUS-RUEFF D, JORDAN J S, et al. Using loss data to quantify operational risk [J]. Available at SSRN 395083, 2003.

34. DEGEN M, EMBRECHTS P, LAMBRIGGER D D. The quantitative modeling of operational risk: between g-and-h and EVT [J]. Astin Bulletin, 2007, 37 (2).

35. DHAENE J, HENRARD L, LANDSMAN Z, et al. Some results on the CTE-based capital allocation rule [J]. Insurance: Mathematics and Economics, 2008, 42 (2).

36. DI CLEMENTE A, ROMANO C. A copula-extreme value theory approach for modeling operational risk [J]. Operational RiskModelling and Analysis, 2004.

37. DIMSON E, MARSH P. Capital requirements for securities firms [J]. The Journal of Finance, 1995, 50 (3).

38. DODD E L. The greatest and the leastvariate under general laws of error [J]. Transactions of the American Mathematical Society, 1923, 25 (4).

39. DUNCAN WILSON. VaR in operation [J]. Risk, 1995 (12).

40. ELIZALDE A, REPULLO R. Economic and regulatory capital in banking: what is the difference? [J]. International Journal of Central Banking, 2007, 3 (3).

41. EMBRECHTS P, FURRER H, KAUFMANN R. Quantifying regulatory capital for operational risk [J]. Derivatives Use, Trading & Regulation, 2003, 9 (3).

42. ENRIQUE JOSE. Economic capital for operational risk applying the loss distribution approach [J]. Financial Services Authority, 2002 (7).

43. FRACHOT A, GEORGES P, RONCALLI T. Loss distribution approach for operational risk [J]. Available at SSRN 1032523, 2001.

44. FRACHOT A, RONCALLI T. Mixing internal and external data for managing operational risk [J]. Available at SSRN 1032525, 2002.

45. FROOT K A, STEIN J C. Risk management, capital budgeting, and capital structure policy for financial institutions: an integrated approach [J]. Journal of Financial Economics, 1998, 47 (1).

46. GEISST C R. Investment banking in the financial system [M]. Prentice Hall, 1995.

47. MATTEN C. Managing bank capital: capital allocation and performance measurement [M]. Wiley, 1996.

48. HARRIS R. Emerging practices in operational risk management [J]. Federal ReserveBank of Chicago, Haziran, 2002.

49. HAUBENSTOCK M, HARDIN L. The loss distribution approach [J]. Operational risk: regulation, analysis and management, Prentice Hall-Financial Times, 2003.

50. HENDRICKS D. Evaluation of value-at-risk models using historical data (digest summary) [J]. Economic Policy Review Federal Reserve Bank of New York, 1996, 2 (1).

51. HERRING R J, SCHUERMANN T. Capital regulation for position risk in banks, securities firms and insurance companies [J]. 2003.

52. HJORT N L. Minimum L2 and robust Kullback-Leibler estimation [C] // Proceedings of the 12th Prague Conference, 1994.

53. HUBNER G, PETERS J P, PLUNUS S. Measuring operational risk in financial institutions: Contribution of credit risk modeling [J]. Available at SSRN 687683, 2005.

54. HULL J. Risk Management and FinancialInstitutions [M]. John Wiley & Sons, 2012.

55. ILLARIONOV A. The Roots of the Economic Crisis [J]. Journal of Democracy, 1999, 10 (2).

56. IOSCOTeehnical Committee. Capital Requirements for Multinational Securities firms [S]. 1990.

57. IOSCO. Capital Adequacy Standards for Securities Firms [S]. 1989.

58. J JACKSON P, MAUDE D, PERRAUDIN W. Bank capital and value at risk [J]. Journal of Derivatives, 1998 (3).

59. JAMES C M. RAROC based capital budgeting and performance evaluation: a case study of bank capital allocation [J]. 1996.

60. JORION P. Value at risk: the new benchmark for managing financial risk [M]. New York: McGraw-Hill, 2007.

61. JORION P. Risk2: Measuring the risk in value at risk [J]. Financial Analysts Journal, 1996, 52 (6).

62. KALKBRENER M. An axiomatic approach to capital allocation [J]. Mathematical Finance, 2005, 15 (3).

63. KAREKEN J H, WALLACE N. Deposit insurance and bank regulation: A partial-equilibrium exposition [J]. Journal of Business, 1978.

64. KAAS R, GOOVAERTS M, DHAENE J, et al. Modern actuarial risk theory: using R [M]. Springer Science & Business Media, 2008.

65. KüHN R, NEU P. Functional correlation approach to operational risk in banking organizations [J]. Physica A: Statistical Mechanics and its Applications, 2003 (322).

66. LAEVEN R J A, GOOVAERTS M J. An optimization approach to the dynamic allocation of economic capital [J]. Insurance: Mathematics and Economics, 2004, 35 (2).

67. LAMBRIGGER D D, SHEVCHENKO P V, WUTHRICH M V. The quantification of operational risk using internal data, relevant external data and expert opinion [J]. The Journal of Operational Risk, 2007, 2 (3).

68. LANDSMAN Z M, VALDEZ E A. Tail conditional expectations for elliptical distributions [J]. North American Actuarial Journal, 2003, 7 (4).

69. LOEBNITZ K, ROORDA B. Liquidity Risk Meets Economic Capital and RAROC [J]. Available at SSRN 1853233, 2011.

70. MCNEIL A J. Extreme value theory for risk managers [J]. Departement Mathematik ETH Zentrum, 1999.

71. MANGANELLI S, ENGLE R F. Value at risk models in finance [M]. Frankfurt am Main: European Central Bank, 2001.

72. MARVIN S G. Capital allocation: a study of current and evolving practices in selected banks [M]. Office of the Comptroller of the Currency, 1996.

73. MERTON R C. On the pricing of corporate debt: The risk structure of interest rates [J]. The Journal of finance, 1974, 29 (2).

74. MEDOVA E A, KYRIACOU M N. Extremes in operational risk management [M]. Cambridge University Press, 2001.

75. MEDOVA E. Measuring risk by extreme values [J]. Risk, 2000, 13 (11).

76. MERTON R, PEROLD A. Theory of risk capital in financial firms [J]. Journal of Applied Corporate Finance, 1993, 6 (3).

77. METROPOLIS N, ROSENBLUTH A W, ROSENBLUTH M N, et al. Equation of state calculations by fast computing machines [J]. The journal of chemical physics, 1953, 21 (6).

78. MIGNOLA G, UGOCCIONI R. Tests of extreme value theory [J]. Operational Risk, 2005, 6 (10).

79. MOSCADELLI M. The modelling of operational risk: experience with the analysis of the data collected by the Basel Committee [J]. Available at SSRN 557214, 2004.

80. MYERS S C, READJR J A. Capital allocation for insurance companies [J]. Journal of Risk and Insurance, 2001.

81. NEIL M, FENTON N, TAILOR M. Using Bayesian networks to model ex-

pected and unexpected operational losses [J]. Risk Analysis, 2005, 25 (4).

82. NETTER J M, POULSEN A. Operational risk in financial service providers and the proposed Basel capital accord: an overview [J]. Advances in Financial Economics, 2003, 8 (8).

83. ONG, MICHAEL K. Internal credit risk models: Capital allocation and performance measurement [M]. Risk publications, 1999.

84. PECCIA A. Using operational risk models to manage operational risk [J]. Operational Risk: Regulation, Analysis and Management, 2003.

85. PETERS G W, SISSON S A. Bayesian inference, Monte Carlo sampling and operational risk [J]. Journal of Operational Risk, 2006, 1 (3).

86. PEZIER J. A constructive review of Basel's proposals on operational risk [R]. Henley Business School, Reading University, 2002.

87. PICKANDS III J. Statistical inference using extreme order statistics [J]. the Annals of Statistics, 1975.

88. RACHEV S T, KHINDANOVA I N, ATHANASOPOULOS B D. Regulation and Risk Management in the Greek Financial Markets [J]. Modeling and Control of Economic Systems 2001, 2003.

89. RESNICK S, STăRICă C. Smoothing the Hill estimator [J]. Advances in Applied Probability, 1997.

90. SCHLAIFER R, RAIFFA H. Applied statistical decision theory [J]. 1961.

91. SCHROECK G. Risk management and value creation in financial institutions [M]. John Wiley & Sons, 2002.

92. SHRIEVES R E, DAHL D. The relationship between risk and capital in commercial banks [J]. Journal of Banking & Finance, 1992, 16 (2).

93. SHEVCHENKO P V, WUTHRICH M V. The structural modelling of operational risk via Bayesian inference: Combining loss data with expert opinions [J]. The Journal of Operational Risk, 2006, 1 (3).

94. SHIH J, SAMAD-KHAN A, MEDAPA P. Is the size of an operational loss related to firm size [J]. Operational Risk, 2000, 2 (1).

95. TANG A, VALDEZ E A. Economic capital and the aggregation of risks using copulas [J]. Available at SSRN 1347675, 2009.

96. TERRELL G R. Linear density estimates [M]. Department of Statistics, Virginia Polytechnic Institute and State University, 1990.

97. The Technical Committee Of The International Organization Of Securities Commissions. Risk Management and Control Guidance for Securities Firms and Their Supervisors [S]. 1998.

98. VANINI P, LEIPPOLD M, DOEBELI B. From operational risk to operational excellence [J]. Available at SSRN 413720, 2003.

99. WHIDBEE D A, WOHAR M. Derivative activities and managerial incentives in the banking industry [J]. Journal of Corporate Finance, 1999, 5 (3).

100. YASUDA Y. Application of Bayesian inference to operational risk management [D]. University of Tsukuba, 2003.

101. ZAIK E, WALTER J, RETTING G, et al. RAROC at Bank of America: from theory to practice [J]. Journal of applied corporate finance, 1996, 9 (2).

102. 安起雷, 李秦魯, 張大進. 從中國證券公司風險處置看金融監管的制度選擇 [J]. 南方金融, 2009 (10).

103. 巴曙松, 王勁松, 劉家鵬, 等. 金融機構風險處置的理論模型研究 [J]. 宏觀經濟研究, 2012 (6).

104. 白文娟. 基於內部控制的中國商業銀行操作風險管理研究 [D]. 蘭州: 蘭州理工大學, 2009.

105. 財政部. 金融企業準備金計提管理辦法 [J]. 2012.

106. 蔡真, 袁增霆. 投資銀行與全能型銀行在金融危機中的殊途命運 [J]. 中國金融, 2009 (1).

107. 陳迪紅, 林曉亮. 中國財險公司產品業務線經濟資本配置的實證分析 [J]. 財經理論與實踐, 2008, 29 (6).

108. 陳迪紅, 張霞. 財產保險公司經濟資本配置中獎懲系統的構建 [J]. 保險研究, 2010 (11).

109. 陳戈. 壽險公司經濟資本問題研究 [M]. 北京: 中國商業出版社, 2009.

110. 陳林奮, 王德全. 基於 GARCH 模型及 VaR 方法的證券市場風險度量研究 [J]. 工業技術經濟, 2009 (11).

111. 陳燕玲. 金融風險管理的演進: 動因、影響及啟示 [J]. 中央財經大學學報, 2006 (7).

112. 陳雲賢, 孫維成, 王烜. 證券業資本監管研究 [M]. 北京: 中國金融出版社, 2011.

113. 陳兆松. 中國證券公司股權結構與公司治理效率研究 [D]. 成都: 西南財經大學, 2008.

114. 陳崢嶸. 證券公司經營模式和監管政策的「順週期效應」分析 [J]. 中國科技投資, 2011 (2).

115. 陳志國. 傳統風險管理理論與現代風險管理理論之比較研究 [J]. 保險職業學院學報, 2007, 21 (6).

116. 陳忠陽. 內部控制、對沖和經濟資本配置——金融機構風險管理現代機制的整體框架 [J]. 國際金融研究, 2007 (6).

117. 陳忠陽. 金融機構現代風險管理基本框架 [M]. 北京: 中國金融出版社, 2006.

118. 貝爾蒙特, 洪凱, 李華罡, 等. 金融機構的增值風險管理: 充分利用

《巴塞爾協議 II》以及風險調整績效測評方法［M］.北京：中國人民大學出版社，2009.

119. 鄧淑斌.中美證券公司的資本配置效率比較及啟示［J］.證券市場導報，2005（1）.

120. 段國聖.資本約束下的保險公司最優資產配置：模型及路徑［J］.財貿經濟，2012（8）.

121. 樊欣，楊曉光.中國商業銀行業操作風險狀況［J］.管理評論，2003，15（11）.

122. 樊欣，楊曉光.操作風險度量：國內兩家股份制商業銀行的實證分析［J］.系統工程，2004，22（5）.

123. 樊欣，楊曉光.中國銀行業操作風險的蒙特卡羅模擬估計［J］.系統工程理論與實踐，2005，5（5）.

124. 方秀麗.投資銀行國際比較研究［D］.廈門：廈門大學，2003.

125. 馮麗萍.期權的定價方法概述及利用 matlab 計算期權價格［J］.科技與生活，2010（17）.

126. 蓋曉偉，張國明，李仲聘.金融控股公司經濟資本配置及其績效考核初探［J］.海南金融，2012（5）.

127. 高麗君，李建平，徐偉宣，等.基於 HKKP 估計的商業銀行操作風險估計［J］.系統工程，2006，24（6）.

128. 高麗君，李建平，徐偉宣，等.基於 POT 方法的商業銀行操作風險極端值估計［J］.運籌與管理，2007，16（1）.

129. 高順芝，楊志鵬.基於 RAROC 的商業銀行經濟資本配置方法［J］.長春工業大學學報：自然科學版，2010，31（5）.

130. 葛兆強.資本約束、風險管理與商業銀行成長［J］.金融論壇，2006，11（2）.

131. 龔澄.中國商業銀行全面資本管理研究［D］.西安：西北大學，2008.

132. 谷秀娟.金融風險管理：理論與技術的變遷和發展［J］.經濟經緯，2007（1）.

133. 郭思培.金融風險測度分析［D］.武漢：華中師範大學，2003.

134. 郭祥.基於監管視角的金融機構經濟資本管理研究［J］.農村金融研究，2011（11）.

135. 韓世君.美國投資銀行業危機的深層原因剖析與借鑑［J］.財貿經濟，2010（5）.

136. 韓鎮.經濟資本配置的一致性方法——τ 值法［J］.北京理工大學學報：社會科學版，2009（4）.

137. 黃世平.商業銀行資本結構動態優化模型研究［D］.大連：大連理工大學，2010.

138. 黃素，林曉亮.財險公司經濟資本配置模型的構建與實證分析［J］.

浙江金融，2008（4）.

139. 黃曉坤.證券公司風險預警系統研究［D］.廣州：華南理工大學，2009.

140. 蔣海，王麗琴.金融危機對資本充足率監管與銀行風險承擔激勵的影響：基於中國上市銀行的實證比較［J］.產經評論，2011（4）.

141. 交通銀行管理培訓生南京課題組.商業銀行經濟資本計量與分配研究［J］.新金融，2008（3）.

142. 雷兆春，雷寧，關虹.中國證券公司收入結構特點與發展策略［J］.中南民族大學學報：自然科學版，2008（3）.

143. 李博，徐樅巍.基於TailVaR的中國商業銀行經濟資本度量研究［J］.合肥工業大學學報：社會科學版，2009，23（6）.

144. 李進安.證券公司風險管理研究［D］.南京：南京農業大學，2005.

145. 李明亮，倪玉娟，陳久紅.強化投資銀行資源配置功能［N］.中國證券報，2013-01-11（A04）.

146. 陸靜，唐小我.基於貝葉斯網路的操作風險預警機制研究［J］.管理工程學報，2008（4）.

147. 陸靜，王捷.基於貝葉斯網路的商業銀行全面風險預警系統［J］.系統工程理論與實踐，2012，32（2）.

148. 陸靜.基於分塊極大值模型的商業銀行操作風險計量研究［J］.管理工程學報，2012，26（3）.

149. 陸靜，郭蕾.商業銀行操作風險計量研究——基於極值理論和信度因子模型［J］.山西財經大學學報，2012（9）.

150. 李紅豔.上市銀行操作風險研究［D］.成都：西南財經大學，2008.

151. 李廷昆.中國商業銀行操作風險管理研究［D］.天津：天津財經大學，2008.

152. 李治宇.商業銀行操作風險監控系統的研究及應用［D］.北京：北京郵電大學，2009.

153. 李興波，聶元飛，沈巍偉.商業銀行操作風險評估——基於極值（EVT）理論［J］.經濟研究導刊，2009（34）.

154. 李秀芳，王麗珍.基於多目標規劃的保險公司資本管理［J］.南開經濟研究，2011（6）.

155. 李宇嘉，陸軍.貸款損失準備金與資本充足率監管——來自日本銀行業的實證分析［J］.國際金融研究，2008（5）.

156. 梁雷.基於內部控制評價的商業銀行經濟資本管理研究［D］.青島：中國海洋大學，2012.

157. 廖繼全.銀行經濟資本管理［M］.北京：企業管理出版社，2008.

158. 劉超，孟濤.證券監管的策略因應：自順週期與逆週期生發［J］.改革，2010（7）.

參考文獻 | 217

159. 劉春. 商業銀行經濟資本：理論解釋與中國實踐 [M]. 北京：中國社會科學出版社, 2011.

160. 柳淑麗. 中國證券公司資本充足性問題研究 [D]. 上海：華東師範大學, 2005.

161. 盧青. 美國投資銀行誠信義務研究 [D]. 武漢：武漢大學, 2012.

162. 羅正英, 陳莉. 證券監管者雙引擎激勵與監管效率 [J]. 財貿經濟, 2008 (2).

163. 馬世兵. 中國證券公司經紀業務創新及其風險管理研究 [D]. 長春：吉林大學, 2005.

164. 潘峰. 美國投資銀行買方業務轉型失敗案例教訓與啟示 [J]. 中國證券, 2012 (11).

165. 潘永, 曾憲友, 寧莉. 基於業務視角的美國投資銀行危機形成機制研究 [J]. 區域金融研究, 2009 (9).

166. 彭建剛, 吳思, 張麗寒. 國外兩種商業銀行經濟資本計量方法的比較分析 [J]. 上海金融, 2008 (7).

167. 彭建剛, 周行健. 經濟資本研究新進展 [J]. 經濟學動態, 2008 (9).

168. 彭建剛, 等. 商業銀行經濟資本管理研究 [M]. 北京：中國金融出版社, 2011.

169. 彭興韻, 吳潔. 從次貸危機到全球金融危機的演變與擴散 [J]. 經濟學動態, 2009, 2 (2).

170. 齊靠民. 證券公司風險控制與價值創造 [D]. 大連：東北財經大學, 2009.

171. 錢曉涵, 屈紅燕, 浦泓毅, 等. 券商「槓桿化」經營直面三大挑戰 [N]. 證券市場報, 2012-04-20 (A08).

172. 任浩, 祝玉斌. 中國券商收入結構逆向演化：動因及調整——從中外證券公司財務報表統計比較看中國券商發展 [J]. 統計研究, 2006 (8).

173. 任允文. 證券公司風險管理趨勢研究 [J]. 中國證券, 2011 (12).

174. 邵雪焱, 祁明亮, 徐飛. 多風險控制目標下的資產配置模型 [J]. 系統工程, 2012 (3).

175. 石治平. 硬化資本約束——對中國逆週期資本監管的幾點思考 [J]. 中國農村金融, 2011 (9).

176. 時辰宙. 次貸危機成因的深層次剖析——基於投資銀行公司治理的視角 [J]. 華北金融, 2009 (2).

177. 史明坤. 分類監管下中國證券公司風險監控研究 [D]. 廣州：暨南大學, 2009.

178. 史水齊. EVA 和 EC 在證券公司應用的啟示 [J]. 財務與會計, 2008 (11).

179. 史水齊. 證券公司經濟資本配置淺析 [J]. 中國科技財富, 2008

（10）.

180. 史水齊. 證券公司最優資本配置的探析 [J]. 上海企業, 2008（10）.

181. 宋坤, 陳野華. 基於變點理論的 POT 模型閾值確定方法——對操作風險經濟資本的度量 [J]. 統計與信息論壇, 2011, 26（7）.

182. 宋坤, 劉天倫. 小樣本下貝葉斯參數估計法對操作風險的度量 [J]. 統計與信息論壇, 2012, 27（8）.

183. 宋清華, 余雪飛. 巴塞爾協議 Ⅲ: 現實與初衷的距離 [J]. 武漢金融, 2013（2）.

184. 宋偉杰. 開放經濟條件下中國證券公司規範發展三大核心問題研究 [D]. 長沙: 湖南大學, 2006.

185. 宋雅楠, 趙雪燕, 沈文君. 投資銀行發展模式的國際比較及中國的選擇 [J]. 浙江金融, 2009（12）.

186. 宋永明. 監管資本套利和國際金融危機——對 2007—2009 年國際金融危機成因的分析 [J]. 金融研究, 2009（12）.

187. 孫杰. 資本結構、治理結構和代理成本: 理論、經驗和啟示 [M]. 北京: 社會科學文獻出版社, 2006.

188. 孫立娟. 風險定量分析 [M]. 北京: 北京大學出版社, 2011.

189. 孫明明. 中國證券公司風險處置模式選擇的理論分析 [J]. 世界經濟情況, 2008（1）.

190. 孫清. 基於風險調整的資本配置理論評述 [J]. 經濟學動態, 2009（10）.

191. 孫婷, 何宗炎. 尋找中國證券行業的本源 [J]. 金融博覽: 財富, 2012（6）.

192. 索彥峰, 劉曉輝, 於波. 資本約束、宏觀調控與商業銀行戰略轉型 [J]. 廣東金融學院學報, 2008（5）.

193. 譚元戎, 趙自強. 中國證券公司資本結構與績效關係的實證研究 [J]. 經濟問題探索, 2005（10）.

194. 唐國正, 劉力. 公司資本結構理論——回顧與展望 [J]. 管理世界, 2006（5）.

195. 田玲, 張岳. 基於 GARCH 模型的中國保險公司經濟資本度量 [J]. 保險研究, 2010（3）.

196. 王家華, 孫清. 資產風險結構, 經濟資本動態配置與銀行價值最大化 [J]. 經濟學動態, 2011（7）.

197. 王炯. 商業銀行經濟資本配置: 思路與模型構建 [J]. 經濟經緯, 2009（2）.

198. 王麗珍, 李秀芳. 基於多目標規劃的產險公司資本管理與資產配置 [J]. 中央財經大學學報, 2012（1）.

199. 王勝邦. 商業銀行資本結構: 存在一個具體的比例嗎 [J]. 財經科學,

2006 (3).

200. 王淑華.基於風險理論的資本結構決策模型研究 [J].東北財經大學學報,2008 (5).

201. 王穩,郭祥.基於 TailVaR 的中國保險公司經濟資本度量研究 [J].中國軟科學,2012 (5).

202. 王秀國,謝幽篁.基於 CVaR 和 GARCH (1, 1) 的擴展 KMV 模型 [J].系統工程,2012 (12).

203. 王敏華.中國證券公司生存危機研究 [D].上海:復旦大學,2006.

204. 魏燦秋.資本配置:商業銀行風險管理的核心 [J].財經科學,2004 (3).

205. 魏迎寧,陳戈.論保險公司經濟資本 [J].保險研究,2008 (5).

206. 巫和懋.全球金融風暴對金融監管體制之衝擊 [D].北京:北京大學國家發展研究院工作論文,2009.

207. 吳棟,周建平.資本要求和商業銀行行為:中國大中型商業銀行的實證分析 [J].金融研究,2006 (8).

208. 吳清,張洪水,周小全,等.美國投資銀行經營失敗案例研究 [M].北京:中國財政經濟出版社,2010.

209. 吳世農,陳斌.風險度量方法與金融資產配置模型的理論和實證研究 [J].經濟研究.1999 (9).

210. 吳曉求.經濟成長、金融結構變革與證券公司的未來發展 [J].財貿經濟,2012 (3).

211. 吳正光.金融風險順週期效應的實證研究 [J].金融理論與實踐,2009 (9).

212. 武劍.論商業銀行經濟資本的配置與管理 [J].新金融,2004 (4).

213. 武劍.經濟資本配置與操作風險管理 [J].海南金融,2007 (3).

214. 武劍.經濟資本管理:理論分析及中國實踐 [J].南方金融,2008 (5).

215. 武劍.商業銀行經濟資本配置——理論模型與案例研究 [J].國際金融研究,2009 (5).

216. 武劍.商業銀行經濟資本配置與管理:全面風險管理之核心工具 [M].北京:中國金融出版社,2009.

217. 武亦文.KMV 模型中資產收益波動率的確定 [J].西南科技大學學報:哲學社會科學版,2008,25 (3).

218. 奚勝田.風險預算在證券公司資本充足性管理中的應用 [D].天津:天津大學,2007.

219. 奚勝田,詹原瑞.基於風險預算的證券公司資本充足性管理 [J].經濟導刊,2008 (1).

220. 項歌德,羅翔.國內券商買方業務戰略性資產配置策略研究 [J].海

南金融，2013（12）.

221. 肖崎.商業銀行監管資本套利與資本有效配置［J］.新金融，2006（4）.

222. 肖新華.證券公司自營業務風險管理研究［D］.長沙：中南大學，2010.

223. 謝建林.VaR約束下的銀行經濟資本配置優化研究［J］.金融經濟：上半月，2007（8）.

224. 謝樂斌.制度變遷中的中國證券公司風險行為研究［D］.上海：華東師範大學，2010.

225. 熊兆實.金融危機中投資銀行風險管理問題研究［J］.中國證券期貨，2012（11）.

226. 徐濟東，葉春明，夏夢雨.含風險價值約束資產配置模型的分析與應用［J］.上海理工大學學報，2007，29（3）.

227. 徐菁.論證券公司資本衡量的監管［J］.證券市場導報，2001（10）.

228. 徐煒，黃炎龍.GARCH模型與VaR的度量研究［J］.數量經濟技術經濟研究，2008，25（1）.

229. 許悅.經濟資本的應用［D］.青島：中國海洋大學，2012.

230. 晏宗新.基於資本管理的銀行監管高度化分析［J］.上海金融，2007（8）.

231. 楊寶臣，劉錚.基於Black-Scholes模型的公司資本結構模型［J］.管理科學學報，1999，2（2）.

232. 楊繼光.商業銀行經濟資本測度方法及其應用研究［D］.上海：上海交通大學，2009.

233. 楊繼光，劉海龍.基於期權的商業銀行總體經濟資本測度研究［J］.中國管理科學，2008（S1）.

234. 楊繼光，劉海龍.商業銀行總體經濟資本測度方法比較研究［J］.上海管理科學，2009（5）.

235. 楊柳.基於逆週期監管RAROC在中國保險公司經濟資本配置中的運用［J］.保險職業學院學報，2013，26（2）.

236. 楊明亮.經濟資本、風險測度與保險公司的價值管理［J］.廣東金融學院學報，2009（6）.

237. 楊青，薛宇寧，蔣科.極端金融風險度量模型述評——基於一致性原理的VaR改進方法［J］.復旦學報：自然科學版，2009，48（6）.

238. 楊旭.保險企業集團經濟資本總合與分配的實證分析［J］.保險研究，2008（6）.

239. 葉青.中國證券公司最低資本金要求的確定［J］.統計研究，2002（5）.

240. 應展宇.功能視角下投資銀行組織模式變遷的回顧與前瞻［J］.國際

金融研究，2009（7）.

241. 於君，高建華. 商業銀行經濟資本管理研究進展：國外文獻綜述及啟示 [J]. 生產力研究，2011（11）.

242. 余為麗. 金融風險管理理論的演進 [J]. 管理觀察，2008（19）.

243. 約翰·赫爾. 風險管理與金融機構 [M]. 北京：機械工業出版社，2008.

244. 張國俊. 商業銀行經濟資本管理的進展與效應 [J]. 金融與經濟，2008（5）.

245. 張琴. 基於價值創造的保險公司全面風險管理研究 [D]. 天津：南開大學，2009.

246. 孫天琦，張觀華. 銀行資本、經濟週期和貨幣政策文獻綜述 [J]. 金融研究，2008（1）.

247. 曾忠生. 試論中國信託機構風險的協同管理 [J]. 南方金融，2006（3）.

248. 張怡. 證券公司自營績效評價與分類監管規則的有效性 [J]. 證券市場導報，2008（1）.

249. 張忠永，陳亮. 對中國商業銀行資本管理問題的分析及建議——兼論新巴塞爾協議實施中的準備問題 [J]. 生產力研究，2009（14）.

250. 張同健，張成虎. 國有商業銀行內部控制與操作風險控制研究 [J]. 山西財經大學學報，2008，30（6）.

251. 張燕. 巴塞爾新資本協議框架下中國銀行業操作風險度量研究 [D]. 長沙：湖南大學，2005.

252. 張文，張屹山. 應用極值理論度量商業銀行操作風險的實證研究 [J]. 南方金融，2007（2）.

253. 張宏毅，陸靜. 用信度理論解決操作風險頻度數據不足問題 [J]. 中南財經政法大學學報，2006（6）.

254. 張宏毅，陸靜. 運用損失分佈法的計量商業銀行操作風險 [J]. 系統工程學報，2008，23（4）.

255. 張旭. 中國商業銀行操作風險量化與資本金分配研究 [D]. 長春：吉林財經大學，2010.

256. 趙蕾，張慶洪. 操作風險整體評估方法：基於拓撲數據模型的影響圖 [J]. 系統工程理論與實踐，2010（9）.

257. 趙平. 中國商業銀行操作風險的影響因素及度量方法研究 [D]. 南昌：江西財經大學，2009.

258. 趙文慶. 商業銀行操作風險評價研究 [D]. 哈爾濱：哈爾濱工業大學，2010.

259. 趙宏宇. 風險框架下的證券投資基金資產配置研究 [D]. 成都：四川大學，2006.

260. 鎮榮理. 誰是「原罪」？——公允價值之爭 [J]. 財政監督, 2008 (22).

261. 周玲玲. 20 世紀 70 年代以來美國投資銀行變遷研究 [D]. 長春：吉林大學, 2011.

262. 周小敏. 基於 GARCH 模型的 CVaR 金融風險測度研究 [D]. 長沙：湖南大學, 2007.

263. 周小全. 美國金融監管改革和投資銀行發展趨勢分析 [J]. 金融理論與實踐, 2010 (11).

264. 朱建平. 中國保險業經濟資本管理的實證研究 [J]. 南京審計學院學報, 2009 (2).

265. 朱民. 改變未來的金融危機 [J]. 卓越理財, 2009 (6).

266. 祝瑞敏, 李長強. 中國證券公司淨資本監管效益實證分析 [J]. 商業時代, 2011 (32).

267. 祝玉斌. 中國綜合類證券公司業務結構動態形成研究 [M]. 北京：經濟科學出版社, 2007.

268. 茲維·博迪, 羅伯特 C 默頓, 戴維 L 克利頓, 等. 金融學 [M]. 2 版. 劉澄, 譯. 北京：中國人民大學出版社, 2010.

269. 鄒薇, 陳雲. 總分行制度下基於 Delta-EVT 模型的操作風險度量研究 [J]. 金融論壇, 2007, 12 (6).

270. 鄒音. 商業銀行信用風險經濟資本配置研究 [D]. 長沙：長沙理工大學, 2012.

271. 左和平, 朱懷鎮. 資本監管和證券公司自營行為研究：基於面板數據的實證檢驗 [J]. 管理工程學報, 2010 (2).

附錄一　上市投資銀行淨資本監管指標

附錄一表 1　　　上市投資銀行淨資本監管指標

	淨資本/各項風險資本準備之和	淨資本/淨資產	淨資本/負債	自營權益類證券及證券衍生品/淨資本	自營固定收益類證券/淨資本
			宏源證券		
2008.12	5.076,3	0.757,5	3.728,8	0.267,5	0.518
2009.06	5.117	0.777,5	1.939,2	0.264,4	0.511,1
2009.12	3.172,3	0.722,5	1.172,1	0.307	0.891,9
2010.06	2.871,1	0.695,7	2.457,3	0.292,9	0.803,1
2010.12	3.314,1	0.698	1.666,7	0.282,5	0.769,8
2011.06	2.699,8	0.673,4	1.341,2	0.453,8	0.945,6
2011.12	3.150,7	0.665,7	1.409,6	0.336,2	0.967,8
			國元證券		
2,008.12	6.021,1	0.709,3	4.910,4	0.008,3	0.394,6
2009.06	7.207,3	0.727,1	14.060,1	0.037,6	0.088,5
2009.12	13.190,3	0.849,9	26.649,8	0.078,5	0.055,6
2010.06	14.262,3	0.825,7	51.882,3	0.042,8	0.167,9
2010.12	11.624,1	0.791,7	22.913,1	0.130,9	0.248,8
2011.06	8.784,4	0.732	41.327,1	0.126,1	0.233,8
2011.12	10.252,5	0.706,9	30.906	0.126,1	0.274,3
			長江證券		
2,008.12	3.277,4	0.770,9	1.449,1	0.126,7	1.069,5
2009.06	3.303,8	0.771,6	1.870,9	0.316,4	0.847,4
2009.12	4.612,2	0.818,8	2.394,5	0.302,9	0.828,4

附錄一表1(續)

	淨資本/各項風險資本準備之和	淨資本/淨資產	淨資本/負債	自營權益類證券及證券衍生品/淨資本	自營固定收益類證券/淨資本
2010.06	4.189,7	0.757,3	2.408,6	0.208,9	0.942,3
2010.12	3.951,3	0.780,8	2.283,7	0.256	0.848,8
2011.06	4.293,3	0.795,3	1.842,1	0.292,9	0.804,3
2011.12	4.722,2	0.758	2.131,2	0.108,4	1.078,4
中信證券					
2,008.12	7.097,1	0.786,1	3.389,2	0.081	0.868,7
2009.06	9.259,7	0.714,8	2.983,9	0.243,2	0.445,5
2009.12	4.917,5	0.665,4	1.704,8	0.403,9	0.915,6
2010.06	4.561,9	0.652,8	3.647,3	0.510,6	0.794,4
2010.12	5.245,6	0.667,2	2.417,5	0.618,6	0.550,6
2011.06	4.014,6	0.660,3	1.964,2	0.640,4	0.541,6
2011.12	6.189,3	0.678,2	2.136,9	0.568,6	0.527,4
國金證券					
2,008.12	3.609,3	0.893	2.581,6	0.060,6	0.723,5
2009.06	9.109,4	0.918,2	6.483,8	0.005,2	0.111,6
2009.12	4.752	0.919,6	7.109	0.109,7	0.200,3
2010.06	3.525,7	0.922	8.711	0.051,7	0.155,2
2010.12	6.006,5	0.920,9	6.178,8	0.026,7	0.149,2
2011.06	6.611,8	0.912,9	5.200,8	0.027,9	0.253,1
2011.12	5.832,2	0.877,9	3.619,7	0.057,5	0.575
海通證券					
2,008.12	12.213,2	0.893,3	16.003,4	0.032	0.314,9
2009.06	11.738,2	0.888,7	7.486,3	0.134,7	0.194,7
2009.12	7.792,4	0.798,4	4.409,3	0.252,8	0.295,3
2010.06	7.153,7	0.778,4	6.902,4	0.243	0.288,1
2010.12	5.716,7	0.740,2	12.324,5	0.268,7	0.363,1

附錄一表1(續)

	淨資本/各項風險資本準備之和	淨資本/淨資產	淨資本/負債	自營權益類證券及證券衍生品/淨資本	自營固定收益類證券/淨資本
2011.06	4.979,5	0.743,2	3.497,8	0.369,7	0.423,5
2011.12	5.276,6	0.701,4	2.828,2	0.380,9	0.603,5
			太平洋		
2,008.12	4.744,1	0.869,8	2.791,5	0.513,2	0.041,6
2009.06	6.118,6	0.894,1	19.883,5	0.137,7	0.037,5
2009.12	4.203,1	0.854,1	2.572,4	0.397	0.355,9
2010.06	4.043	0.883,8	10.638,2	0.320,6	0.058,2
2010.12	5.082,6	0.906,8	1.965,1	0.104,6	0.221,2
2011.06	4.127,6	0.901,5	5.023,7	0.215	0.171
2011.12	4.241,9	0.903,4	1.708,5	0.060,2	0.517,8
			光大證券		
2,008.12	5.771,1	0.796	6.655	0.168,3	0.014,5
2009.06	5.796,9	0.794,2	3.689,6	0.348,5	0.193
2009.12	7.23	0.822,5	4.973,5	0.075,2	0.364,6
2010.06	8.870,1	0.802,4	3.765,6	0.080,1	0.145,9
2010.12	5.392,6	0.789,8	14.088,7	0.182,5	0.359,6
2011.06	3.999,6	0.713,7	3.810,5	0.438,4	0.471
2011.12	3.795,1	0.679	15.861,9	0.528,6	0.461,7

附錄二 基於經濟資本的資產配置數據

附錄二表 1　　　基於經濟資本的資產配置數據

序號	券商名稱	交易性/可供出售債券金融資產	ABC類型	年報記帳科目	2009 年年末公允價值	2009 年年末的減值準備余額
1	宏源證券	I	B	債券	2,176,346,126.00	—
			A	股票	130,900,870.00	—
			C	基金	1,051,230,605.30	—
			A	集合理財產品	11,157,102.97	—
			B	短期融資券	890,891,480.00	—
		II	A	權益工具	1,114,573,559.57	109,768,273.93
			C	基金	143,986,535.59	0
			—	其他	159,550,298.9	0
2	東北證券	I	A	股票	1,083,468,542.93	—
		II	A	股票	169,793,447.56	0
			C	基金	1,050,545,234.44	
			A	集合理財自有部分	18,919,349.07	
3	國元證券	I	A	股票	599,900,880.39	—
			C	基金	407,373,574.79	—
			衍生品	權證	15,130.00	—
			B	短期融資券	308,871,000.00	—
		II	A	股票	97,523,549.98	0
			C	基金	306,547,680.40	
			B	債券	101,090,000.00	
			A	黃山 1 號集合理財計劃	107,995,303.24	
			A	黃山 2 號集合理財計劃	48,428,637.75	

附錄二表1(續)

序號	券商名稱	交易性/可供出售債券金融資產	ABC類型	年報記帳科目	2009年年末公允價值	2009年年末的減值準備余額
4	長江證券	I	B	債券	4,258,437,146.56	—
			A	股票	1,905,834,772.60	—
			C	基金	1,353,848,982.41	—
			B	資產支持證券	20,095,108.60	—
		II	B	債券	642,035,834.50	—
			A	股票	133,186,625.35	26,600,451.72
			C	基金	10,575,000.00	—
			A	集合理財產品	96,205,674.09	—
5	中信證券	I	B	交易性債券投資	10,000,503,208.20	—
			A	交易性權益工具投資	948,902,270.14	—
			—	其他	937,751,699.19	—
		II	B	可供出售債券	26,140,669,559.53	415,319,514.67
			A	可供出售權益工具	16,470,154,307.64	
			—	其他	727,754,241.02	
6	國金證券	I	B	債券	0.00	—
			A	股票	88,180.00	—
			C	基金	557,242,350.00	—
		II	B	可供出售債券	52,203,380.15	0
			A	可供出售權益工具	129,049,554.79	
7	西南證券	I	B	交易性債券投資	212,993,681.27	—
			A	交易權益工具投資	225,978,967.97	—
			C	基金	1,299,435,890.93	—
		II	B	可供出售債券	0	0
			A	可供出售權益工具	1,162,449,796.54	
			—	其他	1,164,993,051.72	

附錄二表1(續)

序號	券商名稱	交易性/可供出售債券金融資產	ABC類型	年報記帳科目	2009年年末公允價值	2009年年末的減值準備余額
8	海通證券	I	A	股票	2,087,884,929.56	—
			C	基金	4,280,728,316.91	—
			B	債券	6,297,506,398.98	—
			衍生品	現金選擇權	230,632,139.61	—
		II	A	股票	5,655,312,134.12	200,000.00
			C	基金	325,521,476.65	0
			B	債券	110,938,173.14	0
			A	集合理財產品	179,091,654.90	0
9	招商證券	I	B	交易性債券投資	13,241,113,450.50	—
			A	交易性權益工具投資	1,802,265,275.05	—
			衍生品	衍生金融資產	0.00	—
			A	集合理財產品	2,791,877.62	—
		II	B	可供出售債權投資	2,639,314,600.00	0
			A	可供出售權益工具	1,312,431,461.08	—
10	太平洋	I	A	股票	506,664,194.41	—
			B	債券	542,620,278.70	—
			C	基金	96,582,794.94	—
		II	A	集合理財產品	2,000,000.00	0
11	光大證券	I	A	股票	346,737,092.37	—
			C	基金	5,113,182,888.86	—
			B	債券	1,919,006,305.13	—
		II	A	股票	209,346,121.83	100,430.00
			C	基金	171,283,602.80	
			A	集合理財管理計劃	291,159,675.91	

註：①數據來自各家投資銀行2009年年報；②按金融企業財務規則，交易性金融資產和可供出售金融資產均採用公允價值計量，而交易性金融資產的公允價值變動直接計入當期損益，不計提減失準備，故為0；③ I 代表交易性金融資產，II 代表可供出售金融資產；④ABC 類型中，A 代表權益類證券，B 代表固定收益類證券，C 代表基金類證券；⑤中信證券年報中「交易性金融資產」「可供出售金融資產」科目下的子科目「其他」未明細，實證時就未考慮；同時，國元證券的「權證」、招商證券的「衍生金融資產」在實證時也未考慮。

附錄二 基於經濟資本的資產配置數據 | 229

國家圖書館出版品預行編目(CIP)資料

投資銀行風險管理理論與中國的實踐 / 陳野華、王玉峰 著. -- 第一版.
-- 臺北市：崧博出版：崧燁文化發行，2018.09

面； 公分

ISBN 978-957-735-492-1(平裝)

1.投資銀行 2.銀行經營 3.風險管理 4.中國

562.19　　　　107015373

書　名：投資銀行風險管理理論與中國的實踐
作　者：陳野華、王玉峰 著
發行人：黃振庭
出版者：崧博出版事業有限公司
發行者：崧燁文化事業有限公司
E-mail：sonbookservice@gmail.com
粉絲頁　　　　　網　址：
地　址：台北市中正區重慶南路一段六十一號八樓 815 室
8F.-815, No.61, Sec. 1, Chongqing S. Rd., Zhongzheng
Dist., Taipei City 100, Taiwan (R.O.C.)
電　話：(02)2370-3310　傳　真：(02) 2370-3210
總經銷：紅螞蟻圖書有限公司
地　址：台北市內湖區舊宗路二段 121 巷 19 號
電　話：02-2795-3656　傳真：02-2795-4100　網址：
印　刷：京峯彩色印刷有限公司（京峰數位）

　　本書版權為西南財經大學出版社所有授權崧博出版事業有限公司獨家發行
　　電子書繁體字版。若有其他相關權利及授權需求請與本公司聯繫。

定價：450 元
發行日期：2018 年 9 月第一版
◎ 本書以POD印製發行